そうだったのか！　日本現代史

池上　彰

集英社文庫

そうだったのか！　日本現代史　目次

はじめに

　ある大学生が、「むかし戦争がありましたよね」と語りかけるので、第二次世界大戦のことだと思っていたら、「湾岸戦争」のことだったというエピソードがあります。

　その一方で、京都の人が、「前の戦争で……」と言うのは、「応仁の乱」のことだった、という話もあります。歴史観、歴史感覚は人それぞれであることを痛感します。

　しかし、第二次世界大戦が終わった後の日本の歴史について、私たちはどれだけのことを知っているのでしょうか。

　沖縄で米兵による暴行事件が起きると、「日米安保体制への影響が心配」という言葉が登場します。

　沖縄のアメリカ軍基地は、この「日米安保体制」のために存在しているというのですが、一体どういうことなのでしょうか。

　かつて日本では、「安保反対」を叫ぶデモ隊が、国会を取り巻いたことを、どれだけの人が知っているでしょうか。そして、そのデモで、女子学生が死亡したことを。

ニュースに、過去の闇から突然立ち現れる「日本赤軍」や「よど号事件」。こんな事件があったことを、いまの若者の、どれだけが知っているでしょうか。

「もはや戦後は終わった」という言葉が『経済白書』に登場してからすでに数十年の月日がたちました。しかし、いまも「戦後初めてのことです」という言い方がニュースに登場します。

第二次世界大戦後に始まった「東西冷戦」は終わりました。しかし、その後の世界は、いまだに安定した新しい世界体制を築くことができないでいます。

同様に日本でも、冷戦の国内での反映である「五五年体制」が崩壊した後、新しい政治構造を作り出すことができていません。

そんな日本の現代史を振り返ってみたのが、この本です。第二次世界大戦後の世界について、私は以前に『そうだったのか！ 現代史』という本を書きました。その読者から、「日本の現代史も書いてほしい」という要望を多くいただきました。

そのリクエストに応えつつ、私自身の人生も振り返りながら書いたのが、この本です。『そうだったのか！　現代史』と併せてお読みいただければ幸いです。

私たちが生きるこの国が、どんな国なのか。歴史を知ることは、私たち自身を知ることなのです。ドイツの詩人リルケは、こう書いています。

「遠く過去となってしまった人々も私たちの内に在るのです、素質として、私たちの運命の上の重荷として、ざわめく血潮として、また時の深みの中から立ちのぼってくる姿態として」（リルケ　高安国世訳『若き詩人への手紙』より）

二〇〇八年　一二月

池上　彰

第一章

小泉内閣が生まれた

変人が総理になった

二〇〇一年（平成一三年）四月、小泉《こいずみ》純《じゅん》一郎《いちろう》が、内閣総理大臣に就任しました。「変人」が総理になったのです。その直前、小泉は、自民党の総裁選挙で地方の自民党員の圧倒的支持を受けて総裁に選ばれていました。

自民党と公明党、保守党の三党連立で国会の過半数を占めていたため、自民党の党首である総裁に選ばれれば、国会での議員による投票で総理大臣に選ばれるのです。

小泉は、自分の内閣を作るにあたって、派閥にとらわれない大臣選びを実行しました。

それまでの自民党内閣では、自民党の各派閥が、「大臣推薦候補」のリストを提出し、総理が、各派のバランスを考えながら大臣に任命していました。しかし小泉は、その慣習を完全に無視して内閣を作ったのです。

その典型例が、外務大臣に田中眞紀子《たなかまきこ》を起用したことでしょう。

外務大臣は、財務大臣と並び、内閣の重要ポストです。自民党の大物実力者が就任するのが通例でした。小泉は、そこに田中眞紀子を持ってきたのです。

田中角栄《かくえい》元総理の娘の眞紀子は、一九九三年（平成五年）に父親の地盤を継いで衆議院議員に当選し、無派閥を通しています。先輩をも恐れぬ毒舌ぶりは有名で、国民の高い人気を得ていました。

そもそも小泉のことを「変人」と名づけたのも、この田中でした。

一九九八年（平成一〇年）、参議院選挙惨敗の責任をとって橋本龍太郎《はしもとりゅうたろう》が総理を辞任した際、後任を争った自民党総裁選挙には、

小泉内閣の（第一次）閣僚　2001年4月

小渕《おぶち》恵三《けいぞう》、梶山静六《かじやませいろく》と小泉の三人が立候補しました。このとき田中は、大した人材がいないという意味で、「凡人（小渕）、軍人（梶山）、変人（小泉）」と評したのです。

しかし、この総裁選挙で、田中は小泉の応援に回り、小泉勝利の立て役者になりました。小泉は、「変人の変は変革の変」と自称して、田中と共に総裁選挙の運動を繰り広げました。

田中は外務大臣に就任すると、外務省改革を掲げて、外務省の官僚と全面対決の姿勢をとりました。これがまた、国民の人気を高める結果となりました。

小泉内閣成立直後の報道各社による世論調査では、内閣支持率が八〇％を大きく超え、九〇％に近づくという歴代内閣で最高を記録しました。

日本の閉塞《へいそく》状況を打破し、改革を進めてく

れるのではないか、という国民の期待の表れでした。

改革をめざした

小泉は、総理に就任する前、報道各社のインタビューに、次のように答えています。

「僕は、これまでの首相は、正当な権限を行使しなかった人が多かったと思っている。首相が国民の支持を得て、首相の権限を発揮すれば、かなりいろいろなことができる。首相の指導力の源泉は何かと言えば、国民の支持だ」

小泉は、国民の圧倒的な支持をバックに、改革を進めていこうとしました。

小泉の姿を見ると、私は、過去にも国民の圧倒的な支持を受け、政治改革を進めようとした総理大臣のことを思い出します。

時計の針を、一九九三年八月まで戻してみましょう。

国民を驚かせた細川総理の記者会見

総理大臣就任直後の記者会見は、国民を驚かせるものになりました。

一九九三年八月一〇日、細川護熙《ほそかわもりひろ》総理大臣は、歴代の総理としては初めて、立ったままで会見に臨みました。いまでは当たり前の光景ですが、それまでの総理は、椅子に座ったまま記者会見していました。それでは姿勢が悪くなるし、テレビカメラが上から見下ろす形になります。総理がカメラに上目づかいになって印象が悪くなり、総理のイメージがぱっとしないことに、細川は気づいていました。

ボールペンで記者を指名する細川護熙　1993年8月

アメリカの大統領や政府高官が、立って記者会見に応じているやり方を取り入れたのです。

総理が記者の質問に答えることになって、細川の行動に、人々は再びあっけにとられました。細川は、挙手する記者を、右手に持ったボールペンで指名したのです。この仕草に、国民は新鮮な驚きを持ちました。従来の自民党出身の総理では考えられないことでした。これを見た国民は、「新しい時代の始まり」を感じたのです。

この様子は、その後テレビで何度も繰り返し放映されました。「まるでアメリカの大統領のように垢ぬけた総理大臣が日本にも誕生した」と多くの人が受け止めました。細川内閣の支持率は七〇％を超え、当時では歴代最高の数字になったのです。

細川内閣の成立をもって、日本は連立政権

時代を迎えました。それは、「五五年体制」の終わりでもあったのです。

では、「五五年体制」とは何だったのか。それを取り上げる前に、細川内閣成立までの直前の動きから振り返ってみましょう。

金丸事務所から金の延べ棒が見つかった

一九九三年三月六日、自民党の金丸信《かねまるしん》前副総裁が東京地方検察庁特捜部に所得税法違反の疑いで逮捕され、事務所が家宅捜索を受けました。事務所からは、無記名の債券や金の延べ棒など総額三六億円分もの隠し財産が見つかりました。自民党の実力者として直前まで党内に君臨していた人物の事務所から、東京地検の係官が金庫を運び出す映像は、私たちに大きな衝撃を与えました。

その前年の八月、金丸は、特別背任で起訴された東京佐川急便の渡辺広康《わたなべひろやす》前社長から五億円の献金を受けていたことが発覚し、自民党の副総裁を辞任していました。

金丸がひそかに五億円を受け取ったことは、政治資金規正法に違反する行為でした。東京地検は金丸を取り調べようとしましたが、金丸は任意の出頭を拒否。「上申書」を提出しただけで調べに応じませんでした。

にもかかわらず、東京地検はそれ以上の調べをしようとはせず、金丸を東京簡易裁判所に略式起訴し、罰金二〇万円の刑が確定していました。

東京地検が家宅捜索もしなければ本人の取り調べもしなかったこと、五億円を受け取っておきながら二〇万円の罰金で済んでしまったことに国民は怒りました。「警察や検察が調べたいと言ってきたら、自分たちも上申書を書くから、それで済ましてもらおう」という言い方が流行し、実際に実行した人も出て、現場の警察や検察は頭を抱える事態となりました。

　検察に対する国民の信頼は地に落ちたのです。

　東京地検のこの態度には、検察内部からも批判の声が上がりました。当時札幌高等検察庁の検事長だった佐藤《さとう》道《みち》夫《お》は、朝日新聞の「論壇」に、「特別な人を特別に扱うのは司法の世界で絶対にあってはならぬことである」という批判の文章を寄せました。

　金丸は、検察による取り調べや裁判を避けることはできたものの、国民の怒り、批判は厳しく、遂には自民党の内部からも批判の声が上がって、結局一〇月一四日、衆議院議員を辞職に追い込まれました。

　国民から厳しい批判を受けた東京地検特捜部は、その後、東京国税局の協力で金丸の脱税という別の事件をつかみ、ようやく逮捕にこぎつけたのです。

　その結果、「自民党実力者」の底知れぬ金権腐敗の実態を私たちに教えました。

　さらに捜査の結果、金丸には「ゼネコン」

コラム
ワリシン

　金丸がひそかに持っていた無記名債券は、経営が破綻する前の日本債券信用銀行が発行した「ワリシン」と呼ばれる「割引債券」だった。額面に書かれた金額より割り引いた金額で購入し、満期になると額面通りの現金が支払われたので、この名前がある。

　多額の債券でも窓口で購入する際、購入者の身元を明らかにする必要がないので、脱税した資金を保管するために使われていると指摘されていたが、それは事実だった。それからしばらくは、「ワリシン、ワルシン、カネマルシン」という言葉が流行した。

と呼ばれる大手建設会社が多額の資金を提供していたことがわかり、今度はゼネコンの捜査から、別の自民党議員や地方自治体の長の汚職事件へと発展しました。

中選挙区制度への批判高まる

金丸事件やゼネコン汚職をきっかけにして、「政治と金」の問題を抜本的に改善するために「金のかからない政治」を実現すべきだ、という声が高まります。

そのためには、これまでの選挙の仕組みを変えることが必要だ、という意見が有力になりました。

これが、「政治改革」と呼ばれ、大きな政治課題になります。「政治改革」はさまざまな意味を持った言葉ですが、しばしば「選挙制度の改革」の同義語として使われました。

この問題では、すでに海部俊樹《かいふとしき》内閣時代の一九九〇年（平成二年）四月、政府の第八次選挙制度審議会（小林與三次《こばやしよさじ》会長）が、「現在の中選挙区制を小選挙区比例代表並立制に変えるべきだ」という答申を出していました。この答申があらためて注目され、この答申を実現しようという動きが高まったのです。

答申は、こう指摘しています。

「現行の中選挙区制の下では、選挙において多数議席を確保し、政権党となることを目指す限り、同一選挙区で同一政党から複数の候補者が立候補することになり、これらの候補者にとっては、選挙は政党、政策の争いというよりは個人同士の争いとならざるを得ない。このような個人本位の選挙においては、我が国の社会風土もあり、選挙や政治活動が候補者と有権者の間の個人的なつながりに依存しがちとなり、また選挙に要する資金の膨張をもたらすこととともなる。

また、この中選挙区制の下において、永年にわたり政党間の勢力状況が固定化し、政権交代が行われず、このことが政治における緊張感を失わせ、それがまた政治の腐敗をも招きやすくしている」

この文章をわかりやすく言い換えると、次のようになります。

従来の中選挙区制は、ひとつの選挙区から二人ないし五人程度の複数の当選者が出ます。自民党のような大政党の場合、全体で過半数を確保するためには、ひとつの選挙区に複数の候補者を立てなければなりません。すると、同じ政党の候補者であっても、ひとつの選挙区では敵同士の立場になり、激しい戦いを繰り広げることになります。

しかし、政党として掲げる政策は同じものですから、同じ党の候補者は、政策以外の部分で争うことになります。

そうなると、ともすれば、「利益誘導型」の選挙運動になりがちです。選挙区の有権者の陳情を聞き、「あそこに橋をかけます、ここに道路を作ります」という類のサービス合戦に陥ってしまうのです。これでは、国家の未来像をめぐっての政策論争からは遠いものになります。

また、異なる政策を持つ政党同士の争いではなく、候補者個人の運動になるため、いかに個人後援会を作り、支持者をつなぎとめるか、という点に主眼が置かれます。後援会の維持には多大の資金がかかります。もちろん選挙運動にも金がかかります。「金のかかる大臣にし、自分も大臣になりたい、と考えます。こうして同じ政党の中で派閥同士の激しい争いが始まります。

派閥にとって「数は力」です。

派閥は、仲間の議員を増やそうと考え、全国の各選挙区に候補を立てようとします。自派の候補者がいる選挙区には、各派閥の幹部が応援にかけつけます。資金援助もします。

応援されて当選した議員は、派閥に恩義を感じ、「派閥のためにがんばろう」という意識を持つようになります。こうなると、選挙は政党としての戦いではなく、派閥同士の戦いになってしまいます。

小選挙区制導入へ

こういう問題点を一挙に解決するのが「小選挙区制」になってしまうのです。候補者は、資金集めに頭を痛めることになります。

議員も人の子。すべての人が高潔な精神を持っているとは限りませんから、つい「お金になる話」に弱くなってしまいます。政治腐敗の防止を、「個人の精神の高潔さ」にだけ求めるのは現実的ではないのです。

さらに、ひとつの選挙区で互いに敵味方に分かれて戦ってきた候補が同じ政党に所属していると、同じ政党の中にいくつものグループが生まれます。これが「派閥」です。

たとえば、ある議員がAという派閥に入っていたら、同じ選挙区で戦った別の議員は、AではなくBという派閥に入ることになります。こうして、自民党の中にいくつもの派閥が誕生し、拡大するのです。

派閥の議員たちは、自分たちのボスを総理

選挙区制」の導入だと考える議員が増えたのです。

また、「小選挙区制」だと、それぞれの選挙区でわずかの票が動いただけで、それまでの現職議員が落選することもありえます。もし政権政党が大きな失政をして国民から批判されると、全国の小選挙区で票が動き、現職議員が軒並み落選して、一気に政権交代が起きる可能性があります。

長期にわたって同一の政党が政権を担当すれば、どうしても利権とスキャンダルにまみれてしまいます。それを防止するには、「いつ政権が交代するかも知れない」という緊張感が必要です。金権スキャンダルを防ぐためにも、たやすく政権交代が可能な選挙のシステムを求める声が高まったのです。「金権スキャンダルを防ぐためにも小選挙区制が必要だ」という議論が起きました。

また、中選挙区では、野党は、それぞれの選挙区にひとりずつでも候補者を立てれば、何とかひとりは当選者を出せます。過半数の確保は困難だが、そこそこの数は維持できる、というわけです。この状態が長く続くと、野党の立場に〝安住〟し、政権交代の意欲や能力が生まれないのではないか、という指摘も

コラム
小選挙区

「小選挙区」は、別に選挙区の面積が中選挙区に比べて小さいからこう呼ばれるわけではない。

国会議員全員をひとつの選挙区で一気に選んでしまうのが「大選挙区」で、複数の当選者が出る選挙区が「中選挙区」、たったひとりしか当選者が出ない選挙区が「小選挙区」と呼ばれる。

「小選挙区」ではひとりしか当選しないから、当選するには過半数の票を獲得しなければならないというのは誤解である。何人もの候補者の中で相対的にトップの票をとれば当選できる。

出るようになりました。

金丸が自民党の副総裁を辞任したとき、金丸と親交の深かった当時の社会党の田邊誠《たなべまこと》委員長は、社会党の会議で、「私情では忍びがたいが、公人として割り切っている」と発言しました。野党として自民党や金丸を追及する立場の社会党の委員長が、金丸との親しさを隠そうともしなかったのです。田邊は社会党内部の厳しい批判を浴び、委員長辞任に追い込まれました。

「万年与党は腐敗する。万年野党は堕落する」（伊藤茂『動乱連立』）というわけです。

小選挙区プラス比例代表

「小選挙区」は、ひとつの選挙区からひとりしか当選しません。いくつもの政党から立候補者が出ますから、ほかの政党に比べて相対的に多い票を獲得した候補が当選します。このため、大政党に有利な制度といわれています。

この制度を実現するためには野党の協力も必要ですが、大政党に有利な小選挙区だけという制度では協力が得られません。そこで、中小の政党でも当選者を出せる「比例代表」の制度と併せることになりました。政党の集めた票数に比例して当選者数が決まるので、この名前があります。「小選挙区」と「比例代表」の二つの選挙を同時に実施するので、「小選挙区比例代表並立制」というのです。

政治改革をテレビで約束した宮沢総理

選挙制度の改革を実行しようとした海部総

理は、自民党内部の反対を受けて、果たせないまま、内閣総辞職に追い込まれました。

　代わって総理に就任した宮沢喜一《みやざわきいち》は、一九九三年五月三一日、テレビ朝日系列の番組「総理と語る」に出演し、司会の田原総一朗《たはらそういちろう》が政治改革を行うつもりがあるのか尋ねたのに対し、次のように答えました。

宮沢「とにかく政治が変わらなきゃ、政治を変えなきゃ、国民の政治不信というのは、どうしようもないところへ来ている。ですから、どうしても、この国会でやってしまわなければならない」

田原「絶対にやる？」

宮沢「ここで政治改革をしなければ、日本の民主主義というのは大変な危険に陥ります」

田原「くどいようだが、本当に、この国会で、政治改革、できますか。残りの日数もあまりないようだし？」

宮沢「私が、責任を持ってやるんですから」

田原「もしできなければ、首相を辞める？」

宮沢「いや、だってやるんですから。私は嘘はついたことがない」（田原総一朗『頭のない鯨』）

　しかし、自民党内には選挙制度の改革案に反対が多く、六月一四日、自民党の梶山静六幹事長は、いまの国会で政治改革関連法案の成立を断念することを明らかにしました。これは、結果として宮沢総理のテレビでの「約束」を破ることになります。このため、宮沢総理に対し、「うそつき総理」という批判が浴びせられました。

　宮沢総理が「必ずやります」と断言したシーンは、たびたびテレビで流されました。そのたびに、「うそつき総理」のイメージが固まっていったのです。

宮沢内閣不信任案可決

宮沢内閣への国民の不信が高まったのを受けて、当時の野党の社会党、公明党、民社党、社民連は、宮沢内閣不信任案の提出を決めました。

不信任案には、小沢一郎《おざわいちろう》や羽田孜《はたつとむ》ら自民党の衆院議員三九人も賛成し、不信任案は可決されました。一九九三年六月一八日のことでした。

前の年に金丸が議員を辞職した後、金丸が会長をつとめていた自民党の竹下派（経世《けいせい》会《かい》）は、後継者選びをめぐって、小渕恵三や梶山を中心とするグループと、羽田、小沢を中心のグループに分裂していました。

分裂後、小沢一郎を中心とするグループは、「政治改革が必要だ」という主張を強め、政治改革を実行できなかった宮沢内閣を批判して不信任案に賛成したのです。

小沢の主張に対しては、「金丸の忠実な弟子だった小沢が、その責任を認めないまま政治改革を主張するのはおかしい」という批判が自民党内にありましたが、小沢は、自民党内部で「改革派」のイメージを作り上げていきました。

衆議院選挙で自民党過半数割れ

不信任案を可決された宮沢総理は、衆議院を解散しました。

自民党の中で、小沢一郎のグループとは別に政治改革を主張してきた武村正義《たけむらまさよし》ら一〇人の国会議員は、宮沢内閣不信任案には賛成しませんでしたが、衆議院解散後、「自民党では政治改革はできない」として自民党を集団離党し、「新党さきがけ」を結成しました。

また、小沢一郎のグループは、衆議院参議院合わせて四四人で自民党を離脱し、「新生党」を結成。この分裂で、自民党は過半数を割り込み、そのまま衆議院選挙に突入しました。

衆議院総選挙は七月一八日が投票日。「新党さきがけ」「新生党」に加えて、細川護熙が結成した「日本新党」も候補者を立て、新党乱立状態になりましたが、日本新党は、新鮮なイメージがブームを巻き起こしました。

選挙の結果、自民党は選挙前の二二七議席よりさらに減って、過半数割れの二二三議席

コラム

内閣不信任と衆議院解散

「内閣不信任」とは、内閣総理大臣を選んだ衆議院が、「もうあなたは信頼できないから総理大臣を辞めなさい」と通告すること。

衆議院で出席した議員の過半数が内閣不信任案に賛成した場合、内閣総理大臣は、衆議院の言うことを聞いて内閣総辞職、つまり総理大臣を辞めるか、または「総理の自分が正しいか、衆議院の言い分が正しいか、国民の意見を聞いてみようじゃないか」と衆議院を解散するか、どちらかの道を選ぶ。

もし国民が「総理大臣のほうが正しい」と判断すれば、内閣不信任案に賛成した議員を選挙で落選させ、総理支持派が多数当選してくるから、選挙後、総理は再び衆議院で選ばれて総理を続けることになる、という理屈だ。

総理大臣を辞めさせる内閣不信任案を出せるのは衆議院だけで、参議院にはその権限がない。参議院は「問責決議案」つまり「責任をとりなさい」と求める決議をすることができるが、これには法的拘束力はない。こんなところにも、「衆議院の優越（衆議院は参議院より力がある）」が認められている。

コラム

経世会の七奉行

分裂までの竹下派は固い結束を誇っていた。特に中堅実力者の小渕恵三、橋本龍太郎、梶山静六、奥田敬和、渡部恒三、羽田孜、小沢一郎の7人は、「七奉行」と呼ばれ、互いを「ちゃん」づけで呼び合う仲間だった。

小渕恵三は、しばしば「実力の小沢、政策の羽田、人気の橋本、人柄の小渕」と自称した。

分裂の結果、小渕、橋本、梶山の3人が小渕派、残りの4人が羽田派（実質は小沢派）となって、袂を分かった。

しか獲得できませんでした。

一方、社会党は、それまでの一三七議席からわずか七〇議席へと惨敗しました。ほぼ半減の完敗でした。

新生党は五五議席を獲得し、日本新党はそれまでの○《ゼロ》から一挙に三五議席を確保。新党さきがけは一三議席でした。

選挙の結果、自民党の過半数割れとなりましたが、選挙の実態は、分裂後の自民党の数に大きな変動はなく、社会党の議席が大きく減って、その分、新党が伸びたのです。社会党は山花貞夫《やまはなさだお》委員長が選挙の敗北の責任をとって辞任し、後任に村山富市《むらやまとみいち》が選ばれました。

日本新党の躍進

日本新党は、当選者三五人の新人のうち、実に一七人がトップ当選を果たしていました。特に都会で躍進しました。都会の「支持政党なし」の浮動票を大量に獲得したのです。既成政党に失望した有権者の心をとらえました。

候補者には、細川の政治理念に共感して政治の道に飛び込んだ新人が多かったものの、中には、自民党の公認が得られなかったために転身したり、それまでの選挙で落選を繰り返してきたりした人物も含まれていました。「日本新党」という看板があれば当選する、と言っても過言ではなかったのです。

日本新党は、前の年の五月に結成され、結成直後の参議院選挙で四人を当選させていました。

細川護熙は熊本のお殿様、細川家の第一八代当主として生まれました。母方の祖父は戦前の首相近衛文麿《このえふみまろ》で、細川の父護貞《もりさだ》は近衛の秘書官をつとめています。細川は上智大学を卒業後、朝日新聞社に入社。鹿児島支局に配属され、その後東京社会部に戻りましたが、計四年半勤務して退社しました。

一九六九年(昭和四四年)、地元の熊本一区から衆議院選挙に立候補するものの落選。二年後、今度は参議院選挙に当時の全国区から立候補して初当選。六年後には参議院熊本選挙区から立候補して連続当選を果たしました。

参議院議員になった細川は自民党で田中派に所属していましたが、「一議員のできることには限界がある」と言って議員を辞任。一九八三年(昭和五八年)、熊本県知事に当選しました。しかし、「権力は一〇年で腐敗する」と言って、二期八年で県政から引退しました。めまぐるしく転身を繰り返していたのです。

知事を辞めてからは、「第三次臨時行政改革推進審議会」の「豊かな暮らし」部会の部会長をつとめ、地方分権や行政改革に取り組みました。細川はそこで、政治家と官僚と業界の癒着ぶりを見て、「外から改革するしかない」と決意し、新党を結成しました。

小沢一郎が筋書きを書いた

自民党が過半数割れになったのを受けて、「反自民」の政治勢力による新政権樹立の動きが始まりました。

共産党を除いても、自民党以外の各政党が集まれば、数の上で過半数に達するからです。筋書きを書いたのは、小沢一郎でした。国民から人気が高い細川を総理にすることで、反自民勢力を集め、自分が実権を握りながら、新政権を樹立しようとしたのです。

一九九三年七月二二日、つまり総選挙から四日目に、小沢一郎はひそかに細川に会い、「首相はあなたしかいない」と説得したと言われています。

また、反自民勢力の結集には社会党が欠かせませんが、当時の社会党内部では、土井《どい》たか子が、小沢グループと一緒になることに批判的でした。そこで小沢は、土井を衆議院議長にする案を出しました。土井を実権のない名誉職の衆議院議長に祭り上げることで、社会党の方針を骨抜きにしようという戦略でした。これが見事に功を奏しました。

七月二八日、社会党、新生党、公明党、日本新党、民社党、新党さきがけ、社会民主連合の七党が連立政権樹立に合意しました。さらに参議院の民主改革連合（民改連）を加えた八党派の連合が形成されました。

戦後結成された社会党は、自らが多数派になることで自民党に代わる政権につくという目的を持ってきましたが、実際には、選挙で惨敗することで、政権の一翼を担うチャンスが生まれたのです。歴史の皮肉と言うべきでしょう。

大躍進した細川・日本新党の当選者たち　1993年7月

細川内閣の誕生

八月六日の衆議院本会議で、細川が第七九代の総理大臣に指名されました。三八年間続いた自民党政権は、ひとまず終わりを告げたのです。

このとき土井議長は、「細川護熙さんを総理大臣に指名することと決しました」と報告しました。それまで歴代の議長は、同僚の国会議員のことを「〇〇君」と「君」づけで呼んでいましたから、土井の「さん」づけを、国民は新鮮に受け止めました。「新しい時代の始まり」を、こんなところにも感じたのです。

こうして八月九日、細川内閣が発足しました。総理大臣を内閣で支える要《かなめ》の官房長官には、新党さきがけの武村正義が就任しました。

翌八月一〇日の記者会見で、細川は太平洋戦争についての認識を問われ、「侵略戦争、間違った戦争」であったと明言しました。これは歴代の総理大臣としては初めての発言です。ここにも新時代の到来を感じさせたのです。

政治のスタイル一新

細川は、総理就任直後から、自らのイメージ作りに気を配りました。内閣発足に伴う新閣僚の記念撮影を、総理官邸の芝生の上で、樹木をバックに行いました。

初の記者会見に臨む際は、官邸の廊下を歩かず、わざわざ屋外に出て会見場に向かいました。細川総理は、斜めからカメラで撮影されるときには、いつも左の横顔が写るように仕向けていました。この顔が好みだったのです。廊下を通って行くと、記者会見場に入るとき、右の横顔を撮られます。屋外からだと、左の横顔をカメラに向けることになるのです。その後も、会議やパーティーなど、自分の場所とカメラマンの位置を計算し、左の横顔が写るような構図になるように工夫しました。

この年の一一月、アメリカのシアトルで開かれたAPEC（アジア太平洋経済協力会議）では、薄茶色の長いマフラーを巻いた細川総理のスタイルが、大きな話題になりました。主催者のクリントン大統領のジャンパー姿より、はるかに洗練されていました。この会議で何が話し合われたのか、覚えている人はほとんどいませんが、このときの細川スタイルは、いまでも報道陣の間で話題に出るほどです。「格好よさでは世界の首脳と互角の総理がやっと誕生した」という奇妙な誇りを、そのとき多くの日本国民が持ったのです。

細川総理は、記者会見場に、プロンプターも持ち込みました。

プロンプターは、あらかじめ用意された原稿の文字を透明なパネルに映し出す装置です。パネルがマジックミラーのような働きをして、講演している人には文字が見えますが、反対側の聴衆には見えない仕組みになっています。テレビニュースでキャスターが真正面を向いたまま長い原稿を読めるのは、スタジオのカメラのレンズの前に、この透明なパネルが備えつけてあるからです。

このプロンプターを使うと、手元の原稿を見る必要がありませんから、聴衆やテレビの

コラム
テレポリティクス

反自民勢力の結集にあたっては、「テレポリティクス」という言葉がしきりに使われた。テレビを通じた政治のこと。

当初、反自民勢力による新政権樹立には「新党さきがけ」の武村正義や「日本新党」の細川護煕は慎重な態度だったが、選挙後、テレビ朝日系列の番組「サンデープロジェクト」司会の田原総一朗や「ニュースステーション」の久米宏［くめ ひろし］に生放送中、「新政権をどうするのか」と追及される中で、「反自民勢力の結集」を口にし、実現のきっかけにもなった。

テレビの番組に出た政治家の発言で政治が動くという意味で、この言葉が使われた。細川政権を「田原・久米連立政権」と呼ぶ人もいる。

ただ、その裏で小沢一郎が筋書きを書いていたことを考えると、本来の意味で「テレビが政治を動かした」と言えるかどうかには疑問が残る。

しかし、これ以降、政治家がテレビの影響力をはっきり認識するようになったことは確かだ。

視聴者は、総理が真正面の自分に語りかけてくれているという印象を持つことができるのです。

アメリカ政治では、大統領の演説をはじめ、ごく普通に使われている道具ですが、日本の政治に持ち込んだのは、細川総理が初めてでした。

細川内閣は夜騒ぐ

このプロンプターが初めて登場したのは、総理に就任した年の一二月一四日、深夜の記者会見でした。このとき細川は、米の部分輸入を含むガット・ウルグアイラウンドの農業合意受け入れを決め、発表したのです。

記者会見が始まったのは午前四時前。深夜よりは未明と言ったほうがいい時間になったのは、受け入れをめぐって、深夜まで方針が決まらなかったからです。

細川政権は、八党派の連立だったため、悪く言えば「寄せ集め集団」でした。政治的な意見が異なっているから別々の政党に所属しているのに、その人たちが一緒になって政治をしようとしたのですから、しばしば意見の食い違いが表面化します。そのたびに議論は紛糾し、深夜の記者会見となるのでした。「細川内閣は夜騒ぐ」などと言われたものです。

連立政権は、さまざまな点で意見が対立し、妥協するのに時間がかかりました。

連立の経験が豊富なヨーロッパの国と異なり、ひとつひとつが初めての経験でした。政党も国民も、「連立とはこういうものなのか」ということを学ぶ機会となったのです。

連立政権の中では、とりわけ社会党とそれ以外の政党との意見の対立が目立ちました。新生党や日本新党、新党さきがけは、もともと保守政党です。自民党に長く所属した議員も多く、野党の立場だった社会党としては、認められないことが多かったのです。

社会党の幹部が妥協をしようとすると、「過去の方針はどうなるのだ」という内部や支持団体からの突き上げも激しくなり、連立を維持するために妥協点を探る幹部を悩ませました。

特に米の輸入自由化をめぐるガット・ウルグアイラウンドの農業合意受け入れをめぐっては、受け入れを認めるかどうかを決める社会党の国会議員の議論が深夜に及び、社会党本部は、「米の輸入拒否」を求める農業団体に囲まれました。

このときは結局、村山委員長が、「党としては反対だが、細川首相が（米の部分開放の）決断をすることは諒《りょう》とする」という論法で、連立政権の方針を追認しました。

社会党の方針決定が深夜にずれ込んだため、細川内閣の臨時閣議は午前三時となり、引き続き未明の総理記者会見となったのです。

何でも賛成の社会党

「個人としては自衛隊は違憲だと考えるが、連立政権の閣僚としてはそうは考えていない」

連立政権で大臣となった社会党の議員は、国会での答弁で、自衛隊に対する認識を聞かれ、こう答えました。

細川連立内閣の発足にあたって八党派は

「合意事項」の覚書をまとめ、この中で「外交及び防衛等国の基本政策について、これまでの政策を継承」と明記していました。

もともと社会党は、自衛隊を違憲の存在とし、日米安保条約も破棄して、非武装中立の日本を作ることを党の基本方針にしていました。「これまでの政策を継承」とは、自衛隊や日米安保条約について、従来の自民党の方針を守ることを意味しましたから、自民党の方針を批判してきた社会党は苦しい立場に追いやられたのです。

「連立政権維持」のために、従来の方針とは異なる政策に賛成する社会党に対しては、「野党時代は何でも反対だったのに、政権入りしてからは何でも賛成に変わってしまった」と痛烈に批判されることもしばしばでした。

社会党は「下駄の雪」と皮肉を言われることさえありました。社会党にとって受け入れがたい方針を押しつけられても、それを次々に認めて連立政権から脱退しない様子を、「踏みつけられても踏みつけられてもついてくる」と言われたのです。

そもそも政権に参加するのは、自らの政治の理想を実現するのが目的のはずです。それが、政権にとどまるためにこれまで掲げてきた主張を変えてしまうというのでは、本末転倒と批判されても仕方がないことでした。

古くからの社会党支持者の中には、「非自民党政権」の樹立を喜びながらも、社会党の「変節」に幻滅する人も多かったのです。これ以降、社会党は自滅への道を歩み始めます。

小選挙区比例代表並立制の成立

「政治改革」を実現できなかったために政権を失うことになった宮沢内閣の後に成立した細川内閣は、「政治改革の実現」を最大目標にしていました。総理就任直後の細川総理は、記者会見で、「政治改革が実現できなければ、責任をとって総理を辞任します」と断言していました。

この「政治改革法案」を、細川内閣は一九九三年九月、国会に提出しました。

「小選挙区比例代表並立制」の選挙制度が中心の法案で、議員定数を小選挙区、比例代表ともに二五〇の計五〇〇としていました。また、比例代表は、全国をひとつの単位とすることになっていました。

この法案に対しては、またしても社会党内部に強い反対がありました。

小選挙区制度は大政党に有利な制度であり、導入されると社会党は消滅してしまうのではないかという危機感があったからです。

社会党執行部は、またしても「連立維持」の立場から反対者を説得し、法案賛成の立場をとりました。

結局、衆議院では一一月一八日、賛成多数でこの法案が可決されました。

しかし参議院では、小選挙区制度に反対の社会党の議員が多く、翌年一月二一日に行われた参議院本会議での採決では、社会党議員の一七人が反対に回り、法案は否決されました。

衆議院の選挙制度について、衆議院が賛成しているのに参議院で否決されるのは、不思議なことですが、法案は衆議院と参議院の両

コラム

「改革派」対「守旧派」

細川内閣誕生、選挙制度の改革では、「改革派」か「守旧派」か、がキーワードになった。自民党を飛び出した小沢一郎は、「金権政治を打破するためには選挙制度の改革が必要だ。制度の改革に反対する者は、従来の古いやり方にしがみつく守旧派だ」と主張した。この言葉が広く知られるようになったため、新しい選挙制度の問題点を指摘して反対する国会議員は、「守旧派」というレッテルを貼られた。

方を通過しなければ成立しない仕組みになっているのですから、こういうことはありうるのです。

この事態に、法案を何とか成立させないと、就任のときの公約が果たせないと考えた細川総理は、法案の内容を変更しても成立させようと考え、自民党に歩み寄ります。自民党の河野洋平《こうのようへい》総裁とのトップ会談で、自民党の改正要求を丸のみしたのです。

議員定数を小選挙区三〇〇、比例代表を二〇〇とし、比例代表を全国一一のブロック単位とすることを了承したのです。明らかに自民党に有利な内容でした。小選挙区はもともと大政党に有利な仕組みですし、比例代表も、全国がひとつの単位だったら、中小の政党も当選者を出せますが、ブロック単位となると、全国に力を持っている大政党がやはり有利になります。

こうして修正された法案は再び衆議院と参議院で採決され、連立与党の大多数と自民党が賛成することで、成立しました。

当初の法案に反対した社会党議員は、法案を否決することで、かえって社会党に不利で自民党に有利な法案を成立させることになったのです。実に皮肉な結果でした。

まさに墓穴を掘ったのです。

社会党は、目の前に次々に出現する難問の対応に追われるだけで、党としての戦略が存在していませんでした。

突如浮上した「国民福祉税」構想

政治改革法案を成立させた直後の一九九四年（平成六年）二月三日の午前一時近くになって、細川総理は恒例となりつつあった深夜の記者会見を開きました。この場で、「三%の消費税を廃止し、国民福祉税を創設する。税率は七%とする」と発表したのです。「国民福祉税」という名前であっても、実質は消費税を三%から七%に引き上げることを意味していました。

記者会見には、内閣を支える立場の武村官房長官が出席していませんでした。武村は、この直前に突如知らされた内容に反発し、自分が反対であることを示すために欠席したのです。細川内閣内部の亀裂が深刻なことを示す光景でした。

翌日の官房長官記者会見で、「国民福祉税」について記者から問われた武村は、「過ちをあらたむるにしくはなしという言葉がある」と言って、反対の立場を鮮明にしました。

「国民福祉税」の創設は、「消費税が三%のままでは国の財政が厳しくなる」と考えた大蔵省の斎藤《さいとう》次郎《じろう》事務次官が小沢一郎に相談し、小沢が、武村や他の連立政権の幹部にも知らせないまま書いた筋書きでした。

このころから細川内閣では、武村と小沢が、政治手法をめぐって対立することが多く、細川は、内閣発足当時親しかった武村から離れ、小沢の助言を受けるようになっていたのです。

しかし、「国民福祉税」の構想は、あまりにも突然でした。記者会見で「七％の根拠は？」と記者から問われた細川は、「腰だめの数字です」と口走りました。これは、「はっきりした根拠はなく、まあ、とりあえずはこんなもんでしょう」ということを意味しました。あまりにアバウトな表現に、記者たちは唖然としました。筋書きを書いた大蔵省の官僚たちは、この表現に思わず天を仰ぎました。細川は、大蔵省の言い分をそのまま発表しただけで、本人がきちんと吟味したわけではないことをさらけ出したのです。

当時は、「何だかはっきりしない」という意味で、「ファジー」という言葉が流行していました。そこから「ファジー総理」と呼ばれることもあった細川の〝本領発揮〟でした。

国民が、細川の総理としての資質を疑い出す、きっかけともなる記者会見でした。

この「国民福祉税」構想には、武村のみならず、社会党の閣僚もこぞって反対します。結局細川は、すぐに「国民福祉税」構想を撤回しました。後には、細川政権内部の亀裂だけが残りました。

連立政権は、もともと異なる考えの党派が「政治改革」の実現という一点で集まっていたわけですから、政治改革法案が成立すると、結集の軸を失います。その後、「国民福祉税」構想にとどまらず、しばしば各党の間に亀裂が走ることになりました。

とりわけ、新生党の小沢一郎の政治手法に対しては、「秘密主義で強引すぎる」という批判が高まり、連立政権内部では、小沢派対反小沢派という対立構造が生まれていました。

細川総理の突然の政権投げ出し

一九九四年四月八日午後一時、細川は、突然与党の党首、代表者を呼び、「総理を辞任する」と伝えました。細川内閣はわずか八ヵ月しか続きませんでした。

党首や代表者がなぜ集まったのかを知らない記者たちは、会議から出てきた村山社会党委員長を囲み、「どんな話でしたか」と尋ねました。呆然とした表情の村山は、「首相を辞めるということです」とポツリと言ったのです。

この様子をテレビカメラが捉えていました。「えっ、総理辞任?」という記者の叫びに続き、村山のまわりを取り囲んでいた記者の輪が崩れ、社に一報を伝えるため一斉に駆け出す記者たちの姿が映っています。

いまなら一斉に携帯電話を取り出すところでしょうが、このころ、携帯電話はまだほとんど普及していませんでした。この映像のひとコマにも、時代の移り変わりの速さを痛感します。

この直後、細川は記者会見して、「私個人の資金運用に、あらたに法的問題があることが判明いたしました」と切り出し、辞意を正式に表明しました。

そのころ細川には、佐川急便から一億円を受け取っていたという疑惑が浮上していました。国会では野党の自民党が疑惑を追及していました。細川内閣成立前までは、自民党が、所属議員の疑惑をめぐって社会党など野党の追及を受けることが多かったのですが、立場が逆になっていたのです。

細川は、「一億円を一時借りただけで、その後返却した」と弁解していました。しかし、「一億円を返却した」証拠として細川が国会に提出したのは、一〇〇〇万円分の領収書のコピーだけでした。しかも、この領収書には領収した印が押されていなかったのです。これでは説明になりません。

細川の突然の政権投げ出しには、連立政権を支える党はもちろん、自民党も、そして国民も驚きました。

細川は、熊本県知事を二期つとめたときも、県民の高い支持率を獲得しながら、三期目の選挙に立候補しませんでした。「今度は総理の座も途中で投げ出すのだ」と感じた熊本県民も多かったのです。

細川は、母方の祖父の近衛文麿によく似ていると言われていました。近衛も、太平洋戦争直前に政権を突然投げ出しています。こんなところまでそっくりだったのです。

ベテラン政治記者の田勢康弘《たせやすひろ》は、「佐藤栄作《さとうえいさく》以降、十二人の首相を観察してきたが、これほど理解できなかった人物はほかにいない」（『総理の座』）と書いています。

細川を知る人は、「直前に会った人から聞いた話を、次に会った人に自分の考えであるかのように話す人」と評しています。官僚が細川総理に現状報告に行くと、細川の口からは、しばしば「それで私はどうすればいいのですか」というセリフが飛び出したといいます（『総理の座』）。

国民の歓呼の声に迎えられて政権の座につき、国際舞台でサマになる立居振舞で高い支持率を誇った細川は、突然政権を投げ出してしまいました。田勢のみならず、多くの国民が理解できない「ファジー」な人でした。

その後の細川は、日本新党を解党した後、新党を転々とし、九八年四月、今度は突然国会議員も辞職しました。「六〇という年齢を区切りに議員を辞職することを決意しました」というのが記者会見での説明でした。またも細川は、途中で投げ出したのです。本人は、政治の世界に恋々としないという美学だったのかも知れませんが、他人にはうかがい知れない行動でした。

細川は、政界を引退した後も、女性雑誌のグラビアなどに登場しています。その記事のひとつを見たノンフィクション作家の井《い》田《だ》真《ま》木《き》子《こ》は、こう書いています。「写真に写ると、この人は実に明るく品がよい。座敷で膝を崩しても、古いシャツで陶芸の作業場に立っていても、茶室で茶碗を掌につつみこんでいても、笑顔が溌剌としている。

そうだ。そういえば、このかっこよさに酔って、私たちは細川護煕を支持したのだ。こう思い出すとき、私たちは、永田町の人になってからの彼の所業をつくづく数え上げて、深くため息をつくのである」(『フォーカスな人たち』)

細川政権が終わって、連立政権時代は第二

コラム
返せるのになぜ借りたの？

当時、私が担当していた「週刊こどもニュース」に、視聴者の小学生から、「細川さんは、すぐに返せるお金があるのに、なぜ1億円を借りたのですか?」という質問が寄せられた。 細川総理の弁解のおかしさを鋭く突く質問だった。これに対して私は、細川事務所に確認の上、「そのときは、自宅を改修するのにすぐにお金が必要だったけど、すぐに現金を用意することができなかったからお金を借りたと細川さんは説明しています。でも、こんな風な疑問にきちんと答えることができなかったから辞めることにもなったんだね」とコメントした。

幕を迎えます。しかし、細川内閣が崩壊した「五五年体制」とは、何だったのでしょうか。これからの章は、太平洋戦争後の日本を振り返ることで考えてみましょう。

第一章のその後

二〇〇六年九月、小泉純一郎は、自民党の総裁としての任期が切れたことから内閣を総辞職し、五年半にわたる小泉内閣は終わりを告げました。任期中は終始、高い内閣支持率を維持していました。

小泉は、総理大臣に就任すると、持論だった郵政民営化に力を注ぎます。二〇〇五年八月、郵政民営化法案が参議院で否決されると、小泉は衆議院を解散。法案に反対した議員には自民党の公認を与えず、選挙区に刺客を送り込むという手口で、「劇場型政治」を演出。民営化に反対する議員に「抵抗勢力」というレッテルを貼って対決姿勢を示すという手法をとりました。

この手法で郵政民営化を達成すると、小泉の政治への意欲は急激に消失し、二〇〇八年九月、政界引退を表明。次男を後継候補にしました。三代続いた世襲政治家が、四代目の実現をめざしたのです。

小泉政権に関しては、果敢に改革を進めたという評価がある一方で、さまざまな規制緩和により、格差社会をもたらしたという否定的な評価もあります。

第二章

敗戦国・日本

廃墟からの再生

国破れて山河荒れ果て

一九四五年（昭和二〇年）八月一五日。日本が連合国に降伏し、戦争が終わりました。日本政府はこれを「終戦」と呼びましたが、まぎれもない「敗戦」でした。

当時の日本政府が「大東亜戦争」と呼び、戦後アメリカが「太平洋戦争」と呼ぶように改めさせた戦争で、日本軍の死者は一七四万人に達しました。アメリカ軍による空襲で死亡した一般市民などを合計すると二七〇万人。一九四一年（昭和一六年）の開戦当時の日本人の四％近くが犠牲になったことになります。

このほか数百万人が負傷したり、病気にかかったり、栄養失調になったりして、息も絶え絶えの状態でした。九〇〇万人以上が、空襲で家を失いました。

「国破れて山河あり」という言葉がありますが、山河も荒れ果てていました。森林は戦争の資材に使うために伐採した後、そのままになっていましたから、森に保水能力はなく、ひとたび雨が降れば大洪水になりました。

戦争中の労働力不足で農地を耕すことができなかったため、農業は壊滅状態です。戦争が終わった一九四五年には大凶作に襲われました。さらにその翌年は大水害に見舞われます。これらは、いずれも戦争の被害といえるものです。

敗戦で、かつて日本の領土だった朝鮮半島や台湾からの農産物や原材料は途絶。日本国内は荒れ果て、食べるものがなく、住む場所もなくなったのに、海外にいた六〇〇万人もの日本人が日本列島に帰ってきました。日本という国が存亡の危機に直面していたのです。

「青空市場」と呼ばれた闇市

法律違反を拒否した判事が餓死した

日本は戦争中、「配給制度」をとっていました。米、味噌、醤油、砂糖などの食料、調味料からマッチ、石鹼、ちり紙などの日常品までが、配給されていました。各家庭に、あらかじめ人数分だけの引換券（切符）が配布され、これを商品と引き換える方式です。こうした商品を配給以外の手段で手に入れることは法律違反でした。

ちなみに、このころはライターはなく、ガスコンロにも自動着火装置などついていませんでしたから、マッチは生活必需品だったのです。ティッシュペーパーやトイレットペーパーなども存在していませんでした。

敗戦とともに、この配給制度はマヒしまし

た。米の配給はわずかで、さつまいもやとうもろこしなどの「代用食」が配給になりましたが、それも遅配や欠配が続きました。

人々は配給を頼っていては、食べるものを手に入れることができなかったのです。配給に頼れない国民は、法律違反とわかっていても、「闇市」と呼ばれる市場で食料などを手に入れるしかありませんでした。

特に都会の住民が食料を手に入れるのは困難で、しばしば農村に買い出しに行くことになりました。それでも現金を持っている人はいいのですが、現金がない人は、衣類を売って現金を手に入れ、その金で生活物資を買いました。着ているものを次々に脱いで食べ物に換えていく様子が、まるでタケノコの皮を一枚一枚はがしていくようだとして、「タケノコ生活」と呼ばれました。

このころ、日本の国民にショックを与える事件が起きました。一九四七年（昭和二二年）一〇月、東京地方裁判所の山口良忠《やまぐちよしただ》判事（三四歳）が、栄養失調のために死亡したのです。法律違反の闇市で食料を買うことを拒否し、正式な配給の食料だけで生きようとしたためでした。

山口判事本人は、闇市で食料を売ったり買ったりしている庶民を「食糧管理法」違反で裁く立場にありました。法律を守る立場から、法律違反のヤミの食料に手を出すわけにはいかないと考えたのです。

逆に言えば、当時の日本人は配給だけでは生きてゆけず、ヤミの食料に手を出さなければ死んでいたのです。

山口判事は、「たとえ悪法でも、法律であ

る以上、裁判官の自分は守らなければならない」という意味のメモを残していました。

命か法か。日本国民を粛然とさせる出来事でした。

当時、いかに国民が食料に飢えていたかを物語る事件があります。「小平事件」と呼ばれています。

小平義雄《こだいらよしお》という四〇歳の男が、「食料を手に入れるいい場所を知っている」と若い女性に声をかけては田舎に連れ出し、乱暴して殺していたのです。小平の犠牲になった若い女性は、七人にものぼりました。

経済が破綻し進行するインフレ

何もかもない状態の日本国内に、海外から大勢の日本人が戻ってきました。ものがない（供給が不足している）のに、日本列島に人間は急増しました。つまり需要が増大したのです。

その一方で、現金だけは世の中に大量に出回りました。敗戦で失職した軍人と軍関係者計七〇〇万人に退職金が一斉に支払われたからです。軍需産業には、戦争中の未払代金が支払われました。

ものがないのに、ものを買いたい人は多く、この人たちは、現金だけは持っている……。こうなると、結果は猛烈な物価上昇。つまりインフレの発生・進行です。

日本銀行の調査によると、東京の小売り物価は、敗戦の翌年の一九四六年（昭和二一年）、前の年の六倍に達しました。さらに四七年には、前の年の二・七倍、四八年には三倍に達しました。物価がみるみる上がってい

コラム

国も企業も家計も赤字

1947年、当時の経済安定本部（後の経済企画庁、現在の内閣府の一部）は、第１回の『経済白書』（このときの正式名称は『経済実相報告書』）を発表し、この中で、「国も赤字、企業も赤字、家計も赤字」と表現した。あまりにぴったりの表現は、流行語ともなった。

さらに、「希望にみちた復興再建の途上にのりだす過程」は、「まじめにはたらくものどうしがもっともっと直接につながりあって」、「一時的な耐乏も自らのためのものとして」受け止めなければいけないと書いた。

経済の実情をわかりやすく国民に説き、いまでも『経済白書』のお手本と言われている。筆者は経済学者の都留重人［つる しげと］で、都留白書とも呼ばれる。

ったのです。

インフレ退治に「新円」切り替え

政府は、インフレを退治するために、非常手段を講じました。インフレは、手元に現金を持っている人たちが、商品を買おうとするために加速されます。世の中に出回る現金の量が多い状態になるのです。そこで、世の中に出回る現金の量を強制的に減らしてしまおうと考えました。それが、「新円」への切り替えです。

一九四六年二月末までに、それまでの旧紙幣を全部金融機関に預けさせた上で、「封鎖預金」として、自由に引き出すことができないようにしました。翌三月からは、毎月、世帯主三〇〇円、家族一〇〇円に限って新円で引き出せるようにしました。

月給も五〇〇円までは新円で払いますが、それ以上は強制的に封鎖預金に入れさせたのです。世の中に出回る現金の量を減らし、国民の消費を強制的に絞る策でした。当時の金額で約五〇〇億円が金融機関に回収されました。都市の勤労者世帯の平均月収が一七二四円の時代のことです。ちなみに、このときの平均支出は二一二五円で、差し引き四〇一円の赤字でした。

この「新円」切り替えは、インフレ退治ばかりでなく、金融機関を守る意味もありました。

インフレでは現金の価値が下がっていきますから、現金で持っているよりは商品を買ったほうが得です。そこで当時の国民は、預金を下ろして商品に換えようとしていました。そうなると、金融機関から資金が大量に流出し、金融機関が倒産する恐れがありました。

預金を封鎖するという強硬手段で金融機関を守ったのです。しかし、インフレの進行を完全には食い止めることができませんでした。そのため、国民は、預金を自由に引き出せないまま、自分の預金の価値が下がっていくのを見ているしかありませんでした。

国民の犠牲で銀行を守ったのです。バブル崩壊後の一九九〇年代後半、経営危機に陥った金融機関を、政府は国民の資金で守りましたが、この当時にも、国民の犠牲で金融機関を救っていたのです。

連合国軍がやってきた

一九四五年八月三〇日、神奈川県の厚木飛行場に、ダグラス・マッカーサー元帥が降り立ちました。手には愛用のコーンパイプを持ち、シャツ姿でした。

マッカーサーは、日本を占領した連合国最高司令官総司令部（General Headquarters of the Supreme Commander for the Allied

Powers）の最高司令官でした。総司令部は、General Head Quarters を略してＧＨＱと呼ばれました。最高司令官を辞めさせられるまでの約六年、マッカーサーは、日本での最高権力者となります。

日本と共に連合国と戦ったドイツは、国家組織が崩壊して敗れたため、連合国の直接占領でした。一方、日本は国家組織が健在だったため、連合国は、日本政府の上に位置するという間接占領の形をとりました。

日本政府がこれまで通り日本を統治しますが、その方針は、すべてＧＨＱの許可を得なければなりませんでした。

また沖縄は、日本の敗戦の前にアメリカ軍によって占領されていて、その後一九七二年（昭和四七年）に日本に返還されるまで、アメリカの直接統治が続きました。

日本を占領した連合国軍の中心はアメリカ軍で、実態はアメリカによる単独占領と言えるものでした。例外は、一九四六年（昭和二一年）から五〇年（昭和二五年）にかけて、中国五県と四国四県に駐留したイギリス連邦

コラム

GHQ

GHQの本部は、東京・日比谷の第一生命ビルに置かれた。占領が長引くにつれ、早く占領状態を終わらせて日本の独立を実現したいと考える人が増え、「GHQとはGo Home Quickly（早く自国に帰れ）の略だ」と冗談めかした言い方がされた。

戦後最初のベストセラー

1945年9月、つまり敗戦の翌月、早くも『日米会話手帳』という本が出版された。日本にやってくる占領軍のアメリカ兵と会話できるように、というものだった。初版30万部は直ちに売り切れ、年末までに360万部が売れる大ベストセラーになった。この記録は、その後、黒柳徹子の『窓ぎわのトットちゃん』（1981年）に抜かれるまで、36年間破られることはなかった。

軍です。

内訳は、イギリス・インド軍、オーストラリア軍、ニュージーランド軍で、広島県の呉《くれ》市に司令部を置きました。

ドイツが連合国による分割占領となり、その後東西に分裂したのに対し、日本は国家の分裂という悲劇は避けられました。

連合国による戦犯追及

日本を占領したGHQは、日本の戦争責任の追及と、社会や経済の民主化を通じて、日本を二度と戦争を起こさない国家に作り直す任務を持っていました。

日本が降伏した翌月から戦争犯罪容疑者の逮捕が始まり、一九四六年五月三日、「極東国際軍事裁判」が始まりました。これが、いわゆる「東京裁判」です。

「極東」とは、ヨーロッパを中心にした世界地図で、日本が「極東」に当たることから名づけられた用語です。

「東京裁判」の根拠は、「ポツダム宣言」でした。日本が降伏する一ヵ月前、アメリカ、イギリス、ソ連の三国の指導者は、ドイツのポツダムに集まり、日本に対し降伏を求め、降伏の条件を示す宣言を発表しました。これが「ポツダム宣言」です。

この中に、「捕虜を虐待した者を含む一切の戦争犯罪人に対して厳重な処罰を加える」という条件がありました。日本政府は、この「ポツダム宣言」を受け入れて降伏したので、この条件も受け入れたとみなされたのです。

つまり、日本が降伏するときに認めた条件にもとづき、戦犯追及が行われたということ

東京裁判で被告席に座る東條英機　1946年5月

になります。

「東京裁判」で裁かれたのは、「A級戦犯」（重大戦争犯罪人）でした。この容疑で逮捕された人数は一〇〇人以上にのぼりましたが、実際に起訴されて裁判にかけられたのは、太平洋戦争の開始を決定した東條英機《とうじょうひでき》元首相ら二八人でした。

被告たちは、「平和に対する罪」「殺人」「通例の戦争犯罪及び人道に対する罪」の三つについて起訴されました。

マッカーサーは、日本を統治する上で、天皇制を利用しようと考え、昭和天皇の戦争責任を追及しないことにしていたので、天皇が裁判にかけられることはありませんでした。

裁判は連合国の各国から選ばれた一一人の裁判官で行われ、裁判長はオーストラリアのウィリアム・ウェッブでした。被告には日本人とアメリカ人の弁護士がつきました。判決は、裁判が始まってから二年半後の一九四八年（昭和二三年）一一月に言い渡されました。二八人の被告のうち、二人は裁判中に病死し、一人は精神病のため訴追を免れ、残り二五人に対して判決が下されました。判決は、日本の戦争指導者たちが共同謀議をして侵略戦争を始めたと断定し、全員に有罪を宣告しました。このうち七人に死刑が言い渡され、翌月、処刑されました。

明らかにされた「戦争犯罪」に国民は衝撃

「東京裁判」では、戦争中の日本軍による残虐行為が次々に明らかにされました。

特に、日中戦争の最中の一九三七年（昭和一二年）一二月、日本軍が中国（中華民国）の当時の首都南京《ナンキン》を占領した際、南京の市民を無差別に虐殺したという事件について、事件の生存者や目撃者の証言が相次ぎ、日本国民に大きな衝撃を与えました。また、フィリピン占領中、フィリピン市民九万人以上が日本軍によって虐殺された証拠が提出されました。

南京事件にしても、フィリピンでの事件についても、戦争中、日本の国民に知らされることは一切ありませんでした。裁判で検察側から次々に示される証言や証拠に、当時の日本国民は、大きな衝撃を受けたのです。

七人が処刑された翌日の一二月二四日、GHQは、次に裁判にかける予定で逮捕していた岸信介《きしのぶすけ》、児玉誉士夫《こだまよしお》らA級戦犯容疑者一九人を不起訴と決め、釈放しました。

「東京裁判」が長引き、東西冷戦が進む中で、アメリカは戦犯追及の熱意を失ったのです。法律上の判断ではなく、政治的な判断でした。「アメリカのご都合主義」という見方もあるでしょう。釈放された岸信介は、やがて首相になります。

戦犯には三種類あった

「東京裁判」で裁判にかけられたのはA級戦犯でした。戦犯には、このほかB級とC級の計三種類がありました。

戦争犯罪人として逮捕された数は、A級戦犯が一〇〇人以上、BC級は合わせて二万五〇〇〇人以上にのぼりました。

A級戦犯は、日本国内で戦争を計画して実行し、戦地での一般市民の虐殺や捕虜の虐待に責任がある政府軍関係者でした。

一方、B級とC級は、それぞれの戦地で、兵士ではない一般市民を虐殺したり、捕虜を虐待したりした「戦争犯罪」を犯した者が裁判にかけられました。

「通例の戦争犯罪」を犯した者はB級戦犯、「人道に対する罪」を行った者はC級戦犯と区別されていましたが、実際には区別なく裁判にかけられたので、BC級戦犯とまとめて呼ばれています。

A級戦犯は、連合国が東京で裁判を開きました。BC級戦犯は、連合国の七ヵ国が、それぞれの国の法律で裁きました。アメリカ、イギリス、オーストラリア、フィリピン、フランス、オランダ、中国の七ヵ国の、計四九ヵ所で法廷が開かれました。

このうちフランスは、フランスの植民地だったベトナムなどインドシナ半島での日本軍の行為を、オランダは、オランダの植民地だったインドネシアでの日本軍の行為を裁いたのです。

　七ヵ国が裁いたBC級戦犯裁判では、計五七〇〇人が起訴され、九八四人が死刑判決を受けました。そのうち五〇人はその後減刑されています。結局、実際に処刑されたのは九二〇人と言われています。無罪判決を受けた人も一〇〇〇人を超えました。

　一方、連合国の中でも、ソ連国内で行われた戦犯の裁判の詳しい情報は公開されませんでしたが、一万人前後が有罪判決を受けたと言われています。当時のソ連は死刑制度を廃止していて、死刑判決を受けた者はいないということになっていますが、三〇〇〇人が秘密のうちに即決裁判で処刑されたという推定

コラム

南京大虐殺

「南京大虐殺」の犠牲者数について、東京裁判の判決は、南京占領直後に少なくとも1万人以上の非戦闘員（兵士ではない者）が無差別に殺害され、占領後1ヵ月で2万人の女性が強姦され、中国兵とみなされた男性2万人が殺され、捕虜3万人が殺されたと認定した。さらに5万7000人以上の市民が日本軍によって収容され、その多くが飢えや拷問で死亡したと認定した。

　しかし、現在の中国は南京大虐殺の犠牲者の数を30万人と発表している。

　犠牲者の数については、その後、歴史学者の研究によって、さまざまな数字が発表されている。「犠牲者はごくわずかだった」「南京大虐殺はなかった」という主張もある。

　日本の教科書検定では、この数字がいつも問題になる。「多くの人が殺された」という表現の教科書もあれば、「10数万人が殺された」という表現もある。「実態について論争が続いている」と表記しているものもある。

もあります。

●東京裁判をめぐる論議

「東京裁判」については、これをどう評価するかで、さまざまな議論があります。

裁判官一一人の中でも、判決について意見が分かれました。被告に対する有罪判決は一一人の中の多数派が決定したことで、少数派の裁判官の中には、一部の被告について無罪を主張したり、全員の無罪を主張したりした人もいました。中でもインド代表のラダビノッド・パルは、多数派判決文を全面的に批判しました。この判決は、「パル判決書」として知られるようになります。この中でパルは、東京裁判の法律的な問題点について触れ、裁判の設置自体を批判しています。

「東京裁判」についての評価は読者に任せることにして、これまでの議論の争点をいくつか簡単に整理しておきます。

【勝者が敗者を裁いた裁判】

◆戦争の勝者だからといって、正義の立場に立つわけではない。「東京裁判」は、戦争勝者が敗者を裁いた、勝手なものだった。

●確かにそうかも知れないが、だったら、日本人自らが日本人の戦争責任を追及し、裁くべきだった。現に同じ敗戦国であるドイツでは戦後、自らの手で戦犯を裁いている。

【事後裁判ではないか】

◆「東京裁判」は、敗戦の翌年の一月、「極東国際軍事裁判所条例」をマッカーサーが定めた上で行われた。条例で「平和に対する罪」「通例の戦争犯罪」「人道に対する罪」で裁くことが決められたが、戦争中、「平和に対する罪」や「人道に対する罪」という概念は国際的に存在しなかった。後になってから「あれは罪になる」という法律を作って裁くことは、「罪刑法定主義」つまり「存在していた法律に違反した者が裁かれる」という原則に反する事後裁判ではないか。

●「東京裁判」が裁いた罪は、文明国家にとって普遍的なものであり、正当な裁判だった。

【個人の責任が問えるのか】

◆戦争は国家としての行為であり、個人の責任を問うことができるか疑問だ。

●国家や軍隊の上官の命令であっても、人間として許されないことに従うのは罪になるという、人間としての普遍的な原則を示した点で意義がある裁判だ。

　このほか、昭和天皇が「東京裁判」にかけられず、戦争責任が問われなかったことを問題にする議論もあります。事実、「東京裁判」の判決で、天皇が戦犯に問われていないことを指摘する裁判官もいました。

「東京裁判」をめぐっては、一九八三年（昭和五八年）五月、東京裁判を担当した裁判官も参加して、東京で国際シンポジウムが開かれました。

　ここでは、東京裁判を高く評価する立場、批判する立場の人たちが参加して議論を交わしました。この様子は、『東京裁判を問う』（講談社学術文庫）にまとめられています。

　この中で、中国の南開大学の兪辛焞《ユシンジュン》助教授

は、「勝者が敗者を裁く裁判は、盗んだ者が盗んだ者を裁くようなものだ」という批判に対して、次のような発言をしています。

「中国から見た場合には、中国を盗んだ人は、はじめはイギリスでした。けれども、イギリスは、極東裁判（東京裁判のこと）において裁いた側でございます。次にオランダ、フランス、最後はアメリカですが、みな中国から見れば〝盗んだ人〟です。だから、盗んだ人が盗んだ人を裁く。これには不公平な一面があるわけです。（中略）けれども、東京裁判というものは、裁判の時代からいえば、一九二八年から四五年までの限られた時期に盗んだ者に対する裁判だと私は思います。（中略）この段階において見た場合に、誰が一番おそろしい泥棒であったか、ということでござい

コラム
戦争責任

敗戦の翌年、政治学者の丸山眞男［まるやま まさお］は、「超国家主義の論理と心理」という論文を発表し、「ナチスの指導者は今次の戦争について、その起因はともあれ、開戦への決断に関する明白な意識を持っているにちがいない。然るに我が国の場合はこれだけの大戦争を起しながら、我こそ戦争を起したという意識がこれまでの所、どこにも見当らないのである。何となく何物かに押されつつ、ずるずると国を挙げて戦争の渦中に突入したというこの驚くべき事態は何を意味するか」と書いて、日本社会の無責任性を分析した。

この論考は、丸山眞男『現代政治の思想と行動』に収録されている。

ます」

日本の発展の条件を作った三つの経済改革

日本を占領したGHQは、戦争責任の追及をすると同時に、日本社会の民主化を進めました。このうち経済民主化について、GHQは、こう考えました。

日本は封建社会の色が濃く、国内の生産力も十分ではなかった。これが、日本のアジア侵略につながった。封建社会の基盤は、農村だ。農村では大地主がいて、小作農がわずかばかりの土地を耕している。大地主と小作農という封建的な関係が、封建社会の基盤になっている。これを解体しなければならない。

これが「農地改革」になりました。

また、日本は巨大な力を持った財閥によって、労働者の給料は安く抑えられ、国内に十分な市場が形成されていない。このため、日本企業がアジアの市場を求めて進出し、それがやがて日本軍のアジア侵略につながった。

巨大な独占企業の財閥を解体し、それぞれの産業に、互いに競争し合ういくつもの企業が生まれれば、健全な競争を繰り広げることで経済が発展し、日本の国内市場が発達して、日本企業の海外進出を抑える働きをするだろう。

これが「財閥解体」です。

さらに、日本国内の労働者に権利を与え、労働組合の結成を促し、労働条件を改善し、給料を引き上げることが、日本国民の購買力を増やし、国内に市場を広げることになる。そうすれば、日本企業は無理にアジアに進出する必要がなくなり、侵略を二度と引き起こすことにはならないだろう。

これが「労働改革」となりました。

アメリカは、別に日本経済を発展させる条件を作ろうと思って改革をしたわけではありません。日本を二度と戦争をしないような国にしようと考えただけでした。しかし、その改革が、結果として日本経済の発展の条件を作り出しました。

地主の土地を取り上げた

農地改革では、不在地主の持つ小作地を全部取り上げました。戦前の日本の農村では、広大な農地を持つ地主が都会に住んでいて、農村の小作農に耕作をさせていた例がありました。こうした地主を「不在地主」と呼びます。

また、農村に住んでいる地主（在村地主）が貸している小作地も、一町歩（約一ヘクタール。北海道は四町歩）以内に限りました。

それを超える農地は国が強制的に買収して、小作人に安く売り渡しました。自分で耕作している地主にも、三町歩（北海道は一二町歩）以上の田畑を持つことは認めませんでした。

この農地改革が、一九四七年三月から五〇年七月までかかって進められたのです。ただし、山林は対象になりませんでした。これにより、戦前は全農地の半分を占めていた小作地が、わずか九％に減りました。

人間というのは現金なもので、同じ農地でも自分の土地となると、生産意欲が湧いてきます。日本の農業生産は飛躍的に増えたのです。ソ連や中国など社会主義諸国で、農民から農地を取り上げて共同農場にしたとたん、農業生産性が低下したのとは対照的な政策でした。

戦前、日本の農村では、農地を持たない小作農による農民運動が盛んだったところもありましたが、土地を持った農民は保守的になり、以後、自民党を支える存在になりました。

しかし、その反面、零細農家が増えました。一部には広大な土地を持つ地主もいましたが、大半は狭い土地ばかりでしたから、それを小作農に分けることで、さらに零細な農地ばかりになりました。

その後、日本の農政は、農家の経営規模を拡大して広い農地を持つ専業農家を育成しようとしました。

しかし、高度経済成長期にさしかかり、農家の主人が都会に出稼ぎに行って、「かあちゃん、じいちゃん、ばあちゃん」が農業を担当する「三ちゃん農業」になってしまいました。そうなっても農家は農地を手放そうとはしませんでした。農家の規模拡大は進まなかったのです。

財閥を解体した

「財閥」とは、「財産を持った一族」という意味です。金持ちの一族が、あらゆる産業にまたがる無数の系列会社の株を一手に持つことで経営権を握り、一族の家族や「番頭」が経営を担当しました。

GHQは、日本を戦争へと駆り立てた大きな責任が財閥にあると考え、日本の産業を支配してきた一大組織の財閥解体をめざしました。

三井、三菱、住友、安田の四大財閥にとどまらず、中小財閥も含めて八三社が解散、整理させられました。財閥の一族は企業経営から追放されました。財閥の財産もあらかた取り上げられたのです。

三井物産、三菱商事も分割されました。三井物産は約一七〇社、三菱商事は約一二〇社に分割されたのです。ほかにも経済力の集中を緩和するため、日本製鉄や大日本麦酒など一一社が整理、分割されました。

日本製鉄は、八幡製鉄と富士製鉄など四社に分割されました。日本製鉄が分割されたことで、当時小さかった川崎製鉄や住友金属が発展する条件を作り出しました。大日本麦酒は日本麦酒（いまのサッポロビール）と朝日麦酒（アサヒビール）に分割されました。こ

コラム

三等重役

GHQによる財閥解体に伴い、大企業の経営者を会社から追放する「財界追放」も行われた。

この結果、戦前からの経営者が退き、社内の若手が経営者として抜擢された。30代から40代の経営幹部が続々誕生したのである。

若手経営者たちは、口をはさむ先輩がいない環境で伸び伸びと仕事をし、冒険を恐れず、果敢に企業経営に取り組んだ。経営者の若返りで、企業が発展した。

この様子をサラリーマン作家として人気を集めていた源氏鶏太[げんじ けいた]が、1951年（昭和26年）、『三等重役』という小説にしたことから、有名な言葉になった。本来なら重役になることなど考えられなかった「三等」級の人物が重役になった、という意味だが、実際には、こうした人たちが特級の仕事をしたのである。

社長や会長を長く勤めた後も、「相談役」になって企業にしがみつき、後輩の社長の仕事に口をはさんで「老害」をさらす現代の経営者に知ってほしい歴史的事実だ。

れが、麒麟麦酒（キリンビール）躍進のきっかけになったのです。

独占企業が解体、分割されることで、企業同士の激しい競争が繰り広げられることになり、日本経済は飛躍的に成長し、強い経済力を持つようになりました。

しかし、占領が終わった一九五二年（昭和二七年）には、三菱や三井などの旧財閥は、企業グループとして再編され、使用が禁止されていた三菱の「スリーダイヤ」のマークや三井の「丸に井《い》げた三文字」のシンボルも使われるようになりました。さらに、国際競争力を持つためには、企業の規模を大きくする必要があるという声が高まり、いったん分割された八幡製鉄と富士製鉄が合併して新日本製鉄になるなど、現在では、企業合併が進んでいます。

労働組合を育てた

戦争中の一九四〇年（昭和一五年）、日本の労働組合はすべて解散させられていました。戦争遂行に労働組合は邪魔物だったのです。

ＧＨＱは、経済民主化の一環として、民主的な労働組合の結成を推奨し、四五年一二月、労働組合法が制定されました。

翌年六月には、一万二〇〇〇もの労働組合が結成され、組合員は三六八万人に達しました。労働者の組織率は四一・五％にのぼりました。

組合運動は盛り上がり、大幅賃上げや労働条件の改善を獲得しました。

「最低賃金制の確立」や「差別待遇の撤廃」など、当初は純粋に経済的な要求だけだった

ゼネストを前にした皇居前広場での集会　1947年1月

労働組合運動は、政府との交渉を続けるうちに、次第に政治闘争の様相を見せ始め、当時の吉《よし》田《だ》茂《しげる》内閣の辞職要求を掲げるまでになりました。

そして四七年二月一日、四〇〇万人の労働者が、一斉にストライキに入る予定を立てました。これを「ゼネスト」（ゼネラル・ストライキ）と呼びます。「ゼネラル・ストライキ」とは、ひとつの産業だけでなく、あらゆる産業にまたがって労働組合がストライキに入ることです。汽車、電車、郵便、電話などの公共サービスばかりでなく、多くの民間企業もストに入る予定でした。

この動きを見て日本で社会主義革命が起きるかも知れない、と多くの人が考えました。ある人は期待を込めて、またある人は恐怖を感じながら。

しかし、直前になってGHQが中止命令を出したのです。最高権力者の占領軍の命令には、労働組合も従わざるをえませんでした。

全官公庁共闘議長の伊井《いい》弥四郎《やしろう》は、NHKラジオに出演し、「私はいま一歩退却、二歩前進という言葉を思い出します」の言葉と共に、泣きながら「スト中止宣言」を発表しました。

ゼネスト中止を発表する伊井弥四郎　1947年1月

アメリカの方針転換

アメリカは、日本の労働組合を育成してきましたが、労働運動がアメリカから見て「限度を超えた」と判断した段階で、弾圧する側に回りました。

これは当時、アメリカとソ連の対立、いわゆる東西冷戦が始まったことを背景にしています。日本の労働運動が、社会主義をめざす運動に転化することを恐れ、方針を転換したのです。

二・一スト中止の後、公務員のストライキをする権利は取り上げられました。公務員がストをすると法律違反になったのです。

第二次世界大戦後の東西冷戦で、アメリカの対ソ政策を組み立てたのは、アメリカ国務省（外務省のこと）のジョージ・ケナンでした。ケナンは、ソ連に対し、「封じ込め政策」で臨みました（詳しくは小著『そうだったのか！ 現代史』第2章参照）。

ケナンは一九四八年、日本を視察してマッカーサーと会見し、対日占領政策の転換を求めました。アジアでも「ソ連封じ込め」を進めるためには、日本の非軍事化や民主化よりも、「自由主義陣営」に引き止める政策を進めるべきだと進言したのです。

こうして、労働組合運動や社会主義運動は弾圧され、政治の民主化はストップします。四九年（昭和二四年）から五〇年にかけて、「レッド・パージ」（アカ狩り）の嵐が吹き荒れます。

「アカ」とは、「共産主義者」に対する蔑称で、共産主義者や、その同調者と疑われた者が、「レッド」（アカ）として、職場から追われたのです。その数は一万五〇〇〇人とも三万人とも言われています。その一方で、軍国主義者とみなされて公職から追放されていた人々が、政界、財界への復帰を認められまし

コラム

日本人は12歳

日本を占領したGHQの最高司令官として君臨したマッカーサーは、1951年（昭和26年）、アメリカに帰国した。マッカーサーを慕った日本人20万人が沿道に出て別れを惜しんだ。ところがアメリカに帰国したマッカーサーは、アメリカ議会の聴聞会で、「日本人は12歳の少年のようなもの」と発言した。国民を人間の年齢にたとえた場合、同じ敗戦国でも、ドイツ人はアメリカ人やイギリス人と同じ45歳で成熟しているのに対し、日本人は未成熟で、指導が必要だという文脈だった。この発言をきっかけに、日本人のマッカーサー崇拝熱は一気にさめた。

た。

この様子を、当時のマスコミは「逆コース」と呼びました。日本も、東西冷戦の対立に無縁ではいられず、アメリカの方針転換に振り回されたのです。

すべての力を石炭生産へ

GHQによる占領のもとでも、日本政府自体による経済復興の努力が始まりました。特に有名なものが、一九四七年（昭和二二年）から始まった「傾斜生産方式」です。

すべての経済政策を石炭の生産に向けて傾斜させるところから、この名前がつきました。

経済を復興させるためには、工業生産を拡大しなければなりません。そのためには、当時の最大のエネルギー源である石炭の生産を増やす必要があります。石炭を増産するためには、炭坑を整備しなければなりません。

ところが、当時の炭坑は、戦争中の乱掘で荒れ果てていました。炭坑を整備するには、炭坑の内部を支える鉄柱つまり鉄鋼が必要です。まず鉄鋼業を復興させなければなりません。

鉄鋼業を復興させるためには、鉄鋼炉のエネルギーとして石炭が必要です。でも炭坑は荒れ果てている……、という八方ふさがりの状態でした。そこでアメリカに対し、とりあえず重油の援助を依頼したのです。

重油を燃料にして、まず鉄鋼業を復興させ、炭坑を整備する。石炭の産出量が増えれば、石炭を燃料にして鉄鋼の生産を増やすことができるし、発電もできる。肥料生産も増やすことができ、農業が発展する……という筋書でした。

鉄鋼、石炭の生産を最優先にして、当時の日本の経済政策を組み直したのです。これが「傾斜生産」でした。

石炭は、「黒いダイヤ」と呼ばれ、貴重品扱いされました。石炭産業が優遇された分だけ、後のエネルギー革命で石炭業界を襲ったショックが大きかったのですが、これについては、第六章で取り上げましょう。

「竹馬の足を切れ」

GHQは、日本を「自由主義陣営」に引き止めておくためには、日本経済の発展が必要だと考えました。経済が低迷すれば労働運動や社会主義運動が盛んになってしまうと恐れたからです。

日本経済発展のために、GHQは、二つの新方針を打ち出しました。インフレ退治と円の為替レートの確定です。

インフレ退治の旗を振ったのは、アメリカから派遣されたジョセフ・ドッジ公使でした。アメリカのデトロイト銀行頭取で、経済の専門家として一九四九年（昭和二四年）、来日しました。

ドッジは、記者会見で、日本経済について、次のように語りました。

日本経済は両足を地につけず、竹馬に乗ったようなものだ。竹馬の片足はアメリカからの援助、もう片方は、日本政府による各種の補助金だ。竹馬の足をあまり高くすると、転んで首を折る恐れがある。

たくみな比喩で、日本経済の弱さを表現しました。つまり、竹馬の足を切れ、という指示示だったのです。

そのためには、政府の補助金をカットし、政府支出を厳しく削減することを求めました。ドッジによる厳しい政策を「ドッジ・ライン」と呼びます。この場合の「ライン」とは、方針・政策の意味です。

こうして日本政府の予算は、各種の補助金がカットされ、超緊縮財政となりました。それまで続いてきた赤字財政は、初めて黒字に転じます。しかし、政府の財政支出が切りつめられたため、日本経済は深刻なデフレに突入しました。インフレを一気に抑え込もうとして行きすぎたのです。日本を不況が襲いました。

一ドル＝三六〇円に

インフレを抑えた後は、製品の輸出を通じて、日本経済を発展させようとしました。そのためには、日本の円とドルをいくらで交換するか、為替レートを決めなければなりません。

日米の為替レートは、戦前には一ドル＝一円でしたが、戦争で日本経済は壊滅状態となり、円安が進んだ状態になっていましたから、

コラム
1ドル＝360円の珍説
1ドルがなぜ360円になったのか、その根拠が当時の日本にとっては不明だった。田中角栄が大蔵大臣になったとき、「円は丸も意味する。円の内角の和は360度だ。だから円は360円だ」と説明し、多くの人が納得してしまった。もちろんこれは、話を面白くするこじつけだった。

新たに決め直す必要があったのです。

一九四八年、アメリカのヤング調査団が、為替レートをどれくらいにすればいいかを調査に来ました。日本経済の実力を調べた結果、一ドル＝三〇〇円を基本とし、上下一割の範囲内のどこかに設定すればよいと勧告しました。

マッカーサーは、これを受けて一ドル＝三三〇円を考えました。ところがアメリカ政府は、日本経済に有利なように一ドル＝三六〇円と設定しました。三三〇円よりは三六〇円のほうが円安なので、日本製品を輸出するときに価格が安くなり、日本の国際競争力が強くなるという配慮でした。

これも、東西冷戦の中で、アメリカ側につく日本の経済が順調に発展することをねらったものです。

隣国の不幸で日本経済復興

一九五〇年六月二五日、お隣の朝鮮半島で戦争が始まりました。「朝鮮戦争」です。

第二次世界大戦後、朝鮮半島は北緯三八度線を境に、北半分がソ連、南半分がアメリカに占領されていました。この状態で、南に韓国（大韓民国）、北に北朝鮮（朝鮮民主主義人民共和国）が成立しました。これも東西冷戦での出来事です。この対立の中で、ソ連のスターリンの許可を受けた北朝鮮の金日成《キムイルソン》は、武力での南北統一をめざして南を攻撃したのです。

韓国から引き揚げていたアメリカ軍は、急《きゅう》遽《きょ》韓国の応援にかけつけました。朝鮮半島全体が戦場になったため、アメリカ軍は、必要な生活物資や軍需物資を、近くの日本から買いました。

ドッジ・ラインによるデフレにあえいでいた日本経済に、突如、巨大な需要が発生しました。デフレは「商品の供給に対して需要が足りない」状態のことですから、需要が増加すれば、デフレは解消します。

朝鮮戦争によって生まれた特別な需要のことは「特需」と呼ばれました。

兵士の軍服に必要な布、兵士のための毛布、軍需物資を包む麻袋への大量の注文が入りました。日本経済はまず繊維産業が息を吹き返しました。

さらに、軍用トラック、ドラム缶、有刺鉄線、鉄柱など重工業に波及しました。

朝鮮半島で戦ったアメリカ兵は、定期的に日本で休暇を過ごしたため、アメリカ兵による消費も急増しました。

まさに、隣の国の不幸で、日本経済は成長に転じたのです。

もはや戦後ではない

一九五六年度（昭和三一年度）の『経済白書』は、「もはや戦後ではない」という名文句を生み出しました。

もちろん、日本経済はまだひ弱で、当時は「戦後の貧しさから抜け出すほど経済は回復していないぞ」という反発も受けた表現でしたが、この文章の主旨は、日本が敗戦後の経済復興の過程を脱して、いよいよ本格的な経済成長の段階に入ったことを宣言したものでした。

『経済白書』は、こう述べています。

「貧乏な日本のこと故、世界の他の国々にくらべれば、消費や投資の潜在需要はまだ高いかもしれないが、戦後の一時期にくらべれば、その欲望の熾烈さは明らかに減少した。もはや『戦後』ではない。我々はいまや異なった事態に当面しようとしている。回復を通じての成長は終わった。今後の成長は近代化によって支えられる」

第二章のその後

戦後の日本経済を大きく飛躍させる土台を築いたのは、GHQの改革でした。しかし、やがて日本経済の構造は変質します。

財閥解体によって独占企業は姿を消し、企業同士の熾烈な競争が起こり、日本経済は発展しました。ところが、「国際競争に勝ち抜くには強い企業が必要だ」として企業の合併が相次ぎました。

また、「現代版財閥」とも言うべき「持ち株会社」が解禁され、「ホールディングス」という名称の企業グループが続々と誕生しています。

一方、労働組合運動は衰退の一途をたどっています。日本の労働組合は、企業の正社員を対象にしているものがほとんど。派遣社員やパート社員が増加することで、企業内に占める組合員の比率が下がり、発言権の低下を招いています。

賃上げ闘争も盛り上がりに欠け、給与水準が上がらないことから、「内需拡大には社員の給料を上げて消費の拡大をはかる必要がある」と経営者が言い出すありさまです。

第三章

自衛隊が生まれた

憲法をめぐる議論始まる

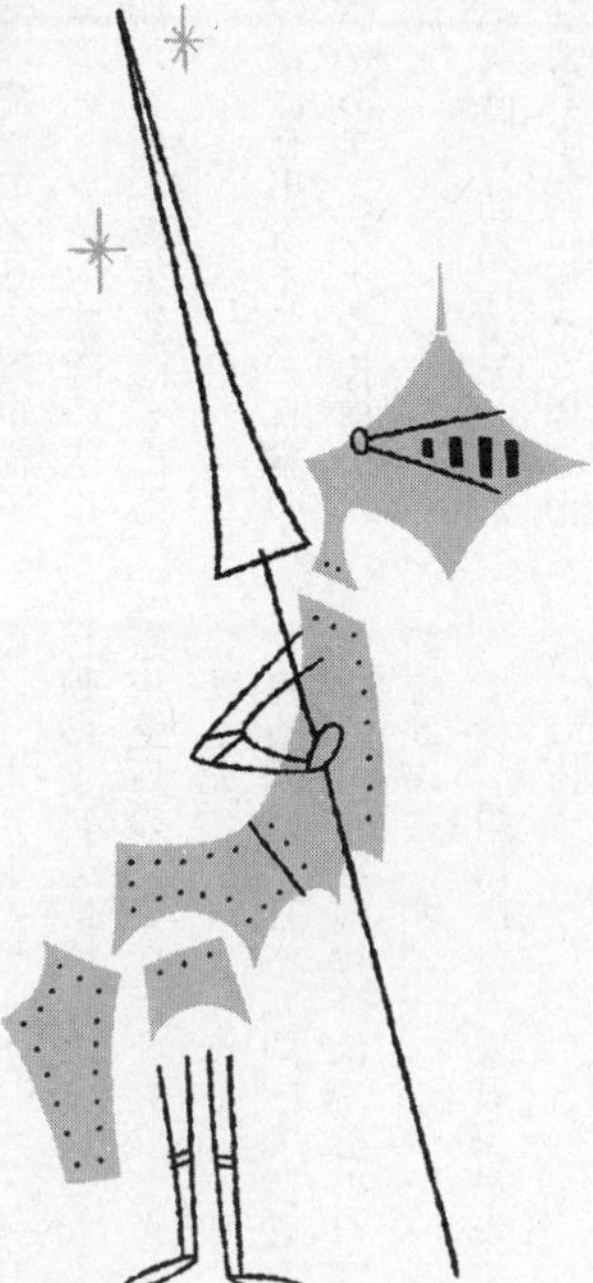

アメリカの空母を護衛した

二〇〇一年(平成一三年)九月、アメリカのニューヨークとワシントンで同時多発テロ事件が起きたのを受けて、アメリカ海軍横須《よこす》賀《か》基地を拠点とするアメリカ第七艦隊の空母キティホークが九月二一日、横須賀港を出港しました。

この空母が日本の領海を出るまで、日本の海上自衛隊の護衛艦「あまぎり」や掃海艇が付き添いました。

この行動について当時の防衛庁は、「我が国の安全に影響を与える事態に備え、周辺海域の警戒監視行動を行った」と説明しました。日本の自衛隊が、日本の安全のために日本の周辺を警戒していただけだという説明でした。

しかし、その実態は、アメリカ軍の空母を護衛するものでした。

この行動に対しては、「アメリカ軍に対するテロ行為が予想される中で、日本の領海内で日本がアメリカを守るのは当然のことだ」という声が上がる一方、「アメリカ軍の軍事行動に実質的に協力するようなものであり、憲法違反の行動ではないか」という批判も起きました。

自衛隊は、日本の国内で微妙な立場にあります。自衛隊の行動は、そのたびに大きな議論を呼ぶのです。

では、自衛隊は、なぜ微妙な立場にあるのでしょうか。

世界有数の軍事力を持つ自衛隊

自衛隊は、世界でも有数の装備を誇るまで

アメリカ軍空母「キティーホーク」（下）と駆逐艦を護衛する自衛艦「あまぎり」（上）

に成長してきました。防衛費をドルに換算すると、「軍事費」はアメリカに次いで世界第二位という高さです。

にもかかわらず、この自衛隊は「軍隊ではない」というのが、日本政府の説明です。

日本国憲法は、「戦争放棄」を定め、「戦力」を持つことを禁じているからです。

自衛隊の定員は二六万二〇七三人。最も多いのは陸上自衛隊で一六万七三八三人。次いで航空自衛隊四万七二六六人、海上自衛隊四万五八一二人、統合幕僚会議一六一二人となっています（二〇〇一年三月三一日当時）。実際の人数はこの九〇％程度にとどまっていますが、これだけ大きな組織を持ちながら、「戦力」ではないという説明がまかり通ってきました。

憲法は自衛権行使のための必要最小限の実力を保持することまでは禁じていない、というのが日本政府の説明です。自衛隊は「戦力」ではなく、「実力」だというのです。

では、どの程度の「実力」なら、持つことが許されるのか。それは、その時々の世界情勢によって変化するというのです。

これでは、「世界情勢の変化」の解釈次第で、自衛隊の装備はいくらでもエスカレートする可能性があります。「戦力」を禁じた憲法のもとで拡大を続ける自衛隊。奇妙な矛盾が存在しています。

国会で憲法論議が始まった

二〇〇〇年（平成一二年）一月、衆議院で五〇人、参議院で四五人の与野党議員が参加する「憲法調査会」が発足し、憲法論議が始まりました。論議は多岐にわたりましたが、「戦力」の保持を禁じた「憲法第九条」と自衛隊との関係が大きな論点でした。

自衛隊は、生まれたときから「戦争放棄」を定めた憲法に違反する疑いがあるとして論争の的になってきました。論議が続く中でもその力は着々と増強されてきました。

自衛隊をめぐる議論とその歴史を、日本国憲法の制定から見てみましょう。

憲法改正を求めたマッカーサー

太平洋戦争が日本の敗戦で終わった一九四五年（昭和二〇年）一〇月、新しく総理大臣に就任した幣原喜重郎《しではらきじゅうろう》が、連合国最高司令官のマッカーサーを表敬訪問しました。この場でマッカーサーは、「憲法の自由主義化」を求めます。

マッカーサーは、日本が戦争へと突き進んだ道を二度と歩ませないために、天皇に絶対主権を認めた明治憲法を、国民主権の民主主義的な憲法に改正すべきだと考えていました。アメリカ側は、「憲法の自由主義化」という表現で、「憲法改正」を強く求めたつもりでしたが、幣原は、憲法改正が差し迫った課題とは受け止めませんでした。

ここから日米のすれ違いが始まります。幣原は、マッカーサーの要求を受ける形で、憲法について検討する「憲法問題調査委員会」を設置し、松本烝治《まつもとじょうじ》国務大臣を委員長に任命しました。委員会の名称に「改正」の文字は入っていませんでした。憲法改正には消極的だった幣原内閣としては、とりあえず憲法について検討を始める、という程度の認識だったからです。

しかし、翌一一月になって、国会（このときはまだ帝国議会）で、憲法改正問題が議論されたことから、委員会は、ひそかに憲法改正案の作成を始めていました。

毎日新聞の「スクープ」で流れが変わる

一九四六年（昭和二一年）二月一日、毎日新聞は、一面トップに、「委員会の憲法改正試案」なるものをスクープします。

実際には、この「試案」は、委員会が正式に作成中だった改正案ではなく、委員のひとりが独自にまとめていたものだったのですが、正式な案と、それほど異なったものではありませんでした。

連合国総司令部（GHQ）は、この内容を見て驚きました。大幅な改正を求めていたのに、あまりに保守的で、明治憲法の内容と大差なかったからです。たとえば天皇について、明治憲法は「神聖にして侵すべからず」となっていた部分が、「至尊にして侵すべからず」になっている、という具合です。

それまで日本政府に憲法改正の作業を任せてきた連合国総司令部は、この新聞記事をきっかけに考えを変えます。日本政府に任せておいたのでは、民主主義的な憲法が実現しないと判断したのです。憲法制定の流れを変える出来事でした。

マッカーサー、「戦争放棄」を指示

連合国総司令部のマッカーサーは、毎日新聞の記事が出た翌々日の二月三日、コートニー・ホイットニー民政局長を呼び、民政局のスタッフで日本国憲法の草案を作るように指示します。その際マッカーサーは、必ず入れてほしいという「三原則」のメモを提示しました。これが「マッカーサー三原則」あるいは「マッカーサー・ノート」と呼ばれるものです。

この中でマッカーサーは、天皇の存在を認める一方、日本の封建制度の廃止を求めていました。

さらに戦争について、紛争解決のための手段としてはもちろんのこと、「自己の安全を保持するための手段としてさえも」放棄することを求めました。

こうして憲法草案作りがスタートしました。座長は、民政局次長のチャールズ・ケーディスがつとめ、二八人のスタッフが、一週間で草案を作り上げました。

この当時、日本国内でも各政党や各種団体が、独自の憲法改正案を発表していました。特に高野岩三郎《たかのいわさぶろう》や森戸辰男《もりとたつお》ら文化人や学者を中心にして結成された「憲法研究会」が発表した「憲法草案要綱」は、アメリカ側が草案作成にあたって、大いに参考にし、いくつかの規定を盛り込んだほどです。

民政局が作った草案では、「戦争放棄」の条項から、「自己の安全を保持するための手段としてさえも」という部分が消えていました。マッカーサーの要求が、ここには生かされていなかったのです。

なぜ削除したのか。これについて、ケーディスは、憲法学者の西修《にしおさむ》のインタビューに対して、「私は、どの国家にも、自己保存の権利があると思っていたし、このような権利を憲法で放棄するのは、非現実的であると思ったからです」と答えています（西修『日本国憲法はこうして生まれた』）。

アメリカは、日本の「自衛権」を認める憲法草案を作っていたのです。

憲法改正案の日本案作成へ

二月一三日、アメリカが作った英文の憲法草案が日本側に手渡されました。松本国務大臣、吉田茂《よしだしげる》外務大臣は、アメリカが独自に草案を作っていたことを知らされていなかっただけに、大きなショックを受けます。内容を読んで、さらに衝撃を受けました。日本側が考えていた憲法改正案と、あまりにもかけ離れていたからです。

しかし、日本側は拒否することができませんでした。松本国務大臣は、内閣法制局のメンバーの協力を求め、手渡された英文の草案をもとに、正式な憲法改正案を作ることになったのです。

出来上がった案は、「帝国憲法（明治憲法のこと）改正案」として国会（帝国議会）に提出されました。国会では憲法改正案特別委員会（芦田均《あしだひとし》委員長）で審議の結果、条文の修正や追加、削除をした上で、可決・成立したのです。

問題の憲法第九条は、最終的に次のようになりました。

第九条

日本国民は、正義と秩序を基調とする国際平和を誠実に希求し、国権の発動たる戦争と、武力による威嚇又は武力の行使は、国際紛争を解決する手段としては、永久にこれを放棄する。

前項の目的を達するため、陸海空軍その他の戦力は、これを保持しない。国の交戦権は、これを認めない。

第九条の芦田修正の意味するもの

国会で修正される前の憲法第九条の政府案は、次のようになっていました。

「国の主権の発動たる戦争と、武力による威《い》嚇《かく》又は武力の行使は、他国との間の紛争の解決の手段としては、永久にこれを抛棄《ほうき》する。

陸海空軍その他の戦力は、これを保持してはならない。国の交戦権は、これを認めない」

これが憲法改正案特別委員会（芦田均委員長）での審議の結果、一部の字句の修正以外に、二ヵ所で大きな変更が行われています。ひとつは、前段の文章の冒頭に、「日本国民は、正義と秩序を基調とする国際平和を誠実に希求し」という文章が入りました。もうひとつは、後段の冒頭に、「前項の目的を達するため」という表現が追加されたのです。

この修正は、当初は原案と大した違いはないと思われていましたが、芦田委員長は、一九五七年（昭和三二年）、この修正は、日本が自衛のための武力を持てるようにするものだった、と次のように説明しました。

「修正の辞句はまことに明瞭を欠くものでありますが、しかし私は一つの含蓄《がんちく》を持ってこの修正を提案いたしたのであります。『前項の目的を達するため』という辞句を挿入することによって原案では無条件に戦力を保有しないとあったものが一定の条件の下に武力を持たないということになります。日本は無条件に武力を捨てるのではないということは明白であります」（西修『日本国憲法はこうして生まれた』）

つまり、修正を加えたことで、「戦争」と「武力による威嚇又は武力の行使」は、「国際紛争を解決する手段」としては放棄し、そのための「戦力」は「保持しない」という文脈に解釈できる。そこで、「国際紛争を解決する手段」ではなく、日本という国を守るためであれば、何らかの力を持つことはできる、というのです。

この解釈を、「芦田修正」と呼びます。もともと、あらゆる戦力を放棄することを目的にしていたはずの九条が、この修正で自衛権を保持できるようになったというわけです。

この当時、芦田が委員長をつとめていた委員会の議事録は公開されていなかったため、芦田の説明を多くの人が納得したのですが、その後、一九九五年（平成七年）になって公開された議事録では、芦田がその趣旨で発言した形跡はありませんでした。むしろ芦田は、前段の「国際平和を希求し」という言葉の繰り返しを避けるために、後段では「前項の目的を達するため」という表現に変えたと発言しているのです。

芦田がなぜその後、「自衛権を保持するための修正だった」と説明するようになったのか。修正当時から深謀遠慮を持っていたのか、その後、自分の修正が別の意味に解釈できることに気づいて、そう説明するようになったのか、いまとなってははっきりしません。

しかし、芦田が説明するような解釈を可能にする余地が生まれたことは確かです。

押しつけ憲法か 棚ぼた憲法か

いまの日本国憲法は、連合国総司令部のマッカーサーの指示で草案が作られたことから、これを「押しつけ憲法」であるととらえ、「日本国民の手で自主憲法を制定しよう」という動きが、その後続くことになりました。

その一方で、「どのような経緯があろうと、内容は素晴らしいものだから、わざわざ変更する必要はない」という意見もあります。敗戦当時の日本人には、これだけ民主的な憲法を作る力はなかったのだから、いわば「棚ぼた」式にいい憲法を手にすることができた、

コラム

文部省はこう説明した

憲法が公布された翌年の1947年(昭和22年)、文部省は『あたらしい憲法のはなし』という小中学校児童生徒用副読本を作った。ここに、「戦争放棄」について、次のように書いてある。

「こんどの憲法では、日本の国が、けっして二度と戦争をしないように、二つのことをきめました。その一つは、兵隊も軍艦も飛行機も、およそ戦争をするためのものは、いっさいもたないということです。これからさき日本には、陸軍も海軍も空軍もないのです。これを戦力の放棄といいます。『放棄』とは、『すててしまう』ということです。しかしみなさんは、けっして心ぼそく思うことはありません。日本は正しいことを、ほかの国よりさきに行ったのです。世の中に、正しいことぐらい強いものはありません。

もう一つは、よその国と争いごとがおこったとき、けっして戦争によって、相手をまかして、じぶんのいいぶんをとおそうとしないということをきめたのです。おだやかにそうだんをして、きまりをつけようというのです。なぜならば、いくさをしかけることは、けっきょく、じぶんの国をほろぼすようなはめになるからです。また、戦争とまでゆかずとも、国の力で、相手をおどすようなことは、いっさいしないことにきめたのです。これを戦争の放棄というのです。そうしてよその国となかよくして、世界中の国が、よい友だちになってくれるようにすれば、日本の国は、さかえてゆけるのです」

という受け止め方です。

戦後の日本政治は、憲法をめぐっても、左右の政治勢力が対抗する構図が、このときから続いているのです。

朝鮮戦争が始まった

一九五〇年（昭和二五年）六月二五日、朝鮮戦争が始まりました。

朝鮮半島を南北に分けていた北緯三八度線を越えた北朝鮮（朝鮮民主主義人民共和国）軍は、怒濤《どとう》の勢いで南下を続け、韓国軍は総崩れになります。

アメリカは韓国軍を全面支援することを決めました。

当時、日本に駐留していたアメリカ軍は、北海道・東北に第七歩兵師団、関東に第一騎兵師団、関西に第二五歩兵師団、九州に第二四歩兵師団の計四個師団の陸軍で、総勢七万五〇〇〇人でした。このほとんどの部隊が、急遽《きゅうきょ》朝鮮半島に応援に出動します。日本国内の旧日本軍はとっくに解体されていたので、日本は軍事的に空白区域となりました。

アメリカ軍の部隊は朝鮮半島に出動しても、アメリカ兵の家族は日本に住んでいました。

アメリカは、日本が完全な無防備状態になることを恐れました。日本が軍事的に空白になると、ソ連がスキを突いてくるかも知れない、という恐怖感もありました。

警察予備隊発足へ

連合国総司令官のマッカーサーは、七月八日、吉田茂総理に書簡を送ります。そこには、人員七万五〇〇〇人の「ナショナル・ポリス・リザーブ」を設立し、海上保安庁の職員を八〇〇〇人増員することを許可する、と記してありました。

「許可」とは、要するに命令でした。突然の命令に日本政府は混乱しました。「ナショナル・ポリス・リザーブ」とはどういう意味か、当初はわからなかったからです。

コラム

吉田茂

取材カメラマンの態度に怒ってコップの水をかけたり、国会で野党の質問に「バカヤロー」と言って国会解散に追い込まれたり、ワンマンぶりはエピソードに事欠かない人物。羽織袴に葉巻をくわえた独特のポーズで知られる。外務省の官僚としてイギリスや中国に駐在し、日本が太平洋戦争に突入するのを防ごうとしたが果たせず、戦争中には戦争をやめさせようと工作したことが発覚して逮捕されたこともある。

戦後、その経歴が評価されて政界に引っ張り出され、外務大臣を経て総理大臣に就任した。

1951年、サンフランシスコ講和条約を結んで日本の独立を果たす。社会党政権成立と共にいったんは野党の立場になるが、その後総理に返り咲き、通算7年2ヵ月の間、総理大臣をつとめた。

自民党の後継者を育て、池田勇人[いけだ はやと]、佐藤栄作[さとう えいさく]などその後の総理は「吉田学校」の卒業生と呼ばれた。

2008年9月に総理に就任した麻生太郎[あそう たろう]は孫に当たる。

吉田茂

「警察予備隊」という日本語に訳されましたが、七月一二日にアメリカから渡された詳細な案を見て、それが「再軍備」を意味していることを知ったのです。

アメリカから渡された部隊編成案を見た日本側担当者は、アメリカがかなり以前から日本の再軍備を検討していたことに気づきます。マッカーサーの命令からわずか四日後に渡されたものにしては、あまりに詳細なものだったからです。

事実アメリカは、東西冷戦が激化する中で、日本の武装解除の方針を変更していました。

将来アメリカ軍が撤退した後、日本を西側にとどめておくためには軍事的空白を作ってはまずいと判断し、アメリカ軍の指導に従う小規模で軽武装の軍隊を作る計画を進めていたのです。

もともと敵国からの攻撃に備えるものではなく、日本国内でソ連や中国を支持する共産勢力が武装蜂起したときに、これを鎮圧する勢力として考えられていました。これが、朝鮮戦争の勃発《ぼっぱつ》と共に、早められたのです。

将来の軍の基礎作り

日本を占領した連合国は、日本が最大二〇万人の警察力を持つことを認めていました。それまでに一二万五〇〇〇人の警察官が誕生していたので、マッカーサーは、連合国最高司令官として、日本の警察をあと七万五〇〇〇人増員させる権限を持っていたのです。

そこでマッカーサーは、この権限を使って、七万五〇〇〇人の警察予備隊を設立する許可を日本に与えました。つまり命じたのです。

「警察予備隊」発足 1950年8月

七万五〇〇〇人という数字は、日本から朝鮮半島に出動したアメリカ兵の数とまさに同じでした。

日本に戦力を持つことを禁じる憲法の草案を与えたマッカーサー本人が、今度は日本に対して、「軍隊」の基礎になる組織作りを命じます。方針転換でした。

「警察予備隊」は、あくまで「警察力」の一貫として設立されました。しかしそれは建前で、実体は、将来の日本の「陸軍」の基礎になるものでした。海上保安庁に増員された八〇〇〇人による「海上警備隊」も、やがては「海軍」に成長するものでした。

翌八月、早くも隊員の募集が始まりました。勤務年限は二年と限定されていましたが（やがて保安隊、自衛隊に組織が変わって勤務年限は延びる）、失業者があふれ、日雇い労働者の日当が二四〇円の時代に、「初任給五〇〇〇円、二年勤めれば退職金六万円」、しかも衣食住はタダという条件は魅力的でした。七万五〇〇〇人の募集に対し、応募者は三八万二〇〇〇人に達しました。

この当時、「平和日本はあなたを求めている。心身健全な諸君の応募を期待します」という新聞広告が出ました。このときは旧日本軍の軍人を採用しなかったため、正式の指揮官もいない状態でしたが、翌年からは旧軍人も次々に採用され、隊の組織が作られていきます。武器はすべてアメリカ軍から支給されました。

当時アメリカ軍の参謀で、警察予備隊の編成を担当したフランク・コワルスキーは、当時の様子を次のように書いています。

「日本国憲法は、いかなる種類の軍隊も保持することを禁じている。日本は戦争および戦力を永久に放棄した。したがってわれわれは、最初のうちは日本の幹部たちに、予備隊が将来、日本の陸軍になるものであることを言ってはならなかった」（フランク・コワルスキー 勝山金次郎訳『日本再軍備』）

警察力を装った

実体は軍隊なのに、あくまで「警察予備隊」という名称で警察組織を装っていましたから、隊員の階級にもすべて「警察」の名称が入っていました。

警察予備隊のトップは、軍隊の中将に当たる警察監、少将は警察監補、大佐は一等警察正、中佐は二等警察正、少佐は警察士長、大尉は一等警察士、という具合です。一等兵は一等警査、二等兵は二等警査という名称になっていました。

警察予備隊に採用された隊員の多くが、「自分は国家警察に採用された」と思い込んでいました。

コワルスキーは、アメリカ軍の部下に、次のような注意を与えています。

「日本の憲法は軍隊を持つことを禁止している。したがってきみは兵を兵隊と呼んだり、士官を軍隊の階級で呼んだりしてはならないのだ。兵は警査と呼び、士官は警察士とか警察正とか呼ぶのだ。もし戦車が見えたら、それは戦車ではなく特車だというのだ」（『日本再軍備』）

かくして、警察予備隊が持つ戦車は特車と呼ばれました。「特別な車」と言い換えたのです。歩兵は普通科と呼び、工兵は施設科、砲兵は特科と呼ぶことにしました。この呼び方は、その後の自衛隊にも引き継がれています。たとえば「普通科連隊」とは、「歩兵連隊」のことなのです。

旧日本軍の職業軍人は、当初、警察予備隊に入ることは認められませんでしたが、やがて公職追放されていた職業軍人が追放解除され、警察予備隊に入って中堅幹部を占めるようになります。

戦争で苦労した国民が多いだけに、警察予備隊に入った隊員を見つめる一般国民の目は厳しく、制服姿で町を歩くと「税金泥棒」などとののしられることもしばしばでした。このため、隊員は休みの日に基地を出るときは、必ず私服に着替えていました。「日蔭の存在」だったのです。

コラム

日蔭者

自衛隊生みの親の吉田茂総理は、自衛隊の将来の幹部を養成する学校である防衛大学校の一期生の卒業生に対し、次のような言葉を贈った。

「君たちは自衛隊在職中決して国民から感謝されたり歓迎されることなく自衛隊を終るかもしれない。きっと非難とか誹謗《ひぼう》ばかりの一生かもしれない。ご苦労なことだと思う。しかし、自衛隊が国民から歓迎され、ちやほやされる事態とは外国から攻撃されて国家存亡のときとか、災害派遣のときとか、国民が困窮し国家が混乱に直面しているときだけなのだ。

言葉をかえれば、君たちが『日蔭者』であるときの方が、国民や日本は幸せなのだ。耐えてもらいたい」（杉山隆男『兵士に聞け』）

警察予備隊から保安隊、そして自衛隊に

軍隊だか警察だか不明な存在として発足した警察予備隊は、やがて成長していきます。一九五二年（昭和二七年）、警察予備隊は七万五〇〇〇人から一一万人に増員され、保安隊と名称を改めました。陸上の警察予備隊と、海上保安庁の中にできていた海上警備隊が一緒になったのです。上部組織として、保安庁も発足しました。

さらに一九五四年（昭和二九年）には航空自衛隊を新設し、陸上部隊、海上部隊をそれぞれ陸上自衛隊、海上自衛隊と改称しました。総定数は二五万人に増員されました。

上部組織の保安庁は防衛庁に変身しました。かくして、現在の自衛隊が誕生したのです。

自衛力をめぐって国会で議論

警察予備隊が保安隊、自衛隊へと成長する過程で、日本の「自衛力」をめぐって、しばしば大きな政治問題になりました。警察予備隊は、警察の「予備の部隊」という建前だったのに、大砲や戦車（特車）を持つようになると、さすがに警察の一部とは言えなくなったからです。

一方政府は、「憲法第九条は、戦力を持つことを禁じているが、自衛権があることを否定してはいない」と言い続けました。

また、一九五二年当時の吉田茂内閣は、「戦力」とはジェット戦闘機など近代戦争遂行に役立つ装備のことを指し、日本にはそういう装備がないから「戦力」を持っていない、と説明しました

その後さらに自衛隊の装備が充実し、ジェット戦闘機も持つようになると、「憲法第九条は自衛権行使のための必要最小限の実力を保持することまでは禁じていない」と説明方法を変え、自衛隊は「戦力」ではなく「実力」という言い方になりました。

さらに核兵器については、「攻撃的兵器」なので日本は持てないと説明していましたが、一九五七年（昭和三二年）、岸信介《きしのぶすけ》総理は、「もし純粋な防御用兵器と考えられる核兵器があれば、日本がそれを所有できる可能性はありうる」と言明しました。

もちろんこれは日本が直ちに核武装することを意味しませんが、日本政府が、「これは防御用の核兵器だ」と宣言すれば、核兵器も持てるようになることを意味します。

しかし、核兵器まで持ちながら「戦力」ではない、という説明が、いったい通用するのでしょうか。

自衛隊を裁判所はどう判断したか

自衛隊は憲法に違反する存在なのかどうか。これが裁判で争われたことがあります。「長《なが》沼《ぬま》訴訟」です。

一九六八年（昭和四三年）、航空自衛隊が、北海道長沼町の国有地の保安林を伐採してミサイル基地を建設する計画を発表しました。翌年、農林大臣が「公益上の理由」からこれを認めたため、地元住民が、「憲法違反の自衛隊は公益に当たらない」などと主張して国を訴えたのです。

これについて札幌地方裁判所は一九七三年（昭和四八年）、住民の訴えを認める判決を下しました。そして判決の中で、自衛隊について「憲法第九条が保持を禁止している戦力」に当たると判断し、自衛隊の存在を違憲としました。裁判所の初めての自衛隊違憲判決でした。

政府はこの判決を不服として控訴し、一九七六年（昭和五一年）、札幌高等裁判所は、住民の訴えを退けました。この判決では、自衛隊の存在については、裁判所が判断すべきことではない、という立場をとりました。

それは、どういうことか。自衛隊のような存在を設置・運用することは、「高度の専門技術的判断とともに、高度の政治的判断を要する最も基本的な政策決定」であり、こうしたことは、「統治事項に関する行為であって」「司法審査の対象ではない」というのです。

つまり、国民の代表である内閣が決めることだから、裁判所が口を出すべきことではない、というものでした。

住民は最高裁判所に上告しましたが、最高裁は、憲法に違反するかしないか判断を示さないまま住民の訴えを退け、札幌地裁の「違憲判決」は否定されました。

この裁判所の判断については、「裁判所には、憲法違反かどうかを審査する重要な役割が期待されているのに、その責任を放棄したものだ」という強い批判が寄せられましたが、その後も裁判所は、この方針を変えていません。

自衛隊、海外派遣へ

自衛隊の存在の是非を裁判所が判断しないまま、自衛隊そのものはますます大きな存在になっています。

一九九〇年代に入ると、湾岸戦争をきっかけに、自衛隊と「国際貢献」のあり方が論じられるようになりました。

一九九〇年（平成二年）八月、イラク軍が、隣国クウェートに侵攻しました。湾岸戦争の始まりです。

これに対し、アメリカ軍を中心とした多国籍軍がイラクを攻撃し、クウェートからイラク軍を追い出しました。このときアメリカのブッシュ大統領から、多国籍軍の後方支援に日本の自衛隊を派遣できないかという打診がありました。

このとき日本の海部《かいふ》俊樹《としき》内閣は、「自衛隊は出せない」と断わりました。その代わり、一三〇億ドル（当時の日本円で一兆七〇〇〇億円）もの資金をアメリカに提供しました。アメリカが湾岸戦争で使った費用のかなりの部分を、実は日本が負担したのです。ところが、湾岸戦争が終わって、クウェートがアメリカの新聞「ニューヨークタイムズ」に、クウェート解放に協力してくれた国の名前を列記して感謝の広告を掲載したとき、そこに日本の名前はありませんでした。

これをきっかけに、国際貢献とは、金だけ出せばいいというものではないだろう、という声が国内で高まりました。「日本自らが汗をかく」国際貢献のあり方が議論になり、一九九二年六月、「国連平和維持活動協力法」（PKO協力法）が成立しました。

これ以降、日本の自衛隊は、国連の平和維持活動に協力して、東南アジアのカンボジアとアフリカのモザンビーク、中東のゴラン高原に派遣されました。

また、国連の平和維持活動ではありませんでしたが、アフリカのルワンダ内戦で隣国ザイールに逃げてきた難民救援にも出動しています。警察の予備として発足したはずの組織が、いまや海外へ派遣されるまでに成長したのです。憲法違反の存在かどうかあやふやなままで。

●「自衛隊は知らない」でいいのか

「世間は自衛隊の人々を気にしていないのだ。知らないものは存在しないという言葉に従って言えば、自衛隊のことを知らない世間の人々の目に彼らの姿は映らない。そう、僕らはあまりにも兵士たちを知らなさすぎる」

（杉山隆男『兵士に聞け』）

家族や友人に自衛隊の関係者がいる人以外のどれだけの人が、日本の自衛隊について知っているでしょうか。国民が知らないまま、自衛隊という組織が肥大化していることはないのでしょうか。

「自衛隊は憲法違反の存在」と考えていたら、知らなくてすむのでしょうか。あるいは、「自衛隊は必要な存在」と考えていたら、無条件で擁護するのでしょうか。

むしろ、「自衛隊にこの装備は必要なのか、必要でないのか」という具体的、現実的な議論をしないまま、いつの間にか巨大な「軍隊」に成長していることこそが、大きな問題なのではないでしょうか。

日本は、憲法第九条の規定により、大規模な軍備を持つことには歯止めがかかってきました。「これだけの装備は戦力に当たるかどうか」という議論が常にあったからです。

その結果、軍備に費用がかからず、国家予算の多くを国民生活の向上に使うことが可能になり、経済大国への道をひた走ることができました。いわば「富国強兵」ならぬ「強兵」なき「富国」をめざすことができたのです。これは明らかに、憲法第九条のもたらした恩恵といえるでしょう。しかし、だからといって自衛隊という存在に対して、「見て見ぬフリ」をしていて、いいものなのでしょうか。

日本の警察予備隊発足にあたった連合国総司令部のコワルスキーは、警察予備隊、保安隊、自衛隊が軍隊でないかのような扱いがされてきたために国会できちんとした議論が行われていないことを、こう指摘しています。

「新しい軍隊の将校の資格、人選の基準、昇進の要件および訓練方針などの、きわめて重要な問題は、一度も国会で討議されたこともなく、公に論議されたこともない」（『日本再軍備』）

第三章のその後

二〇〇七年一月には、防衛庁が防衛省に格上げされました。トップは防衛庁長官ではなく、防衛大臣と呼ばれるようになったのです。自衛隊が、もはや「日蔭の存在」ではなくなったことを示す出来事でした。

同時に自衛隊法が改正され、自衛隊の海外での活動は「本来業務」となりました。

自衛隊の海外派遣が大きな論議を呼んだのは、二〇〇三年から開始されたイラク派遣です。陸上自衛隊はイラク南部のサマーワに宿営地を設け、地域の復興支援に携わりました。この間、しばしばロケット弾が撃ち込まれるなどの事態が発生しましたが、負傷者を出すこともなく二〇〇六年に撤収しました。

航空自衛隊は、クウェートからイラクに米軍の物資を輸送しましたが、この任務も終了しました。

さらに海上自衛隊は、インド洋に派遣され、アフガニスタンでの「テロとの戦い」を続ける多国籍軍の艦船に給油活動をしています。自衛隊の海外派遣が増えるにつれて、初期のような大々的な反対運動は起こらなくなっています。これに伴い、自衛隊のあり方に関する国民的議論も下火になっています。

第四章

自民党対社会党

～「五五年体制」の確立

社民党はさらに小さくなった

二〇〇四年(平成六年)七月に行われた参議院選挙で、社民党の獲得した議席は二議席にとどまりました。非改選の三議席と合わせても五議席。参議院では第五党に転落したのです。

かつて社会党と名乗っていた時代、自民党と「二大政党」を競い合った面影はありませんでした。

自民党や新党さきがけとともに連立政権を組んで方針を大きく転換させた後、社民党に名を変えた党からは、大半の議員が民主党に移り、社民党はミニ政党になってしまったのです。

それに対して、社会党と対立してきた自民党は、一時は政権を失ったものの、再び政権の座に復帰しました。

戦後の日本の政治は、長く自民党と社会党の対立を軸に展開されてきました。憲法や、自衛隊、安保条約をめぐって、二党の間には、さまざまな論争や対立が続きました。保守勢力にとって社会党の存在は、目の上の瘤《こぶ》であったり、脅威であったりしたのです。

一九六〇年(昭和三五年)一〇月には、当時の社会党委員長だった浅沼稲次郎《あさぬまいねじろう》が、右翼の少年に暗殺される事件も起きています。テロの対象として狙《ねら》われるほど、社会党は恐れられる存在でもあったのです。

自民党と社会党の対立する構造を、「五五年体制」といいました。一九五五年(昭和三〇年)に、この体制になったからです。日本の戦後政治の基本を形作った「五五年体制」とはどんなものだったのでしょうか。

右翼の少年に襲われる浅沼稲次郎社会党委員長　1960年10月

戦後、いくつも政党が乱立した

一九四六年（昭和二一年）四月、戦後の新しい選挙法にもとづいて総選挙が行われました。新しい憲法が公布される直前のことです。

その前年、つまり敗戦の年の秋には、さまざまな政党が生まれていました。

政党乱立の選挙の結果、鳩山一郎《はとやまいちろう》が総裁の日本自由党が一四一議席で第一党になりました。敗戦後に誕生した幣原喜重郎《しではらきじゅうろう》内閣を支えてきた進歩党は、九四議席で第二党にとどまりました。

それ以外の政党は、日本社会党九三議席、国民協同党一四議席、日本共産党五議席、諸派三八議席、無所属八一議席でした。

選挙の結果、第一党になった自由党の総裁

の鳩山一郎が総理大臣になるものと、誰もが考えました。

　ところが鳩山は、ＧＨＱ（連合軍総司令部）から突然「公職追放」されます。戦争中の政治家としての行動を問われて、「公職」つまり政治に関与することを禁じられたのです。鳩山は自由党の総裁を辞めざるをえなくなり、それまでの幣原内閣で外務大臣だった吉《よし》田茂《だしげる》に、後任の自由党総裁の職を託します。

　こうして五月二二日、自由党と進歩党による、連立政権の吉田内閣が誕生しました。

社会党の政権が誕生した

　翌年の一九四七年（昭和二二年）四月、再び衆議院総選挙が行われました。その結果、

コラム

浅沼稲次郎

　東京都三宅島出身で早稲田大学卒。戦前から労働運動に取り組み、しばしば警察に逮捕された。

　戦後は社会党の書記長を経て1960年（昭和35年）から委員長。

　浅沼の精力的な活動ぶりを、友人は次のような詩に詠んだ。

「沼は演説百姓よ、よごれた服にボロカバン、きょうは本所の公会堂、あすは、京都の辻の寺」

　疲れを知らない活動ぶりから「人間機関車」というあだ名がついた。

　また、滅多に自宅に泊まらないことから、浅沼の妻は「我が家は急行列車の停車場」と称した。

　1959年（昭和34年）、中国を訪問し、「アメリカ帝国主義は日中人民共通の敵」と演説して日本国内の保守派の猛反発を受け、右翼少年に暗殺される原因となった。

憲政の常道

　社会党は143議席でトップでも、自由党131、民主党124で、自由党吉田茂は、民主党と連立を組めば総理の座を維持することが可能だった。

　しかし吉田は、「第一党の党首が総理になるのが憲政の常道（民主政治の原則）だ」と考え、政権維持を図ろうとはしなかった。

　この結果、第一党である社会党の委員長が総理大臣になった。

日本社会党が一四三議席を得て、第一党に躍り出ました。

この結果を知った社会党の西尾《にしお》末広《すえひろ》書記長は、「そりゃ、えらいこっちゃ」と口走ったといいます。それほど、社会党にとっては意外な結果でした。

社会党は、一九四五年、戦前に労働運動に取り組んでいた多様な活動家が集まって結成された政党です。

悲惨な戦争を二度と繰り返したくないという国民の気持ちが、社会党への期待となって表れたのです。社会党は、戦前からの政治的な流れを引き継ぐ保守勢力ではなかったからです。

同時に、国民の間には、敗戦後の苦しい経済状態からの脱却を願う気持ちもありました。社会主義という言葉が新鮮に聞こえた時代です。国民のための社会を実現してくれるのではないかという期待もありました。

社会党だけでは過半数に達しないため、民主党、国民協同党の三党による連立内閣が誕生しました。総理大臣は、社会党委員長の片《かた》山哲《やまてつ》。初めての社会党内閣です。片山哲は、社会党内の右派が出した委員長でした。

左派の反対で片山内閣は崩壊した

国民の期待を受けて発足した片山内閣は、しかし、成果を上げることができませんでした。

総理大臣を社会党から出しているとはいっても、保守勢力と組んだ連立政権です。連立を組んだ保守勢力の反対で、独自の社会主義的な政策を打ち出すことはできませんでした。

吉田内閣の方針を踏襲することが多かったのです。この結果、「公約を実現しない」という国民の不満が高まりました。

経済がどん底状態では、実は実現できることは限られていたのですが、国民の社会党に対する期待が大きかった分だけ、失望もまた大きかったのです。

片山内閣は、成立からわずか九ヵ月で、一九四八年（昭和二三年）二月、総辞職に追い込まれます。

直接のきっかけとなったのは、社会党内部の反乱でした。

社会党の左派が、片山内閣の昭和二四年度予算案に反対したのです。予算案に公共料金の値上げが含まれていることを問題にしました。左派の反対で、予算成立のメドが立たなくなったのです。

社会党の左派は、社会主義的な政策を進めることができない片山内閣に批判的な立場をとっていました。片山内閣は、内部からの反対で崩壊しました。この結果、社会党内には左右の対立意識が強く残りました。

また、社会党単独では過半数に達しない立場で政権を握ったことに対し、社会党内部で「政権を担うのは時期尚早であった。単独で過半数を獲得できるだけの力を持ってからにすべきだった」という反省も起きました。この反省は、やがて自民党、新党さきがけとの連立政権で村山富市《むらやまとみいち》内閣が誕生するときに、まったく生かされることはありませんでした。保守と手を組んだことに従来の支持者が反発し、社会党低落のきっかけとなります。

片山内閣の後は、同じ三党連立の枠組みの中で、日本民主党総裁の芦田均《あしだひとし》が総理をつとめました。この芦田内閣も、閣僚の汚職事件をきっかけに、わずか七ヵ月で崩壊しました。そして一九四八年一〇月、自由党の吉田茂が、第二次吉田内閣を作ります。以後、六年五次にわたる吉田内閣時代の始まりです。

翌年一月の総選挙で、吉田が新たに結成していた民主自由党は前回の選挙より実に一三三議席も多い二六四議席を獲得し、国会の絶対多数を占めました。

社会党は、片山委員長が落選するなど惨敗し、四八議席に終わりました。

その後の吉田内閣の行動は、第三章で見た通りです。サンフランシスコ講和条約と安保条約の調印、再軍備の開始など、戦後日本の骨格を作っていくのです。

コラム
片山哲

東京帝国大学卒業後、弁護士を経て戦前社会民衆党を結成する。戦後は日本社会党の初代委員長。

熱心なクリスチャンで、中道政治をめざし、その姿勢をGHQのマッカーサーが歓迎した。

恵まれない人への思いやりにあふれた人柄は敵を作らなかったが、反面、政治家や総理大臣としては決断力に欠けていたという批判もある。

社会党が分裂した

一九五一年（昭和二六年）九月、日本は吉田内閣のもとで、サンフランシスコ講和条約に調印しました。東西冷戦が始まる中で、日本は、西側諸国とだけ講和条約を結んだのです。「講和」とは、戦争状態を解消して平和条約を結ぶという意味です。西側とだけ講和を結んだので、これを「単独講和」といいます。

この条約を審議する国会が一〇月に開かれました。ここで社会党は、条約に対する態度をめぐって意見が分かれたのです。

左派は、東側諸国とも講和を結ぶ「全面講和」を進めるべきであるとして、「単独講和」には反対の立場をとりました。

一方、右派は、「国際共産主義」に対抗するために、西側諸国とだけ「単独講和」を結ぶのは当然だという立場でした。党としての結論を出す党大会は混乱しました。

一〇月二三日、東京の浅草《あさくさ》公会堂で社会党の臨時大会が開かれました。講和条約に対する党の方針を決める大会は、紛糾に紛糾を続けました。

二三日の昼から始まった大会は、延々と続き、なんと翌日の午前四時には、「単独講和」反対の左派の鈴木茂三郎《すずきもさぶろう》委員長と、賛成の右派の浅沼稲次郎書記長が、大会参加者の前で論争を繰り広げるという事態になりました。

その後両派入り乱れての乱闘騒ぎに発展し、午前九時、右派は大会会場を飛び出して、独自の社会党を結成しました。残った左派も社会党を名乗ったので、二つの社会党ができま

分裂した社会党臨時大会　1951年10月

した。マスコミは、右派社会党、左派社会党と呼んで区別しました。国会審議中に、社会党は左右に分裂したのです。

保守勢力も対立した

政治勢力の分裂は、保守でも起きていました。

鳩山一郎が公職追放されたことで引っ張り出された吉田茂の内閣が長期政権になる中で、政界に復帰してきた鳩山と対立することになるのです。

戦前に活躍した政治家たちは、戦後「公職追放」になっていましたが、一九五一年（昭和二六年）六月、追放解除になり、鳩山一郎をはじめ戦前からの政党人が相次いで政界に復帰してきました。

鳩山にすれば、自分が吉田を後釜にすえたのだから、自分が政治の世界に復帰すれば、政権を譲ってくれるものと思っていました。しかし吉田は、政権を譲りません。保守勢力は、吉田対反吉田を軸に離合集散を繰り返すことになります。

吉田茂の民主自由党は、その後民主党の一部と一緒になって、自由党を名乗っていました。

これに対して、吉田茂に対抗する政治家たちが集まって日本民主党を結成しました。鳩山一郎総裁、岸信介《きしのぶすけ》幹事長という体制です。

こうして保守勢力は、自由党対民主党という対立構造ができ上がりました。

コラム

鳩山一郎

東京都生まれ。父は東京帝国大学教授、衆議院議長。

東京帝国大学卒。1915年（大正4年）には代議士に当選し、戦前の大政党である政友会の幹部をつとめた。

戦後、その経歴が問われて政界から一時追放された。

追放解除直前の1951年6月、脳溢血で倒れる。症状は軽く、政界に復帰できたが、歩行は不自由になり、杖をつくか車椅子を使用した。

現在の民主党の鳩山由紀夫、自民党の鳩山邦夫の兄弟は、孫に当たる。

別れた同士が再び一緒になった

左右に分裂した社会党は、その後三回の衆議院総選挙を別々に闘います。その結果は、双方の躍進でした。

一九五二年（昭和二七年）一〇月の選挙で、右派社会党は三〇議席から五七議席（その後新たに参加する議員を加えて六〇議席）になります。議席倍増です。わずか一六議席だった左派社会党は、五四議席（後に五六議席）に躍進します。こちらは三倍以上の伸びでした。

翌年の総選挙では、右派社会党が六〇議席から六六議席に増え、左派社会党は五六議席から七二議席へ躍進します。左派社会党は、右派社会党を議席数で逆転するのです。

そして一九五五年（昭和三〇年）の総選挙で、右派社会党は一議席増の六七議席。左派社会党は一七議席も増えて八九議席を確保しました。

こうした左右両社会党の躍進の結果、「両者（社）が一緒になれば、国会内の大勢力となり、政権獲得も夢ではない」という考えが強まります。

また、警察予備隊から保安隊へと再軍備が進み、憲法改正の動きが登場したことから、そうした動きに対抗して革新勢力を結集し、憲法改正を阻止できるだけの勢力を作る必要がある、という機運が高まりました。

前の年の九月に日本を訪問したイギリス労働党の代表団を二つの社会党が歓迎した際、イギリス労働党から、「社会党統一」を忠告されたことも背景にありました。

左右二つの社会党には、大きな思想上の違

社会党統一大会　1955年10月

いがありましたが、改憲阻止勢力の結集という大目標に向けて、妥協に妥協が重ねられました。

左派社会党は、労農派マルクス主義にもとづく平和革命路線をとっていました。選挙を通じて議会の多数派を形成し、政治・経済体制の革命を起こしてソ連型社会主義の実現をめざしていました。

右派社会党は、西欧流の社会民主主義を考えていました。「革命」なしで段階的に福祉社会をめざすというものです。

明らかに違う思想の政党が、無理やり一緒になったのです。結婚は結婚でも、改憲阻止という「家名存続」のため、周囲から勧められた再婚でした。

政党の性格づけをめぐっては、階級政党をめざす左派社会党と、大衆政党をめざす右派社会党が妥協して、「階級的大衆政党」というものにしました。「足して二で割る」というやり方がよくわかる名称です。

一〇月一三日、東京・神田《かんだ》の共立講堂で統一大会が開かれました。委員長には、議席数の多い左派社会党の鈴木茂三郎がなり、書記長には右派社会党の浅沼稲次郎が就任しました。四年ぶりの統一でした。

社会党の統一は、思想がまったく異なる二つの流れが妥協の結果一緒になったものですから、その後、左右両派は、ことあるごとに党内で対立することになります。その結果、右派の一部は、後に一九六〇年（昭和三五年）一月、西尾末広を中心にして独立し、民主社会党（一九六九年に民社党と改称）を結成することになります。

自由民主党が誕生した

社会党の統一に刺激される形で、保守勢力の結集も進みます。

一九五四年（昭和二九年）一二月に吉田茂が総理大臣を辞任して、鳩山内閣が成立しました。鳩山は、「中国、ソ連との国交回復」を掲げました。それまで日本は東西冷戦の中でアメリカ側につき、東側であるソ連、中国とは国交を結んでいませんでしたから、鳩山の主張は国民の支持を得ました。中国との交渉には至りませんでしたが、ソ連との国交回復は五六年一〇月に果たすことになります。

一九五五年二月に行われた衆議院総選挙では「鳩山ブーム」が起き、鳩山率いる日本民主党は、解散前の一二四議席から一挙に一八五議席に躍進して、第一党になりました。

吉田茂が貴族趣味で大衆的な人気がなかったのに対して、鳩山はあけっぴろげな人柄で、人気を集めました。また鳩山には「悲劇の人」というイメージもありました。一九四六年の総選挙では第一党になって総理大臣になるはずだったのに、「公職追放」でチャンスを失っていたからです。しかも「公職追放」解除直前に脳溢血で倒れたことが国民の同情を買いました。

一方、日本自由党は一八〇議席から一一二

議席に減少しました。

日本民主党は第一党の座を確保したものの、単独では過半数に及ばず、まして参議院では二三議席しかなかったので、政局は安定しませんでした。

また、左右両社会党の躍進は、保守勢力を警戒させました。

「もし社会党が統一されれば、大きな政治勢力となる。政権を獲得する可能性もある。保守が分裂している場合ではない」と考えたのです。

社会主義勢力が大きな存在になることを嫌った経済界からの働きかけもありました。いまの時代からは考えにくいかも知れませんが、東西冷戦が続き、日本の隣の朝鮮半島では朝鮮戦争が休戦になったばかりという国際情勢

コラム

自由民主党か民主自由党か

日本民主党と日本自由党の合同にあたって、党名をどうするかが議論になった。

日本民主党のほうが国会議員の数が多いので、「民主自由党」にすべきだという意見もあったが、「自由民主党」のほうが語感が落ち着いているという声が多く、いまの名前に決まった。

バカ話で合同の機運作り

保守合同にあたっては、誰を新しい党の総裁にするか、なかなか意見がまとまらなかった。民主党は自党の総裁の鳩山一郎を推し、自由党は自党の総裁の緒方竹虎[おがた たけとら]を推薦した。

人事の話し合いは難航し、両派の会談は60数回に及んだ。しかし実際には実のある話はせず、バカ話ばかりだった、と後に岸信介は語っている(読売新聞政治部編『権力の中枢が語る自民党の三十年』)。

バカ話を続けているうちに、次第に両派の気持ちが打ち解け、「とりあえず鳩山が総裁になり、その後適当な時期に緒方に替わればいいではないか」という「空気」になってきた、というのである。

政策論争がなく、人情で決めるという実に「自民党的」な解決法が、早くも行われていたのである。

の中で、ソ連や中国、北朝鮮との関係が深い社会党の勢力が拡大することに、経済界は強い警戒心を抱いたのです。

この年の四月、日本民主党総務会長の三木《みき》武吉《ぶきち》が、「感情論を抜きにした保守結集」を呼びかけ、これをきっかけに、保守合同の流れが始まります。

一〇月一三日に社会党が統一したのを見て、保守勢力の統一への動きは加速します。こうして一一月一五日、東京・神田の中央大学講堂で結党大会が開かれ、自由民主党が誕生しました。

鳩山一郎が総裁で、幹事長は岸信介でした。ここに、衆議院二九九人、参議院一一八人の単一大保守政党が生まれたのです。

以後三八年間という長期にわたって日本の政権を担うことになる政党が誕生しました。

保守の合同にあたって、政策論争はほとんどありませんでした。保守勢力内部の人事をめぐる派閥抗争と妥協ばかりでした。現在の自民党の派閥連合的体質は、最初から刻み込まれていたのです。

五五年体制が生まれた

こうして自民党と社会党の「二大政党」による「五五年体制」が始まりました。もちろんこの当時、そういう言い方があったわけではありません。この体制が長く続いたことから、後に、こう呼ばれるようになったのです。

自民党と社会党の対立構造は、「二大政党」制と言われましたが、その実態は、「一と二分の一政党」でした。過半数を大きく超える自民党と、かろうじて国会の三分の一を確保する社会党では、数に大きな違いがあったからです。

しかし、当時は、社会党がさらに伸びて、ほぼ拮抗するだけの勢力を獲得し、やがては政権交代を実現させるかも知れないと多くの人が考えました。

アメリカで共和党と民主党の二つの政党がそれぞれ大統領を出しているように、イギリスで保守党と労働党が政権交代を繰り返しているように、日本でも欧米並みの「二大政党」制が成立することを、多くの人が期待したのです。それが、「政治の近代化」に思えたからでした。

「いまは二つの政党の国会議員の数に大きな差があるが、やがて差が縮まるに違いない」という期待も込めて、「二大政党」制と呼ばれたのです。

現実は、そうはなりませんでした。

自民党はなぜ強かったのか

自民党は、その後も圧倒的な勢力を維持し、一九九三年（平成五年）に分裂するまで政権の座を譲りませんでした。

「革新勢力に対抗する保守勢力は分裂しないでほしい」という経済界からの強い要求があり、自民党という党を割らない程度に、内部での抗争が行われてきました。それが党の活力にもなっていたのです。

派閥の抗争によって、新しい総理大臣が生まれてきました。これが、国民の目には、まるで「政権交代」のように映ったのです。政権を他党に譲ることなく「疑似政権交代」をたびたび行うことで、生命力を維持してきました。二〇〇一年の小泉《こいずみ》内閣の誕生は、その典型です。

　政権維持のためなら、変幻自在に政治方針も変えてきました。

「永久的に政権を維持したいという欲求から、自民党は長年にわたって鋭い生存本能を培ってきた。権力の維持に必要なら、いつでも政策を改め、指導者を代えて対応してきた」

（ジェラルド・L・カーティス、木村千旗訳『日本の政治をどう見るか』）

「自民党をぶっこわす」と言っていた小泉純一郎のような存在を許すほど、柔軟な、悪くいえばいい加減な組織でした。政権さえ握っていれば、利益になることがたくさんあり、政権維持を至上課題とした組織だったのです。

　そのことは、その後、自民党が政権を失い、細川《ほそかわ》連立内閣、羽田《はた》連立内閣に対抗して社会党の村山委員長を総理に推すという形で政権復帰に成功した例を見れば明らかです。さらに、自民党単独での政権維持がむずかしくなると、宿敵・小沢一郎《おざわいちろう》と手を組んでまで連立政権を作り、口を極めて批判していた公明党とも連立を組むという手法にも表れています。

　一方で、次のような見方もあります。

「自民党は他の政党の挑戦を許さないほど強力であった。しかしその総裁が、盤石の力をもっていたわけではない。党内には、いくつかの派閥が存在し、派閥のリーダーたちは政権をめざして競争し、機会があれば総裁に取って代わろうとしていたからである。この競争で優位に立つ方法の一つは、国民の声に耳を傾け、これを取り込むことであり、総裁を含めた派閥指導者たちは、こうした国民の期待の発見と実現に力を入れた。その結果、国民自身がもつ本質的な現状維持感覚に根ざしながら、自民党は緩やかに国民の期待を吸収し、また時に国民に先んじて問題を提起し、国民の倦怠《けんたい》が爆発しない程度の政権交代を党内で行って、長期政権を維持したのである」（北岡伸一『20世紀の日本1　自民党』）

社会党はなぜ政権をとれなかったのか

一方、社会党は、本来の意味での「二大政党」の一翼を担うことはできませんでした。

社会党の衆議院での議席は、左右が統一して最初の総選挙となった一九五八年（昭和三三年）五月の一六六議席が史上最高でした。以後、これを上回ることはできず、長期低落の道をたどったのです。

政党は、政権を獲得するために存在しているはずです。少なくとも社会党は、それを目標に掲げてきました。しかし、それは戦後まもなくの片山内閣と、およそ五〇年後の村山内閣での保守勢力に支えられた連立政権でしか実現しませんでした。本来の意味での政権を獲得することはできなかったのです。

社会党は、「平和と民主主義」をスローガンに掲げました。「憲法改悪に反対する」という改憲阻止勢力であり続けました。

そうした戦後の理想を守っていくうちに、時代の変化を読めなくなっていました。時代の変化に適応して政策を作ることをせず、変わらぬ理想を持ち続けました。それは楽な道でした。自己改革の痛みを伴わなかったからです。

自民党の批判をしているだけで、一定の政治勢力でいることができました。これが甘い誘惑でした。

自民党は「保守」、社会党は「革新」という区分けがなされてきましたが、政権維持のためだったら、どんどん方針を変えた自民党のほうがむしろ「革新」で、社会党が「保守」だったのかも知れません。

社会党は、「変えない」ということに大きな意味を持たせてきました。それは一定の成果を上げ、「抵抗勢力」としての意味もありましたが、一国の政治を担当する力にはなりえなかったのです。

また、社会党は、支持団体の総評（日本労働組合総評議会）の強い影響力を受けてきました。社会党員の実数は少なく、選挙運動で実際に手足となって動くのは、総評の労働組合員でした。組合員たちが、組合の指令を受けて動き、社会党議員当選の原動力となりました。

この力を背景に、総評加盟の有力な労働組合の幹部が引退後、社会党の候補者となりました。出身組合が総力を挙げて選挙運動をしてくれるので、たやすく議員当選を果たします。労働組合幹部を経て国会議員というルートが、定着しました。「功成り名を遂げた」組合幹部の落ち着き先となりました。

こうした議員の多くは、組合の代表として行動するだけで、新しい時代に向けての新たな政治の構想力を欠いていました。社会党は、次第に人材不足になっていったのです。

五五年体制とは何だったのか

では、「五五年体制」とは、果たして何だったのか。

自民党連立政権のもとで経済企画庁長官をつとめた堺屋太一《さかいやたいち》は、こんな皮肉な見方をしています。

「外国人の中には、『二大政党がありながら自由民主党政権が三十年以上も続いている日本は非民主的だ』という者もいたが、それはまったくの間違いである。『五五年体制』によって生まれたのは、政権担当を求める二大政党ではなく、政権担当に貪欲な政治家を集めた一つの政党（自民党）と、空想的な評価によって投票を集めることで国会に議席を持つのを目的とした運動家の集団（社会党）とである。

前者は常に政権を保つためにその時々に人気の良さそうな政策を取り入れ、官僚機構と癒着し、地方利権と結びついた。後者は国会での議席を保つために票の集まりそうな空想的な評論を繰り返した。この時から日本の政治は、国会での駆け引きと選挙戦を通じての『ゲーム』と化した。日本の国会が与野党合意の密室分配型になる要素は、この時既に出来上がっていた」（堺屋太一『時代末』）

自民党は圧倒的な勢力を維持しながらも、すべてを数の力で押し切ることはせず、社会党の主張をときには受け入れ、妥協を重ねながらやってきました。その点について、長年日本の政治を研究してきたコロンビア大学教授のジェラルド・カーティスは、次のように述べています。

「自民党が過半数を占めているのに野党と妥協するのは、政治状況を不安定にしたり、有権者にそっぽを向かれたり、社会党を刺激して国会審議をやめさせるような極端な戦術を社会党にとらせたくないからだ。それでも、自民党が断固としてある法案を通そうとするときには強行採決もしたし、一方で社会党が法案の成立を断固阻止したいときには、牛歩戦術や審議拒否といった手段を使うのである」（ジェラルド・L・カーティス　木村千旗訳『日本の政治をどう見るか』）

しかし、「五五年体制」に果たした社会党の役割を軽く見ることは、適切ではないでしょう。社会党の人たちには、「戦後日本の平和を守ってきたのは社会党だ」という自負があるに違いありません。

保守勢力による再軍備に一定の歯止めをかけ、安保体制の危険な側面を指摘し、常に警鐘を鳴らすことで、日本の戦後の平和が保たれた、という論理です。

あるいは、福祉政策を掲げ、公害反対運動を進めたことが、戦後日本の福祉の充実、公害防止につながった、という見方もあります。

原子力発電所の安全性に疑問を呈し続けたことで、結果的にソ連の「チェルノブイリ原発事故」のような危険な事故を起こさないだけの安全対策が進んだ、という見方もできるかも知れません。

さらには、東西冷戦の中で、自民党と社会党が外交の役割分担をしてきた、という皮肉な見方もあります。自民党はアメリカとの関係を深め、社会党は、アメリカと対立するソ連、中国と関係を保ち、自民党が韓国と手を結べば、社会党は北朝鮮（朝鮮民主主義人民共和国）に接近するというように。

しかし実際には、東西冷戦による対立の日本国内版だったのではないか、と私は思います。

「五五年体制」では、国民は、アメリカとの関係を日米安保条約で深める自民党を支持するか、安保や自衛隊に反対し、ソ連や中国との友好を求める社会党を支持するか、選挙のたびに選択を迫られてきました。それが、「東西冷戦の日本国内版」という意味です。

その一方で、日本国民総体としての世論は、「現実的な政策をとる自民党に政権を任せるが、万一行きすぎるようなことがあれば、反対勢力の社会党の議席を増やす」という形で自民党政治をチェックしていたのではないでしょうか。

私は、そこに国民の知恵を見出すのです。

第四章のその後

自民党対社会党の対決は、もはや遠い過去の話になってしまいました。衆議院選挙の選挙制度が「小選挙区比例代表並立制」に変わったことで、中小政党の議席は激減。とりわけ社会党から変わった社民党は、存続すら危ぶまれる危機的状態に陥っています。

一方の自民党も、二〇〇七年夏の参議院選挙で大敗北を喫し、過半数を維持することができませんでした。衆議院では自民党が多数を占めるものの、参議院では少数派という「ねじれ国会」が続いています。

自民党に対する有力野党という、かつての社会党の立場にいるのは民主党です。「五五年体制」は崩壊しましたが、自民党と民主党という二大政党による政権交代をめぐる戦いが新たに始まっています。

第五章

安保条約に日本が揺れた

湾岸戦争で米軍は日本からも出撃した

一九九〇年（平成二年）八月二日、中東のイラク軍がクウェートに侵攻しました。神奈川県横須賀《よこすか》を母港とするアメリカ海軍第七艦隊の旗艦「ブルーリッジ」は、早くも八月一三日、中東へ向かい、翌年の多国籍軍によるイラク攻撃まで湾岸地域にとどまりました。やはり横須賀を母港としていた空母「ミッドウェー」も、護衛艦を伴って一〇月二日に横須賀を出港し、湾岸戦争に参加しました。「日本の安全のため」に日本に駐留しているはずのアメリカ軍が、はるか中東での作戦に参加するために、日本の基地を使用しているのです。

いったい日本にいるアメリカ軍は、何のための存在なのか。アメリカ軍が日本にいる理由——日米安全保障条約の歴史を振り返ってみましょう。

「アンポ、ハンタイ」が国会を取り巻いた

私が小学校四年生のころ、小学校で「アンポハンタイごっこ」という遊びがはやりまし

国会を取り囲むデモ隊　1960年5月

た。みんなで腕を組んで、「アンポハンタイ、アンポハンタイ」と言いながら歩き回るのです。

その当時、ニュースと言えば、毎日のように「安保反対」のデモ行進や反対運動が報道されていました。国会を何万という人々が連日取り巻き、安保反対の運動を繰り広げていました。子どもたちも、意味がわからないまま、その真似をしていたのです。

一九五九年(昭和三四年)四月一五日から翌六〇年(昭和三五年)の岸信介《きしのぶすけ》首相退陣後の一〇月二〇日までに、全国で行われたデモや集会ののべ数は、警察調べで、抗議集会六二九二ヵ所、約四五八万八三八〇人。デモ行進五三四八ヵ所、約四二八万三四〇〇人を記録しています。

自民党元幹事長の加藤紘一《かとうこういち》も、東京大学法学部の学生として安保反対のデモに加わっていました。反体制組織や反権力意識を持った人ばかりでなく、民主主義の危機を心配する人たちによる大衆的な行動が続いたのです。

では、激しい反対運動を引き起こした「安保条約」とは、どういうものだったのでしょうか。

旧「安保条約」は対等ではなかった

太平洋戦争で連合国に負け、アメリカに占領されていた日本は、一九五一年(昭和二六年)、アメリカなどと「サンフランシスコ講和条約」を結んで、独立を達成しました。

このとき日本は、同時にアメリカと「安保条約」を結びました。正式には「日本国とアメリカ合衆国との間の安全保障条約」といいました。

しかしこの条約は、日米が対等なものではありませんでした。第一条で米軍の駐留を日本が認めることを明記する一方で、米軍の軍事力については、「外部からの武力攻撃に対する日本国の安全に寄与するために使用することができる」と規定するだけでした。つまり、米軍が日本を防衛する義務があるとは書かれていなかったのです。受け取り方によっては、「日本はアメリカに基地を提供しているだけ」とも読めるものでした。

また、日本国内で内乱が起きた場合、米軍が出動できることも書かれていました。日本国内の問題にアメリカ軍が介入できる余地があったのです。

さらに条約の期限も、解消方法についても定められていませんでした。

日本政府の側には、きわめて一方的な条約で、対等なものではないという思いがありました。

安保条約改定へ

一九五七年(昭和三二年)二月、総理大臣に就任した岸信介は、安保条約の改定をめざしました。日本が完全に独立した国家になるためにも、安保条約は改定して、対等なものにすべきだ、という考えからです。

この年の六月に訪米した岸は、ダレス国務長官との会談で、在日米軍の配置に関しては日米が事前に協議すること、安保条約と国連憲章との関係を明確にすること、条約の期限を明確にして条文に盛り込むこと、を求めました。

条約の内容を対等なものにするため、アメリカ軍が日本国内で勝手な行動をとらないように、部隊の配置に変更がある場合は、日本に事前に協議を求めることを要求しました。協議の結果は、イエスもノーもありうるという形にして、日本の独立性を強化しようとしたのです。

また、アメリカに一方的に守ってもらうという形だったものを、日本に駐在する米軍に関しては、日本も防衛の責任を負うことを明確にすることを求めました。ただアメリカに守ってもらうだけ、という一方的な関係から、「互いに守る」という関係に近づけようとしたのです。

日本が外部から攻撃されたときはアメリカ軍が支援しても、アメリカ本土が攻撃された

コラム

岸信介

1896年（明治29年）山口県に生まれる。後の首相佐藤栄作は実の弟。

東京帝国大学法学部を卒業後、日本が中国大陸に作った「満洲国」の官僚として頭角を現す。太平洋戦争中の東条内閣では商工大臣をつとめ、戦後、連合国により「A級戦犯」容疑者として逮捕される。

その後、連合国の方針転換と共に釈放され、やがて政界に復帰。自由党と民主党の保守合同を実現して自由民主党を結成し、幹事長に就任。

石橋湛山［いしばしたんざん］が病気のため総理を辞任した後の1957年（昭和32年）2月、総理大臣に就任した。

元総理の安倍晋三は孫に当たる。

とき、日本の自衛隊がアメリカを支援することは日本の憲法の規定からできないという点では、本来の意味での対等な条約にはなりえないものではありましたが。

新しい「安保条約」が結ばれた

一九六〇年（昭和三五年）一月一九日、岸は訪米し、新しい安保条約がワシントンで調印されました。正式名称は、「日本国とアメリカ合衆国との間の相互協力及び安全保障条約」です。古い安保条約に比べて、「相互協力」という言葉が新たに名称に加わっています。

新しい安保条約は、次のような内容を持っています。

旧安保条約は、日本に基地の提供を義務づけましたが、アメリカの日本防衛については明確になっていませんでした。その点について、新安保条約では、日本が侵略された場合のアメリカ軍の支援義務を規定しています。その反面、日本のアメリカ軍への協力義務は、はっきりとは書かれていません。これが明らかになるのは、一九九九年に成立した「ガイドライン関連法案」でのことです。

また、日本と日本国内にある米軍基地に対する武力攻撃に対しては、日米両国が共同で対処することになりました。

日本に駐留するアメリカ軍は「極東」での平和と安全を確保するために日本の基地を使用できることになっています。では、その「極東」とは、どこのことを指すのか。

日本政府は、「国際の平和と安全の維持という観点から日米両国が関心を有する地域」

とした上で、具体的には、「フィリピン以北並びに日本とその周辺地域であって、韓国や台湾を含む」と説明しています。

古い安保条約と大きく変わった点は、このほか「事前協議」の制度ができたことです。「事前協議」自体は安保条約の本文に明記されていませんが、条約の実施のために日米政府が交わした「交換公文書」の中で、定められています。

それによると、在日米軍の配置における重要な変更、装備の重要な変更、日本から行われる戦闘作戦行動のために日本国内の基地を使う場合は、日本政府と事前に協議することになっています。

協議した結果、日本が「ノー」と言えば、アメリカ軍は、軍の配置や装備の変更、戦闘作戦行動ができないことになります。

実際に「ノー」と言うかどうかはともかく、これで日本の独自の判断が尊重されることになります。

もし「極東」での「平和と安全」のためにアメリカ軍が自由に行動することを認めれば、日本が紛争に巻き込まれる恐れがあるというのが、日本が「事前協議」制度の確保を要求した理由でした。

しかし、安保条約が成立して以来、アメリカ軍が「事前協議」を申し入れてきたことは一度もありません。日本政府は、「事前協議の申し入れがないから、重要な変更はないはずだ。日本からの戦闘作戦行動は行われていないはずだ」という建前です。「事前協議」が機能しているかどうか、検証がむずかしいのです。

また、安保条約にもとづいて、「日米地位

協定」も結ばれました。日本に駐留する、アメリカ軍の法的地位を定めたものです。アメリカ軍は日本のためにいるのだから、便宜を計ってあげましょう、というものです。しかし、アメリカ兵による犯罪を日本の警察が捜査する上で障害になる条項があり、その後、たびたび大きな政治問題になります。

安保を強行採決した

他国と結んだ条約が正式に発効つまり効力を持つためには、国会で批准《ひじゅん》した上で、批准書を両国が交換する必要があります。

この国会での批准手続きをするため、一九六〇年二月、新しい安保条約を審議する安保特別委員会が衆議院に設置されました。委員長は自民党の小沢佐重喜《おざわさえき》。民主党の小沢一郎《いちろう》代表の父親です。国会の外で安保反対のデモ行進に参加していた加藤紘一の父親の加藤精三《せいぞう》も、自民党の委員のひとりでした。

安保条約をめぐる審議では、主に社会党議員（当時、共産党議員は衆議院にひとりだけ）が激しく政府を追及しました。このため審議は長引きます。しびれを切らした自民党は、強行採決に踏み切ります。

一九六〇年五月一九日の深夜、安保特別委員会で、野党の怒号と議員同士の激しいもみ合いの中、安保条約を批准することを強行採決しました。

さらに清瀬一郎《きよせいちろう》衆議院議長は、警官隊を国会へ導入しました。警官隊は、本会議場の前に座り込んだ社会党の議員や議員秘書をごぼう抜きにして、清瀬議長や自民党議員が本会議場へ入場できるようにします。

コラム
条約批准
外国と条約を結んだ場合、それぞれの国の国会が承認することが必要である。この承認の手続きを「批准」という。日本では、衆議院で批准されれば、たとえ参議院が批准しなくても、30日たてば自然成立する。予算と並んで、衆議院の結論が参議院に優先する「衆議院の優越」が認められているのである。

清瀬議長は同僚の自民党議員に抱きかかえられながら本会議場の議長席へ突進。議長権限で本会議を開会し、五〇日間の会期延長を決定しました。

本来の計画では、会期延長を決めるだけのはずだったのですが、議長席へ突入する際、清瀬は足をねんざしていました。いったん議場の外へ出たら、再び議場に入れるかどうかわからない状態になっていました。

そこで急遽、そのまま議長席にとどまり、日付が変わった二〇日未明、本会議を再開し、野党議員ばかりでなく自民党内の反主流派も欠席のまま、安保条約を承認したのです。

岸は、安保条約が承認された直後にアメリカのアイゼンハワー大統領を日本に招き、日米の固いきずなを確認しようと計画していました。訪日は六月一九日と決まっています。

衆議院での審議が長引いて、アイゼンハワーが来日したときに安保条約がまだ批准されていないという事態を、岸は恐れたのです。

もし衆議院で採決されれば、参議院で採決されなくても、三〇日後には自然承認されます。岸は、六月一九日までに承認されるためには、その一ヵ月前の五月一九日に採決しておきたかったのです。

この岸の思いが、国会に警官隊まで導入しての強行採決につながりました。

事態は「民主主義の危機」に転化した

警官隊を導入し、野党議員を排除し、深夜に与党議員だけで採決を強行したことは、大きな批判を浴びます。

「こんなことを許したら、日本の民主主義は崩壊する」

多くの国民が、「民主主義の危機」を感じました。この強行採決をきっかけに、多くの国民が街頭に出ます。国会を多くの市民が取り巻いたのです。

実は前年三月に、社会党や共産党、労働組合などで作る「安保改定阻止国民会議」が結成され、安保反対運動を続けていました。ところが、国民の多くは関心が低く、反対運動も盛り上がりませんでした。

しかし、自民党の強行採決をきっかけに、「民主主義の危機」を感じた多くの国民が安保反対の立場に立ったのです。

日米の不平等な条約を対等なものに改善したと思っていた岸内閣にとって、思いも寄らない展開でした。

戦争の恐れが身近だった

このころの世界情勢を振り返ると、当時の多くの日本国民の気持ちがうかがえます。

これより前の一九五六年には、エジプトがスエズ運河の国有化を宣言したことに対して、イギリス、フランス軍が軍事介入する事態が発生しています。同じ年、ハンガリー動乱も起きています。ソ連支配に反対するハンガリー国内の動きを、ソ連軍の戦車が押しつぶしたのです。

米ソの対立は東西冷戦となり、米ソの直接対決こそないものの、世界各地で紛争を引き起こしていました。

「戦後の米ソの世界支配をめぐる戦いは、血なまぐさい紛争を各地で引き起こしており、米ソの戦争がいつ起こるかもしれないと考えられていた。だから、戦争反対とか、戦争に巻き込まれるなとかいう言葉はそれなりに説得力を持っていた」(三上治『1960年代論』)

安保反対派は、「安保条約が成立すると日本が戦争に巻き込まれる心配がある」と次のように主張しました。

新しい条約で相互防衛義務が明記されたことで、一方的な条約ではなくなったと政府は主張するが、相互防衛となれば、アメリカ軍が攻撃されたら自衛隊も行動しなければならなくなる。ところが米軍基地には日本の行政が及ばない。日本が関与できない米軍基地に対する脅威を、そのまま日本への脅威と受け止めて行動することは、かえって日本が他国との紛争や戦争に巻き込まれる恐れがあるのではないか。

米軍は「極東」の平和と安全の維持のために日本国内の基地を使えるが、その「極東」とはどこか。日本政府は、「フィリピン以北で、台湾、韓国を含む」と答弁している。台湾や韓国での国際紛争に日本駐留の米軍が出動すれば、日本もこの紛争や戦争に巻き込まれるのではないか。

こんな「戦争に巻き込まれる恐れ」が、国民の間に心配として広がりました。太平洋戦争の悲惨な体験を持った国民がまだ大多数を占めていました。

大統領補佐官立ち往生

六月一〇日、アメリカのジェームズ・ハガティーが羽田空港に到着しました。当時は「ハガチー新聞係秘書」と報道されましたが、いまの言い方なら大統領報道担当補佐官に当たります。

ハガティーは、目前に迫ったアイゼンハワー大統領の訪日スケジュールを日本政府と打ち合わせるのが目的でした。

アイゼンハワー大統領の訪日に反対する反対派は、ハガティーが羽田空港を出て都心に向かう沿道にデモ隊を繰り出していました。労働組合員や全学連反主流派（共産党系）など、その数二万五〇〇〇人です。

ハガティー一行は、羽田空港を出たとたんにデモ隊に囲まれ、動けなくなりました。かけつけた警官隊が何とか確保したスペースに、アメリカ海兵隊のヘリコプターが着陸し、ハガティー一行を救出したのです。当時これは「ハガチー事件」と呼ばれました。

この事態は、日本政府に衝撃を与えました。大統領の補佐官が来日するだけでこの混乱になるのなら、アイゼンハワー大統領が来日するときには、いったいどんな事態になるだろうか、と危惧したのです。

しかし、事態はさらに悪化していきました。

学生が国会に突入した

国会での強行採決に危機感を抱いた多くの市民がデモ行進に参加するようになり、連日のように国会を取り巻いたからです。

デモ行進を組織する「安保改定阻止国民会議」は、整然とした行動を方針にしていました。国会周辺を整然とデモ行進し、国会の議員面会所に野党議員が並び、その前に置かれた机に、デモ隊が持ってきた請願書を置くという行動をとっていたのです。

この方法を、全学連主流派（反共産党系）は、「お焼香デモ」と決めつけました。もっと大胆な行動で岸内閣に決定的な打撃を与えなければ、安保条約を粉砕することはできないと考えました。国会突入を計画したのです。

その日は、六月一五日と設定されました。この日、「国民会議」が大規模なデモを計画していたからです。

国会を警備する警視庁の機動隊は、「内張り作戦」をとりました。機動隊が国会敷地内に待機して、国会の周囲は自由にデモ行進させるものの、もし突入しようとする者があれば、門で阻止する態勢をとったのです。

警察は、このほかアメリカ大使館などの警備もしなければならず、圧倒的な数のデモ隊に対抗するには、この方法しかありませんでした。警察の機動隊の数が増強され、装備も充実するのは、まだずっと後のことです。

国会を取り巻く全学連主流派のデモ行進には全国から約八〇〇〇人の学生が集まっていました。京都府学連委員長の北小路敏《きたこうじさとし》（京都大学）が指揮をとっていました。

全学連委員長だった唐牛健《かろうじけん》太郎《たろう》（北海道大

ジグザグ行進するデモ隊　1960年6月

学）は、別の事件で四月に逮捕されていて、書記長だった清水丈夫《しみずたけお》（東京大学）も直前に逮捕されていました。この二人に代わって、北小路が指揮をとることになったのです。

全学連の部隊は、明治大学、東京大学、中央大学の学生が先頭に立ち、国会南通用門から突入をはかりました。

明治大学の学生たちは、「白雲なびく駿河《するが》台《だい》……」と校歌を歌いながら、通用門に体当たりを繰り返しました。労働歌ではなく校歌だったのです。

通用門は封鎖され、角材とワイヤーロープで固定されていました。学生たちは、ワイヤーロープをたがねで切り、体当たりを繰り返して、門を突破しました。

門の内部には、外部からの侵入を防ぐために、機動隊の大型輸送車が六台停められていました。学生たちは門を外側に開き、輸送車二台を引っ張り出して、その隙間から国会内に突入。輸送車には火がつけられました。
　明治大学と中央大学の学生は門の破壊や輸送車の引き出しにあたっていて、門の横にいた東京大学の学生たちが、まず構内に突入しました。その数七〇〇人。
　それまで学生たちの投石を受けながらじっと待機していた警視庁第四機動隊の隊員が警棒を抜き、一斉に学生たちの排除にかかります。
　門から外に引っ張り出され、火がつけられた大型輸送車の中には、機動隊の食料や隊員の財布など私物が入っていました。学生たちから投石を受け、罵声《ばせい》を浴びせられていた機動隊員たちの怒りは頂点に達していたのです。

コラム
全学連

「全日本学生自治会総連合」の略称。戦後、大学の民主化や授業料値上げ反対などの運動を通じて全国の学生の交流が始まり、1948年(昭和23年)9月に結成された。当初の参加校は全国の国公私立145校だった。初代委員長は、東京大学自治会委員長の武井昭夫[たけい あきお]。

　当初は日本共産党の指導を受ける学生たちが中心にいたが、全学連の主流派はやがて共産党と路線が対立。共産党から脱党して1958年(昭和33年)、別の組織「共産主義者同盟」(通称ブント)を作った。

　共産党の指導を受ける学生たちは反主流派になり、やがて両者は分裂することになる。

　全学連主流派の行動は連日大きく報道され、「ゼンガクレン」という言葉が海外でもそのまま通用する名前に。「共産主義者同盟」は、学生が立ち上がって権力と戦うことで、労働者が目覚めて立ち上がる、という「学生が先駆者になる」という理論にもとづき、先鋭な街頭行動に出た。

　この組織は、その後いくつにも分裂し、1970年代には、ここから赤軍派が生まれる。

　また、共産党系以外の「全学連」組織は、その後さらに各派に分裂し、1970年代以降は、大衆的な組織としては有名無実の存在になった。

機動隊の装備も、現在とは比べものにならないくらい貧弱なものでした。いまのような機動隊の盾や顔を守る透明なプラスチックの板なども なく、ひさしのついていないヘルメットだけでした。このため投石を受けると、機動隊員は次々に負傷しました。

一方、学生たちも、ヘルメットなどはなく、帽子もかぶらず、手に武器などは持たず、ワイシャツ姿。機動隊とぶつかれば、やはり次々にけがをしたのです。

女子学生が死んだ

機動隊員は、警棒で学生たちに襲いかかり、めった打ちにしました。

機動隊になぐられ、押し戻される学生たち。前の様子がわからないまま後ろから押す学生たち。両者の流れがぶつかり合い、渦を巻く。学生たちは次々に倒れていく……。

機動隊員になぐられて血だらけになった学生たちは、逮捕されます。残りの学生は、国会通用門の外に押し出されました。

機動隊は、学生たちを押し戻すために放水します。そのうちに雨も降り出しました。六月の梅雨の雨でした。学生たちは、みんなずぶぬれです。

そのうち、「女子学生が死んだ」という声が伝わってきました。あちこちで、「女子学生が殺された」という叫び声が上がります。

死亡したのは、樺美智子《かんばみちこ》、二二歳。東京大学文学部国史学科の四年生でした。この日、樺は、午前中大学のゼミに出席し、午後から国会にやってきました。

直前まで東京大学文学部学友会（自治会）

の副委員長で、一月の岸訪米を阻止しようとする全学連のデモで警察に逮捕されたこともある活動家でした。

樺美智子は警察病院に救急車で運ばれましたが、すでに死亡していました。警察は、死因を「圧死」と発表しましたが、学生たちは、「警察に殺された」と憤ったのです。

「女子学生の死」は、日本国中に大きな衝撃を与えました。この事件に、多くの国民は、「国の将来を憂えた女子学生が自己を犠牲にした」という悲劇を見たのです。

翌日、全国のほとんどの大学で授業が放棄され、抗議集会が開かれました。いても立ってもいられなくなった学生たちが、全国から夜汽車を乗り継いで東京に向かいました。

自衛隊は出動寸前だった

「女子学生の死」に衝撃を受けたのは、一般市民ばかりではありませんでした。

機動隊の警備も破るデモ隊の勢いと、女子学生の死への同情から一段と盛り上がる安保反対闘争に、政府は浮き足立ちます。

総理の岸は、自衛隊の治安出動を検討します。治安出動とは、外敵と戦うための出動で

コラム

樺美智子

毎年、彼女の命日の6月15日になると、国会の南通用門に花を供える人が相次ぐ。いまも6月になると、新聞の短歌欄には、樺美智子を悼む歌が増えるという。それだけ同世代の人々の心に残る存在になっていることを示している。

東京大学受験をめざして浪人中に詠んだ「最後に人知れず　ほほえみたいものだ」という詩を題名にとった樺の遺稿集『人しれず微笑まん』はベストセラーになった。

はなく、国内の治安を維持するための出動のことです。

自衛隊内部では、前年から治安出動の訓練が行われていました。もし出動する場合、特車（戦車のこと）も使うことになっていました。一月からは、東京の市ヶ谷駐屯地に一個大隊の治安部隊が待機していました。

六月中旬には、練馬駐屯地など首都圏で二万人の自衛隊員が出動準備を済ませていたのです。

岸は、赤城宗徳《あかぎむねのり》防衛庁長官に対し、自衛隊の出動を促しました。もちろん総理大臣には出動命令を出す権限がありますが、このときは、命令を下すのではなく、防衛庁長官の意向を確認しながら、自衛隊の出動を求めるというものでした。

しかし赤城は、これを拒否しました。ふだん武器を持って外敵と戦う訓練をしている自衛隊員をデモ隊の取締りに動員して、もし武器を使うことになれば、死者が出る。自衛隊が同胞を殺したということになり、国民世論は一気に自衛隊に冷たくなる。一方で、武器を持たずに出動しても何の役にも立たず、デモ隊に翻弄《ほんろう》されるようなことになれば、それはそれで「自衛隊は何をしている」という批判が高まる。

赤城は、こう考えたのです。

結局、岸は自衛隊の出動をあきらめます。もし実際に自衛隊が出動していたら……。歴史に「もし」はありませんが、流血の大惨事になっていたか、内乱が起きていたか。想像するだに恐ろしいことです。

安保自然承認、岸退陣へ

全学連の国会突入と「女子学生の死」の翌日の六月一六日、日本政府は、アイゼンハワー大統領に訪日延期を要請しました。アメリカ大統領の安全を保障できない状態にまでなっていたのです。

そして六月一八日の深夜つまり一九六〇年六月一九日の午前〇時、安保条約は自然承認となりました。

官邸の周囲はデモ隊が取り巻き、「安保反対、岸を倒せ」の声が響き渡りました。デモ隊が投げる石がひんぱんに官邸に飛び込んできます。総理官邸では、デモ隊による放火を警戒して、すべての消火栓にホースをつないでいました。

コラム

警官隊に殴られながら中継

「暴力です。警官隊が激しく暴力をふるっております。マイクロホンも警官隊によって、ひきまわされております。（サイレンの音）警官隊によって今……、首をつかまれております。 今実況放送中でありますが、警官隊が私の顔を殴りましたっ。そして首ったま、ひっつかまえて、お前何をしているんだというふうに言っております。これが現状であります」（NHK取材班『戦後50年その時日本は』第1巻）

ラジオ関東（現在のラジオ日本）の野球中継のアナウンサーだった島碩弥［しま ひろみ］は、後楽園球場での中継を終えたところで、国会がデモ隊に取り巻かれていることを聞き、国会前に移動した。国会前で実況中継を始めたとたん、逃げる学生を追いかけてきた機動隊に囲まれ、機動隊員に殴られた。その様子をラジオで実況生中継したのである。

「声なき声」

安保反対のデモ行進が続き、参加者が激増することについて感想を聞かれた岸信介は、「プロ野球の球場には大勢の観客がいる」と言い、安保反対を唱える声ばかりでなく、国民の「声なき声」も大事にしたい、と答えた。国民は安保反対の人ばかりではないのだ、と反論したのである。これを受けて、早速「声なき声の会」という安保反対の団体が生まれた。

「声なき声」の人々も安保には反対している、という意味だった。

このとき岸は、弟の佐藤栄作《さとうえいさく》と総理官邸にこもっていました。巨人－中日戦のプロ野球のナイター中継を見た後、総理執務室に入ります。「いざとなれば、兄弟がここで死のう」と言いながら。

安保が自然承認され、六月二三日に日米で批准書を交換した直後、岸は混乱の責任をとって辞意を表明しました。

「安保反対、岸を倒せ」というデモ隊のスローガンのうち、「岸を倒せ」は実現したのです。

「この時、本当に人々が求めていたのは、『アンポ反対』ではなく、『岸を倒せ』だった」（堺屋太一『時代末』）

「ここで日本国民が問題視したのは、日米安保条約ではなく、岸首相が持っていた戦前からの経歴とそれに潜んだ官僚的体質だった。そしてそれが自民党の単独強行採決によって露呈した時、『アンポ反対』は『岸を倒せ』となって爆発したのである。いわば岸首相が『政治ゲームのルール』を破ったことに対して、反対運動もまた『行き過ぎたゲーム』で応えたのである」（前掲同）

新聞は声をそろえた

国会周辺で流血の惨事となった翌々日の朝刊の第一面に、「暴力を排し、議会主義を守れ」という共同宣言が掲載されました。朝日、産経、東京、東京タイムス、日本経済、読売、毎日という、ふだんライバル同士の新聞七社が共同で訴えたのです。

これ以降も、全国各地の地方紙が、この共同宣言に名を連ね、自社の紙面に掲載していきました。

コラム

新聞七社共同宣言

1960・6・17付

6月15日夜の国会内外における流血事件は、その事のよってきたるゆえんを別として、議会主義を危機に陥れる痛恨事であった。われわれは、日本の将来に対して、今日ほど、深い憂慮をもつことはない。

民主主義は言論をもって争わるべきものである。その理由のいかんを問わず、またいかなる政治的難局に立とうと、暴力を用いて事を運ばんとすることは、断じて許さるべきではない。一たび暴力を是認するが如き社会的風潮が一般化すれば、民主主義は死滅し、日本の国家的存立を危うくする重大事態になるものと信ずる。

よって何よりも当面の重大責任を持つ政府が、早急に全力を傾けて事態収拾の実をあげるべきことは言うをまたない。政府はこの点で国民の良識に応える決意を表明すべきである。同時にまた、目下の混乱せる事態の一半の原因が国会機能の停止にあることに思いを致し、社会、民社の両党においても、この際、これまでの争点をしばらく投げ捨て、卒先して国会に帰り、その正常化による事態の収拾に協力することは、国民の望むところと信ずる。

ここにわれわれは、政府与党と野党が、国民の熱望に応え、議会主義を守るという一点に一致し、今日国民が抱く常ならざる憂慮を除き去ることを心から訴えるものである。

五月一九日の安保強行採決以後、新聞各紙は岸内閣を厳しく批判してきました。この新聞の論調に賛同してデモ行進に参加した人も多く、突然「よってきたるゆえんを別として」「社会党や民社党は国会に戻れ」という新聞社の論調の変化を示す主張には、多くの読者が違和感を覚えました。

国民の怒りに火をつけておいて、火が燃え盛ったらあわてて火を消そうとする「マッチ・ポンプ」だ、という批判も出たのです。報道と論説のあり方が、その後もマスコミ界で大きな論議を呼ぶ「共同宣言」でした。

政治の季節から経済の季節へ

安保条約が自然成立し、岸内閣が退陣する

と、日本は「政治の季節」から「経済の季節」へと変わります。岸の後に総理になった池《いけ》田《だ》勇《はや》人《と》は、国民に対し低姿勢で臨み、「所得倍増論」の高度経済成長路線をひた走ります。

安保条約のもと、日本はアメリカ軍を駐留させることで、日本独自の防衛費に多額の資金を使う必要がなくなり、経済成長に国家予算をつぎ込むことが可能になりました。

安保体制が戦後日本の経済成長の条件を作り出した、という評価も可能になるのです。

安保条約に賛成した保守陣営は、「戦後日本の平和は安保のおかげ」と胸を張ります。一方、安保に反対した革新陣営は、「安保反対勢力が歯止めとなって、日本の平和は保たれた」と自賛します。評価は分かれます。

さらに「ビンのフタ」論という考え方もあります。日米安保で日本に駐留するアメリカ軍は、日本が独自の強大な軍事力を持たないような歯止めになっている、という考え方です。いわば、サイダーのフタを開けるとガスが噴き出すように、日本は放っておくと、また戦前のように軍国主義に走る恐れがあるので、ビンにフタをしておく必要がある。そのフタがアメリカ軍だ、というものです。

この考え方は、アメリカ自身がアジア各国に説明することもあります。また、太平洋戦争中に日本軍からひどい目にあわされたと考えているアジアの人々の中にも、この考えに同調する意見があるのです。

裁判所は安保をどう判断したか

このように、さまざまな評価がある日米安

保を、日本の裁判所はどう判断しているのでしょうか。

一九五九年（昭和三四年）三月、東京地方裁判所八王子《はちおうじ》支部は、「日米安保条約は憲法に違反する」という判決を言い渡しました。

これは、その二年前、東京立川《たちかわ》市の米軍基地拡張をめぐり、基地内に入った反対派が、安保条約にもとづく刑事特別法で起訴された事件に対する判決でした。

起訴された被告は、安保条約は憲法違反であり、その安保条約にもとづく刑事特別法は無効だと主張しました。

判決では、安保条約にもとづいて日本国内に駐留するアメリカ軍は、憲法が持つことを禁じている「戦力」に当たると判断したのです。衝撃を受けた検察は、東京高等裁判所に控訴するのではなく、いきなり最高裁判所に跳躍上告し、最高裁の判断を求めました。

最高裁判所は、異例の速さで判断を示し、この年の一二月、東京地裁八王子支部の判決を破棄しました。「安保は憲法違反」という判断を否定したのです。

この中で最高裁は、憲法が持つことを禁じた「戦力」とは、「わが国自体の戦力」であり、外国の軍隊は、日本に駐留しても「戦力」には該当しないと判断しました。

さらに、日米安保条約については、「主権国としてのわが国の存立の基礎に極めて重大な関係をもつ高度の政治性を有するものというべきであって、その内容が違憲なりや否やの法的判断は、その条約を締結した内閣およびこれを承認した国会の高度の政治的ないし自由裁量的判断と表裏をなす点がすくなくない。それ故、（中略）司法裁判所の審査には、原則としてなじまない性格のものであり、従って、一見極めて明白に違憲無効であると認められない限りは、裁判所の司法審査の範囲外のもの」だと述べました。

つまり、自衛隊のときと同じく、「国民の代表が決めたことだから、憲法判断はしにくい。いいか悪いかは国民が決めてくれ」という判断を示したのです。最高裁判所に認められている「違憲立法審査権」（法律が憲法違反かどうかを判断する権限）を、自ら極めて限定しました。判断を逃げた、という言い方も可能でしょう。

日米安保の再定義

一九九六年四月、日本を訪問したアメリカのクリントン大統領と橋本龍太郎《はしもとりゅうたろう》総理は、「日米安全保障共同宣言」を発表しました。

この中で、「アジア太平洋地域」での有事の際に、日米両国が協力することが謳われました。安保条約では、「極東」の安全という表現が使われていますから、「極東」が「アジア太平洋地域」にまで広がり、日米安保の内容を実質的に変更するものではないか、という声が出ました。この宣言を「日米安保の

コラム

「挫折」という流行語

安保条約の成立後、学生や労働者を中心に、「挫折」という言葉が流行した。「あれだけ全力を尽くしたのに安保条約成立を阻止できなかった」という脱力感を表していた。

「挫折」をテーマにした小説も次々に生まれました。

このころ歌手の西田佐知子［にしださちこ］が歌った「アカシアの雨がやむとき」という歌が流行した。「アカシアの雨に打たれてこのまま死んでしまいたい」という、けだるい歌い方が、「安保を阻止できなかった」という思いの人々の心を打ったという。

再定義」と呼ぶこともあります。

「アジア太平洋地域」とは、中東を含めた西アジアまでの広大な地域を指します。日本に駐留するアメリカ軍が、それだけの広大な地域の「安全」に責任を持ち、日本はそのアメリカ軍を支える、という構造です。

また、この前年、アメリカは「東アジア・太平洋地域における米国の安全保障戦略」を発表し、この中で次のように述べています。

「わが国の陸軍、空軍、海軍、海兵隊の在日基地は、アジア・太平洋における米国の最前線の防衛線を支えている。これら軍隊は、遠くペルシャ湾にも達する広範囲の局地的、地域的、さらに超地域的な緊急事態に対処する用意がある」

冒頭で述べたように、湾岸戦争のとき、日本に駐留するアメリカ軍は、湾岸地域にまで出動しています。現実を日米の宣言で追認したということができるでしょう。

「日本を守るためにいる」と思っていたアメリカ軍が、実はアメリカの世界戦略にもとづいて、中東までの広い範囲に出動するために、日本にいるのが現実なのです。

日本にとっての安保の意味をあらためて問い直すべき時かも知れません。

「ガイドライン」ができた

一九九九年五月、「日米防衛協力のためのガイドライン関連法案」と呼ばれる法案が成立しました。この場合の「ガイドライン」とは、「指針」のこと。つまり、日本がアメリカ軍にどんな協力ができるか、その指針がまとまったのです。その中心は、「周辺事態法」

（正式には「周辺事態に際して我が国の平和及び安全を確保するための措置に関する法律」）です。

法案をめぐって国会で一番議論になったのは、この「周辺事態」という概念です。

「周辺事態」が発生したとき、日本はアメリカ軍に対してできる限りの協力をすることを明らかにしたのですが、この「周辺事態」とはどういうものなのでしょうか。政府は、「周辺事態とは地理的概念ではなく、事態の性質に着目したもの」という説明を繰り返しました。

実にわかりにくい説明ですが、つまりは、こういうことです。朝鮮半島や台湾など地理的に「日本の周辺」の特定の地域で紛争が起きたときのことを想定したものではなく、日本の平和と安全に重要な影響を与えることが起きたら、そこがどこであろうと、アメリカ軍を後方から支援する、というものです。

「戦争に巻き込まれる」恐れはないのか

こういう事態が起きた場合、日本に駐留するアメリカ軍が出動することになるでしょう。しかし、日本に対する直接の攻撃・侵略でなければ、日本の自衛隊が出動することは憲法違反になる恐れがあります。

そこで、戦闘地域や、その恐れのある場所以外で、アメリカ軍に武器・弾薬や食糧を輸送したり、救助を求めているアメリカ兵を捜索・救助する活動をしたりしましょう、というものです。

しかし、現代戦は、戦闘地域が激しく移動するものです。戦闘が始まったら、「絶対安全」などという場所は、近くにはないはずです。そのときに、「戦闘が行われていない場所や戦闘行為が行われることがない場所」など、机の上の作文でしかありません。

自衛隊がアメリカ軍の支援をしていたら、突然その場所が戦闘地域になり、自衛隊が巻き込まれる可能性があります。

また、アメリカを敵とする国の軍隊にすれば、「敵の味方は敵」ということになります。自衛隊が局外者ではいられないのです。

その一方で、「日本の周辺でアメリカ軍が日本の安全のために行動しているのに、それを助けないでいいのか」という議論も、当然起きるでしょう。

さらに、二〇〇一年九月にアメリカで発生した同時多発テロに関して、「テロ対策特別措置法」が一〇月に成立しました。

自衛隊は、アメリカばかりでなく、「テロと戦う」国の軍隊への後方支援としてなら、インド洋にまで出動できる道が開かれたのです。

安保条約の意味は、明らかに変質しているのです。

新旧安保条約の概要

【旧安保条約】 昭和二七年四月発効

（前文）日本国は、本日連合国との平和条約に署名した。日本国は、武装を解除されているので、平和条約の効力発生の時において固有の自衛権を行使する有効な手段をもたない。

（中略）

日本国は、その防衛のための暫定措置として、日本国に対する武力攻撃を阻止するため日本国内及びその附近にアメリカ合衆国がその軍隊を維持することを希望する。
　アメリカ合衆国は、平和と安全のために、現在、若干の自国軍隊を日本国内及びその附近に維持する意思がある。（以下略）
（第一条）平和条約及びこの条約の効力発生と同時に、アメリカ合衆国の陸軍、空軍及び海軍を日本国内及びその附近に配備する権利を、日本国は、許与し、アメリカ合衆国は、これを受諾する。この軍隊は、極東における国際の平和と安全の維持に寄与し、並びに、一又は二以上の外部の国による教唆又は干渉によって引き起こされた日本国における大規模の内乱及び騒じょうを鎮圧するため日本国政府の明示の要請に応じて与えられる援助を含めて、外部からの武力攻撃に対する日本国の安全に寄与するために使用することができる。

【新安保条約】　昭和三五年六月発効
（前文）日本国及びアメリカ合衆国は、（中略）両国が国際連合憲章に定める個別的又は集団的自衛の固有の権利を有していることを確認し、両国が極東における国際の平和及び安全の維持に共通の関心を有することを考慮し、相互協力及び安全保障条約を締結することを決意し、よって、次のとおり協定する。
（第五条）各締約国は、日本国の施政の下にある領域における、いずれか一方に対する武力攻撃が、自国の平和及び安全を危うくするものであることを認め、自国の憲法上の規定及び手続に従って共通の危険に対処するように行動することを宣言する。（以下略）
（第六条）日本国の安全に寄与し、並びに極東における国際の平和及び安全の維持に寄与するため、アメリカ合衆国は、その陸軍、空軍及び海軍が日本国において施設及び区域を使用することを許される。（以下略）

（第十条）（中略）この条約が十年間効力を存続した後は、いずれの締約国も、他方の締約国に対しこの条約を終了させる意思を通告することができ、その場合には、この条約は、そのような通告が行なわれた後一年で終了する。

第五章のその後

米軍横須賀基地を母港とする空母が、ディーゼルエンジンの「キティホーク」から、原子力空母「ジョージ・ワシントン」に交代し、二〇〇八年九月、新空母が横須賀に配備されました。

原子力空母なので、燃料を補給することなく、長期間の作戦行動が可能になります。米軍が太平洋での覇権の維持に力を注いでいることをうかがわせます。近年、ライバルである中国の軍備増強が著しいからです。

二〇〇七年五月、中国を訪問したアメリカ太平洋軍のキーティング司令官は、中国海軍幹部から、「太平洋をハワイから東はアメリカ、西は中国が管理しよう」と持ちかけられたといいます。キーティング司令官は、この発言を「冗談」と受け止めたと述べましたが、中国軍の本音が垣間見える発言でした。

太平洋をめぐって米軍と中国軍が覇権を争うとき、米軍にとって日本は重要な役割を果たすのです。

第六章 総資本対総労働の戦い

リストラが流行語になった

一九九九年（平成一一年）一〇月、日産自動車は大合理化計画を発表し、工場の閉鎖に伴い、従業員二万一〇〇〇人あまりを削減することを発表しました。大規模な「リストラ」計画でした。

「リストラ」とは、英語の「リストラクチャリング」を日本語風に短くしたものです。もともと「再構築」や「再建」という意味で、本来は、企業経営の再編成のことなのですが、日本では人員削減の別名になってしまいました。「首切り」や人員削減という生々しいニュアンスがないため、多用されるようになりました。しかし、言葉を言い換えたところで、従業員が職を失うという事実に変わりはありません。

工場の閉鎖は地域経済への影響も大きく、社会的な反響を呼びましたが、主力の労働組合による大がかりな反対運動はなく、合理化は進められました。

かつて労働組合運動が盛んだった一九五三年（昭和二八年）には、日産自動車で、労働組合の全自動車日産分会（現在の日産自動車の労働組合とは別組織）による「日産争議」が続いたものですが、もはや時代は変わっていました。

いまの労働組合は、日産に限らず、大半が「労使協調」路線によって、会社経営に協力する立場をとっています。

国鉄がJRになってからは、鉄道のストライキもほとんどなくなりました。私が担当していたテレビの「週刊こどもニュース」で私鉄の労働組合のストのニュースを取り上げた

日産自動車の経営再建を発表する、カルロス・ゴーン最高執行責任者　1999年3月

ときに、中学生の子どもたちに「ストってなあに？」と聞かれ、驚いたものです。番組では、「ストライキとは、わざと仕事をしないことです。会社の社員が、働かないで会社に損害を与えるぞ、と言って、自分たちの主張を実現させようという方法です。ストをする権利は認められていますが、働かないため、その分の給料は出ません」という説明したものです。子どもたちからは、「そんなことしていいの？」と聞かれましたが。

子どもたちの素朴な疑問をきっかけに、「そう言えば、最近は大規模なストが起きていないなあ」と気がつきました。しかし、かつて貧しかった日本では、労働者のストライキが頻発したものです。その最大のものは、何といっても、「三池《みいけ》闘争」でしょう。

三池闘争が始まった

一九五九年（昭和三四年）八月、三井鉱山は、労働組合に対し、三井鉱山全体で四五八〇人、三池で二二一〇人の人員整理を提案しました。三井鉱山はこれより前の一月に、第一次合理化として六〇〇〇人の人員整理を提案し、四月に希望退職一三二四人で妥結していました。それに次ぐ合理化でした。

戦後の日本経済は、石炭の採掘に力を入れ、石炭をエネルギー源として使うことで、経済の復興を果たしてきました。しかし、次第に値段の安い石油が輸入されるようになってきたことで、石炭産業は斜陽に向かいます。

発電用の燃料としての単価は、すでに一九五八年（昭和三三年）から石油が石炭より安くなりました。さらに、石炭だと発電所の横に貯炭場が必要ですが、発電用の石油（重油）なら、パイプ一本でボイラーまで運べ、設備も簡単ですみます。発電所の建設費も、石炭より石油のほうが二割安く建設できたのです。

産業のエネルギー源が石炭から石油へ転換されていくことを、「エネルギー革命」といいます。

エネルギー革命で苦しい立場に立った石炭産業は、生き残りをかけて、大規模な合理化、人員削減に取り組みます。三井鉱山の人員削減も、そのひとつだったのです。

と同時に、力の強い三池労組（三池炭鉱労働組合）を弱体化させようというねらいもありました。三井鉱山が全国に所有する六つの鉱山のうち、福岡県大牟田《おおむた》市にある三池鉱業所の労働組合の三池労組は、当時日本で最も

合理化に反対するデモ　1959年11月

戦闘的な労働組合でした。三井鉱山は、この労働組合の活動家を、「生産阻害者」として職場から排除しようとしたのです。

これに対して、労働組合は徹底抗戦で応じました。日本の労働運動史上最大の労働争議（闘争）が始まったのです。

英雄なき一一三日の闘い

これより前の一九五三年（昭和二八年）八月、三井鉱山は合理化を進めようとして、失敗していました。このときは、全国六つの炭鉱で、三池の二〇七一人を含む五七三八人の退職者を募集し、人数に満たない場合は一定の基準のもとに退職を勧告し、応じない者は解雇する、という方針を打ち出しました。

全国の三井鉱山の労働者の集合体である全国三井炭鉱労働組合連合会（三鉱連）は、反対闘争に踏み切りました。希望退職は少数にとどまり、会社側は二七〇〇人を解雇しました。この解雇に対し、三鉱連は全山一斉二四時間ストに続き、組合員の指名ストなどで対抗。炭鉱の現場だけでなく、事務部門の職員の労働組合もストに入りました。会社は大打撃を受け、一一月、解雇通告を撤回します。

このときの労働組合の闘いは、「英雄なき一一三日の闘い」と呼ばれました。これ以降、特に三池労組は、戦闘的な労働組合に生まれ変わります。

三池労組の職場闘争

三井鉱山三池鉱業所は、福岡県大牟田市と熊本県荒尾《あらお》市にまたがる広大な敷地に、三川《みかわ》鉱、宮浦《みやうら》鉱、四山《よつやま》鉱の三つのヤマ（鉱山）＝石炭の採炭場所を持っていました。陸上の坑口から掘り進めた坑道が、有明海《ありあけかい》の海底に網の目のように広がっていたのです。

鉱山の現場では、本社の職員と、実際に石炭を掘り出す鉱員との間に歴然とした格差がありました。

職員の社宅は二階建ての一戸建てで、風呂つき。鉱員の社宅は五軒長屋の共同風呂。給料は職員が鉱員の一・六倍です。鉱員は職員に名前を呼び捨てにされていました。

労働災害も頻発していました。採炭現場に電話はなく、危険な現場でけが人が出ても、陸上に運び出すのに時間がかかり、手遅れになることもありました。

三池労組は、まず職場での呼び捨てをやめさせ、きちんと「さん」をつけて呼ぶように求める運動から始めました。労働災害の防止を求める現場での取り組みも始まりました。

三池労組は、「理論武装」にも力を入れました。九州大学の向坂逸郎《さきさかいつろう》教授を中心とする学者グループを呼んでは、勉強会を開いていたのです。この勉強会は、「向坂教室」と呼ばれました。

マルクス経済学者で社会党左派の理論的指

コラム
向坂教室
マルクスの『資本論』の訳者でもあった向坂逸郎は、大牟田市出身。戦前の日本のマルクス経済学は大別して「労農派」と「講座派」の2つの流れがあったが、このうちの「労農派」の理論的指導者。「労農派」は社会党左派に影響力を持ち、「講座派」の学者は共産党系だった。

三池労組の学習会で向坂は労働者とともに『資本論』を読んだ。向坂を中心とする学者グループが三池で開いた学習会は、多いときは年間200回近くにのぼった。

導者だった向坂は、「労働者は職場の主人公にならなければならない。労働者が主人公の社会をつくろう」と呼びかけました。危険と隣り合わせで働いてきた三池の労働者に、この呼びかけは説得力を持ちました。マルクス経済学で理論武装した職場の活動家が数多く育っていったのです。

三池労組の職場闘争は、「幹部請負闘争から大衆闘争へ」がスローガンでした。

組合幹部が組織の要求をまとめて会社側と交渉する方法を「幹部請負闘争」として批判し、組合員が現場で要求を突きつけて実現させる闘争方式を「大衆闘争」と呼んだのです。

具体的な闘争方法としては、労働現場の安全衛生管理や各種手当などを、それぞれの職場で職員に要求して認めさせていく手法をとりました。

徹底した職場闘争の結果、現場での権力が会社側から労働組合側に移るという実態もありました。生産量を現場の労働者がコントロールすることも行われました。いわば労働者による「自主管理」状態になったのです。

三池労組の指導部は、徹底した職場闘争を通じて「労働者が職場の主人公」の理想を実現し、社会主義革命への道を切り開こうと考えていました。

総資本対総労働の闘いへ

この三池労組の存在は、三井鉱山のみならず、日本の産業界にとって恐怖でした。三池労組のような職場闘争が全国に広がると、日本で社会主義革命が起きるのではないかという危機感を抱いたのです。この危機感というのは、いまとなっては実感しにくいかもしれません。

しかし、当時はソ連や中国、北朝鮮（朝鮮民主主義人民共和国）などの社会主義国が日本の近くに成立する一方、日本国内では、総評が力をつけ、一九五五年（昭和三〇年）には左右社会党が統一し、全学連の活動も活発になっていたという時代背景を考える必要があります。

日本の周囲には社会主義諸国があり、日本国内でも反体制の運動が広がりを見せていました。

三池労組のような組合運動が全国に広がると、企業の足元から資本主義経済の体制が崩されていくのではないかという危機感を抱いたのです。このため日経連（日本経営者団体連盟）など産業界は、三池労組つぶしのために、三井鉱山の経営陣を全面的に支援しました。

また、現場で組合員から吊《つる》し上げられてきた職員には、三池労組に対する反感が強まっていました。「英雄なき一一三日間の闘い」では職員組合も三池労組と共闘したのですが、このころには、職員組合の組合員の気持ちは三池労組から離れ、三池労組の解雇撤回闘争に協力しようとはしませんでした。

一方、総評（日本労働組合総評議会）は、「労働者の首切りを阻止することこそが労働組合の任務」と考え、全面的に三池労組を支援しました。

一九五〇年（昭和二五年）七月に結成された総評は、当初は政治的な行動をすることもありませんでしたが、翌五一年三月に、その方針を転換させ、戦闘的な政治方針を持つようになりました。

これは、「ニワトリからアヒルへ」と称されました。つまり、飼い主のもとでおとなしく卵を産む存在から、ガアガアとうるさい存在になった、という意味です。

総評は、全国の労働組合をまとめ、三七〇万人の組合員が参加する最大の組織に成長していました。

三井鉱山を応援する経営者、三池労組を支援する労働者、という「総資本」対「総労働」の全面対決となったのです。

ロックアウト対無期限スト

三井鉱山による人員削減の提案に対して、労働組合は反対し、労使の交渉は決裂。交渉は中央労働委員会（中労委）に舞台を移しましたが、まとまりませんでした。

三井鉱山の経営陣は、何としても三池労組の活動家を職場から排除する決意を固めていました。三井鉱山の労働組合の連合体の三鉱連のうち、三池以外の五つの鉱山の労組は、徹底的に反対するのではなく、妥協することで有利な条件を引き出そうとしていました。

これに対して三池労組は徹底した闘争を主張し、三鉱連としての意思統一ができませんでした。

三池鉱業所では、一〇月から会社が小型機やヘリコプターを使って、空から四回にわたり退職者募集のビラをまきました。鉱員は社宅に住んでいて、三池労組が組織し、会社からの通知を一括して組合が受け取っていました。鉱員ひとりひとりに退職者募集の通知が渡らないため、会社は空から届けようとしたのです。

三池鉱業所では退職希望者が募集人数の二二一〇人に達しませんでした。このため、会社は三池労組の活動家六〇〇人を含む一四九二人に退職を勧告し、これに応じない一二〇二人が解雇されました。三池労組は、解雇通告状をまとめ、ヘリコプターで会社の上空からバラまきました。

一九六〇年（昭和三五年）一月二五日、会社はロックアウトに出ます。バリケードを作って組合員を立ち入り禁止にしたのです。このように労働組合に対抗して会社が労働組合員を立ち入り禁止にする行為を「ロックアウト」といいます。会社は業務がストップするのですから、大変な損害を受けるのですが、それは最初から覚悟していました。

石炭大手一八社の社長会は、三井鉱山だけの問題ではないとして、各社が三井鉱山を支援することを決めていました。具体的には、三井鉱山から取引先を奪わないこと、三井鉱山支援のため、各社から救援の石炭を送ることでした。

会社のロックアウトに対抗して、同じ日、三池労組は無期限ストライキに突入しました。二八二日にわたる闘争の始まりでした。

去るも地獄、残るも地獄

組合事務所には、「去るも地獄、残るも地獄」のスローガンが掲げられました。

反対闘争に負けて仕事を失ったら、再就職の道はない。「生産阻害者」のレッテルを貼られた人は再就職ができないだろう。一方、会社に残っても、闘争に負けていたら、職場での差別が激しくなり、労働条件も悪くなるだろう。闘争に負けたら、去るも残るも地獄になる、という意味でした。要するに勝たなければならない、という決意表明だったのです。

スト突入時の組合員の月収は平均一万六〇〇〇円でした。ストに入ると収入がなくなります。組合は「一万円生活」の方針を立て、総評の全国カンパの資金を元に、組合員に月一万円を支給しました。地域の商店街にも三池労組を支援する組織ができ、「闘争が終わってから払ってくれればいい」とツケで商品を売る店が多かったのです。

無期限ストライキに入った三池労組に対して、全国の労働者が支援を始めました。三池労組が加盟している炭労は、全国の大手炭鉱に働く労働者ひとりが毎月六〇〇円をカンパすることを決定。総評も総額六億円のカンパを届けました。

主婦たちも闘った

三池闘争では、組合員の主婦たちも闘いました。三池炭鉱主婦会です。

主婦たちは、子どもの手を引いてデモに参加したり、全国から応援にかけつけた人たちへの炊き出しをしたり、逮捕者の家族への救援活動などを行ったりしました。

主婦会は一九五三年（昭和二八年）に結成され、「生活革命運動」を展開していました。当時の炭鉱労働者は、危険と隣り合わせのため、生活が荒く、給料も受け取るとその日のうちに使ってしまう状態でした。主婦会は、「給料一日寝かせ運動」を呼びかけ、給料日には給料を使わずに自宅に持って帰り、家族会議を開いて金の計画的な使い方を決めるように会員を指導していました。

そうした日ごろの活動の蓄積があったことで、夫たちのストライキを家族ぐるみで支えることもできたのです。

組合が分裂した

日本一の戦闘的組合も、闘争が長引くにつれて、亀裂が入ります。

二月になって、三池労組の方針に対する組合内部の批判が表面化しました。

「組合の方針は階級闘争路線であり、会社をつぶすものだ。労働条件の改善には取り組まなければならないが、会社がつぶれてしまったら、労働者は生活できなくなる」と考える組合員が増え始めました。こうした人々を、会社がひそかに応援・育成します。三池労組の組合員に職場で吊し上げられていた職員労組の人たちも、反対派育成に力を入れます。

三月一五日、組合内部の反対勢力の要求で三池労組は臨時の中央委員会（委員数二五六人）を開催しました。中央委員会は定員の四分の一の要求があれば開催されます。反対派の中央委員は六九人に増えていました。全体の四分の一を超え、この人たちの要求で中央委員会が開かれたのです。

会場となった大牟田市民体育館には、賛成派、反対派のそれぞれの組合員とその家族一万人が集まり、会場に入り切れない人たちが体育館のまわりを取り囲みました。異様な熱気の中で、反対派は、組合指導部の方針を「階級闘争至上主義」と批判し、スト中止を求めました。しかし要求は認められません。反対派は会場から退場しました。

そして二日後の三月一七日、一万五〇〇〇人の組合員のうち、三〇六五人が第二組合「三池炭鉱新労働組合」（新労）を結成しました。新労は、その後の一〇日間で四八〇〇人以上に拡大しました。遂に労働組合が分裂したのです。

組合の分裂は、家族にも及びました。鉱員とその家族は炭住（炭坑住宅）と呼ばれる五軒長屋の社宅に住んでいましたが、ここの家族も第一、第二に引き裂かれました。互いに口もきかないばかりでなく、第二組合に移った人の家族にはさまざまな嫌がらせが始まり、険悪な状態になりました。

第二組合員の家族は一斉に社宅を脱出し、会社が旅館を用意しました。子ども同士も口をきかなくなり、学校では子ども同士のいじめやケンカも起きました。狭い炭鉱の町が、二つに引き裂かれたのです。

二つの組合が激突した

会社は、新労の組合員だけを対象にロックアウトを解除しました。新労の組合員だけで業務を再開しようとしたのです。業務を再開すれば、新労の組合員には給料が支払われます。ストライキに入っていて給料の入らない三池労組の組合員に対する圧力にもなります。

対する三池労組は、新労の組合員の就労を阻止しようとします。三川鉱の正門前でピケを張りました。新労の組合員は、実力突破を試みます。

三月二八日、新労の組合員一六〇〇人が、

三川鉱正門前でピケを張る三池労組の組合員に棒で襲いかかりました。三池労組の組合員がひるむスキに、新労の組合員約四〇〇人が塀を乗り越えて構内に入りました。これに対し、三池労組も反撃。構内に入った新労の組合員を襲撃しました。両者が角材やこん棒で殴り合うなど、まるで市街戦の様相となりました。双方合わせて二〇〇人を超える重軽傷者が出ました。共に働き、同じ組合にいた労働者同士の血みどろの争いになってしまったのです。

組合員が殺された

　市街戦のようになった流血の惨事に、大牟田市民ばかりでなく、全国の人々が驚きます。世論は、新労を襲撃した三池労組に対して厳しい批判を浴びせました。

　しかし翌日、事態は一変します。

　新労の組合員が再び構内に入るのを阻止するためにピケを張っていた三池労組の組合員を、地元の暴力団二〇〇人が襲撃したのです。この襲撃で、三池労組の組合員の久保清《くぼきよし》（三二歳）が、暴力団員の短刀で刺し殺されました。

　前日の乱闘の反省から、この日、三池労組は、角材のような「武器」になるものは何も持っていませんでした。トラックやハイヤーに分乗して襲いかかった暴力団に、組合員は抵抗できませんでした。

　会社は暴力団との関係を否定しましたが、世論は一転して三池労組に味方します。無抵抗の組合員への襲撃を、人々は嫌悪したのです。三池労組を脱退して新労に加入する動きも止まりました。

安保と三池の全国闘争に

この事件をきっかけに、三池闘争は一気に全国闘争に広がります。

総評は、安保闘争と三池闘争を結合して戦う方針を打ち出しました。全国から応援にかけつけた総評の組合員はのべ三〇万人に達しました。安保反対闘争をしていた全学連も応援に現地にやってきます。「安保と三池」という言葉が使われました。三池闘争のさなかの六月一五日、安保条約に反対する全学連が国会に突入し、樺美智子《かんばみちこ》が死亡しました。

そして六月一九日、安保条約は自然成立。安保闘争が条約成立で目標を失ってからは、総評は三池闘争の支援に力を入れることになり、三池闘争は、ますます全国規模の闘争になったのです。

ホッパーをめぐる闘い

やがて現地での闘いの焦点は、ホッパー（石炭積み出し施設）をめぐる攻防に絞られました。

各炭坑で掘り出された石炭は、ホッパーに集められ、石炭貨車に積んで出荷されていました。一連の闘争中も、新労の組合員が掘った石炭が積み出されていたのです。このホッパーを占拠すれば、石炭は出荷できません。会社に打撃を与えることができます。三池労組はホッパーを占拠。周囲に小屋をいくつも建て、組合員が二四時間警戒にあたりました。

これに対して、会社は組合員の占拠をやめ

させることを求める仮処分を福岡地方裁判所に申請しました。七月に入って福岡地裁は会社の申請を認め、組合に対し、占拠を解くことを求めました。期限は七月二一日まででした。

七月一七日、総評は「ホッパー死守」を掲げて一〇万人の総決起大会を開催しました。全国から労働組合員がかけつけたのです。

裁判所の執行官が仮処分の執行（占拠を解除させること）を求めても、組合は応じません。裁判所による一八日の仮執行は阻止され、一九日も阻止されました。裁判所は、警察の応援を要請しました。

仮処分執行の警官隊に備えて、組合はホッパー守備隊を結成しました。

ホッパーの周囲を守る小屋は四〇にもなり、小屋のそばに、幅二メートル、深さ一メートル、長さ五〇メートルの堀をつくりました。さながら戦場の塹壕《ざんごう》です。警官隊が突入したら、そこにガソリンを流して火を放つことになっていました。ツルハシや木刀を持った守備隊二万人が守りを固めました。火炎瓶も用意されました。

組合員や全国から応援にかけつけた総評の労働者は、部隊を編成し、警官隊との衝突に備えた訓練を繰り返しました。小屋に入り切れない労働者は、広大なホッパーの敷地の中の、石炭貨車用の線路を枕に仮眠をとりました。

対する警官隊は、福岡県以外からの応援部隊四一〇〇人を含めて一万人。警察は装甲車や放水車、ヘリコプターを用意しました。警察は、七月二〇日午前五時をもって、ホッパーに突入することを決定。武器を持った二万人対一万人の正面衝突。多くの組合員、そして警官が死を覚悟しました。

二〇日午前二時、警官隊の本隊が、福岡市内を出発しました。現地にいた警官隊には、午前三時一五分、行動命令が出ました。

衝突寸前に回避

労働者と警官隊が正面衝突すれば、多数の死傷者が出ることが予想されました。直前の一八日に成立したばかりの池田勇人《いけだはやと》内閣は、政権発足直後の流血の惨事を心配します。池田内閣の石田博英《いしだひろひで》労働大臣は事態収拾に動きました。労使双方に対して中央労働委員会のあっせんに応じるように働きかけたのです。

二〇日午前三時すぎ、中央労働委員会は三井鉱山の栗木幹《くりきかん》社長と炭労の原茂《はらしげる》委員長、総評の太田薫議長を呼んで、「申し入れ」を口頭で提示しました。

最終的なあっせん案を無条件で受け入れ、組合はピケを解き、会社は仮処分の申請を取り下げること。あっせん案を作成するために一週間かけて労使双方の言い分を聞く、というものでした。

とにかく無条件であっせん案を受け入れろ、と迫る異例のものでした。その内容がどんなものになるかわからないのに、白紙委任を求めていたからです。目前に迫った衝突を何としても避けたいという決意の表れでした。

午前四時、ホッパーに向かっていた警官隊を乗せた車は、突然ストップ。Uターンしました。組合側が中労委の申し入れを受け入れる見通しが出たことを知った警察が、突入を見合わせたのです。激突は回避されました。

この日の午後、総評と炭労は、中労委の申し入れを受諾しました。彼らもまた、正面衝突で流血の惨事になることを恐れていたのです。申し入れ拒否の姿勢をとっていた三井鉱山の栗木社長に対しては、石田労働大臣自らが説得して、受け入れを認めさせました。

三池労組の敗北に

そして八月一〇日。労使双方から白紙委任を取りつけた中央労働委員会が、最終的なあっせん案を発表しました。

「会社は指名解雇を取り消し、解雇該当者は自発退職する。自発退職した者は退職金以外に二万円を加給する」というものでした。会社はこれを受諾。炭労は九月になって受諾を決め、三池労組もこの方針をしぶしぶ受け入れました。

「指名解雇を取り消す」といっても、指名された人たちは、結局は退職するわけですから、会社側の人員削減の方針を認めるものでした。事実上、三池労組の敗北でした。「総資本」対「総労働」の対決は、労働側の敗北に終わったのです。

一二月一日、三池労組の組合員は、三一三日ぶりに就労しました。

三池炭鉱を退職した人たちは、「三池出身」であることを理由に、ほかの企業から再就職を拒否されます。職場に残った三池労組の組合員も、差別待遇に苦しむことになります。「去るも地獄、残るも地獄」という言葉が現実になったのです。

その後も、三池労組から新労に移る組合員は続きました。闘争が終わった翌年には、数で新労が逆転し、三池労組は少数派に転落します。新しく就職する鉱員は、ほぼ全員が新労に加盟するため、その差は開くばかりでした。

三池労組員は、坑内に入るヘルメットに三本の白線を巻き、お互いが同じ組合員であることがわかるようにしていました。少数派が互いに励まし合いながら、その後も活動を続け、組合を守りました。

闘争が終わり、悲劇が起きた

一九六三年（昭和三八年）一一月九日、土曜日の午後三時一〇分ごろ、炭鉱の町に爆発音が響き渡りました。三池鉱業所三川鉱第一斜坑の入口から五〇〇メートルの所で爆発が起きたのです。

爆風と炎は、第一斜坑と並行している第二斜坑も吹き抜けました。各所で落盤が発生。爆発で吹き飛ばされて死ぬ者、落盤で生き埋めになる者。大量の一酸化炭素が発生し、一酸化炭素中毒で死亡する人も出ました。

事故の原因は炭塵《たんじん》爆発でした。石炭運搬用のトロッコが暴走して脱線。レールと車輪の摩擦で火花が出て、炭塵に引火したのです。炭坑内には一二〇〇人を超える鉱員がいました。死者四五八人、重軽傷者五五五人を出す戦後最大の炭鉱事故となりました。

一命をとりとめた人たちも、その後一酸化炭素中毒の後遺症に苦しむことになります。救出のために坑内に入った救助隊員も一酸化炭素を吸って、後遺症が出ました。意識不明や記憶喪失、精神障害など会社側の調査で八三九人もが後遺症に苦しんだのです。

三川鉱の坑内爆発　1963年11月

石炭を掘削すると、細かい石炭の粉が出て、空気中を漂います。これが石炭のチリ（炭塵）です。炭塵が空気中に充満すると爆発する危険があることは、よく知られていました。日ごろから坑内をきちんと掃除するか、あるいは水をまいて坑内を湿らせておけば危険はないのですが、炭塵の掃除はないがしろにされていました。

事故の後、「組合がしっかりしていれば、職場の安全は確保され、こんな事故は起きなかったのではないか」という声が上がりました。職場の安全を求めて職場闘争を繰り広げてきた三池労組の組合員にとっては、「労働組合の力が弱くなると、労働者の安全が脅かされる」という自分たちの主張が、悲劇として実証されたことになったのです。

【三池闘争から生まれた詩】

「やがてくる日に」

歴史が正しく書かれる
やがてくる日に
私たちは正しい道を進んだといわれよう
私たちは正しく生きたといわれよう
私たちの肩は労働でよじれ
指は貧乏で節くれだっていたが
そのまなざしは
まっすぐで美しかったといわれよう
まっすぐに
美しい未来をゆるぎなく
みつめていたといわれよう
はたらくもののその未来のために
正しく生きたといわれよう
日本のはたらく者が怒りにもえ
たくさんの血が
三池に流されたのだといわれよう

（藤原彰編『民衆の時代へ』より）

石炭から石油へのエネルギー革命は、その後も続きました。エネルギー源として安い石油が使われるばかりでなく、海外から安い石炭も輸入されるようになりました。国内産の石炭は競争力を喪失。日本各地の炭鉱は次々に閉山に追い込まれたのです。そして一九九七年三月、三池鉱山自体が閉山になりました。閉山のとき、三池労組の組合員は一五人。新労は九〇〇人でした。組合は残りましたが、ヤマ（炭鉱）は残りませんでした。

その後の労働運動では、「三池のように闘おう」というスローガンで闘う組合が出る一方、「やりすぎると三池のようになるぞ」と言って組合運動にブレーキをかける材料にも使われました。

いまになって見れば、三池闘争は、産業構造の変化に翻弄される労働者の悲劇を物語るものでした。その一方で、「働く者の尊厳」を考えさせるものでもありました。「仲間のクビを守るのが労働組合のつとめ」という原則を貫いたからです。

時代は変わり、三池闘争のような労働運動はもはや存在しません。ただ、企業経営が思わしくなくなると、簡単に人員削減に踏み切り、それを「リストラ」と言い換え、経営改善どころか従業員のモラルを低下させるだけの経営手法がはびこる中で、三池闘争は、働くことの意味、働く者の団結とは何かをあらためて考えさせる歴史でもあったのです。

三池労組の活動家だった那須俊春《なすとしはる》は、闘いを振り返って、こう語っています。

「三池闘争は、後世に残る偉大な闘争です。『あれはまちがいだった』と言う人は、あの闘争に参加した人の中には、おそらく今でも一人もいないんじゃないですか？　今でも正しいと思っているでしょう。私自身も今でも、あれは正しかった闘争だと考えています」（NHK取材班『戦後50年その時日本は』第2巻）

第六章のその後

二〇〇八年六月、東京の秋葉原で発生した無差別殺傷事件。逮捕された男が派遣労働者で、不安定な身分も事件の動機の背景にあったのではないかという指摘が行われました。事実関係は必ずしも明確ではありませんが、それ以来、派遣労働のあり方が再検討されることになりました。

「グローバリズム経済の中で、他国に伍《ご》していけるように」という掛け声と共に、小泉政権時代には新自由主義的な「市場経済至上主義」が広がり、労働規制の撤廃が進みました。労働条件の悪化が進行したのです。

労働組合の力が弱まり、労働者側の反対運動は力を持ちません。労働組合が弱くなると、労働者の権利が奪われるという、至極当然の結果がもたらされたのです。

新しい時代の労働運動、労働組合運動は、どうあるべきなのか。新時代にふさわしい労働運動の再構築が求められています。

第七章

日韓条約が結ばれた

歴史教科書問題で緊張する日韓関係

二〇〇二年四月から使われることになった中学校の歴史教科書八種類すべてについて、二〇〇一年五月、韓国は、「日韓関係について誤った記述がある」として、日本政府に対し修正を求めました。

中でも韓国が特に問題にしたのは、扶桑社の『市販本 新しい歴史教科書』です。この教科書では、韓国併合について、「日本政府は、韓国の併合が、日本の安全と満州《まんしゅう》の権益を防衛するために必要であると考えた」と記述しています。これについて韓国政府は、「日本の朝鮮侵略を正当化するものだ」と反発し、扶桑社の教科書については、二五ヵ所の記述について修正を求めました。

これに対して日本政府は七月、扶桑社の教科書の一ヵ所、別の教科書の一ヵ所についての「明白な誤り」を認めましたが、そのほかについては、「明白な誤りとは言えない」として、修正要求を拒否しました。扶桑社の前掲の記述についても、日本政府は「明白な誤りとは言えない」と回答しました。日本政府のこの回答に韓国は激しく反発。日韓交流のさまざまな計画が中止されるなど、日韓関係は、冷たいものになりました。

日本と韓国の間では、日本による朝鮮半島支配（韓国併合）の評価をめぐって、たびたび厳しい対立が続いてきました。この歴史を、一九六五年（昭和四〇年）の「日韓条約」締結にさかのぼって振り返ってみましょう。

「日本はいいこともした」発言で紛糾

『新しい歴史教科書』の不採択を訴える在日韓国人の若者たち　2001年6月

太平洋戦争が日本の敗戦で終わった後、日本と韓国は国交を結ぶための交渉を始めました。この交渉の席上での日本側代表の発言が、韓国を怒らせました。一九五三年（昭和二八年）、日韓交渉の席上でのことです。日本側首席代表の久保《くぼ》田《た》貫一郎《かんいちろう》が、日本の朝鮮半島支配について、「日本としても朝鮮の鉄道や港を造ったり、農地を造成したりし、大蔵省は、当時、多い年で二〇〇〇万円も持ち出していた」と発言したのです。

これが、「日本はいいこともした」という「久保田発言」です。

これに対して韓国側代表は、「一〇〇〇万円とか、二〇〇〇万円とかの補助は韓人のために出したのではなく、日本人のために出したもので、その金で警察や刑務所を作ったではないか」と強く反発しました。

韓国は「久保田発言」を「久保田妄言」と呼び、「日本は韓国併合という、自らの帝国主義政策をまったく反省していない」と抗議して、このときの日韓交渉は決裂しました。

こうした、「日本はいいこともした」という趣旨の発言は、その後も日本政府の要人がしばしば行っています。そのたびに韓国が反発するというパターンをとります。その原型が、早くもこのとき生まれていたのです。

日本と韓国の交渉は、韓国による損害賠償の請求や、韓国政府が設定した漁業水域の扱いなど懸案事項の解決をめざして始まったのですが、交渉は、日韓政府の考え方の違いから難航に難航を重ねることになります。

コラム

江藤発言

1995年11月、当時の江藤隆美[えとう たかみ]総務庁長官は、記者団に対して、「日本はいいこともした。全市町村に学校を作った。高等農林学校を作り、ソウルに京城帝国大学を作り、一挙に教育水準を上げた。鉄道、港湾の整備、開田、水利をし、山に木を植えた」などと発言した。

この発言は、その直後に「しかし誇り高き民族に対する配慮をきわめて欠いたというのも事実だ」と続くのだが、前半の部分が「久保田発言」の再現だと問題になり、江藤長官は辞任に追い込まれた。

1986年(昭和61年)には、藤尾正行[ふじお まさゆき]文部大臣が、「日韓併合は韓国にも責任がある」と発言して、大臣を罷免され(辞めさせられ)ている。

日本の朝鮮半島支配も終わり、南北に分断

一九四五年（昭和二〇年）八月一五日、日本が降伏して第二次世界大戦が終わりました。日本の支配下にあった朝鮮半島は、日本の手を離れます。連合国は、その直前に発表したポツダム宣言の中で、朝鮮を日本から切り離し、独立させる方針を打ち出していました。日本はポツダム宣言を受け入れて降伏したのですから、朝鮮半島の分離も同時に受け入れたことになります。

日本が降伏した後の朝鮮半島には、北からソ連軍が入ってきました。それを見てあわてたアメリカ軍が南から進駐し、朝鮮半島は、北緯三八度線を境に南北に分離支配されます。これが南北朝鮮の分断の歴史のきっかけです。一九四八年、南に大韓民国、北に朝鮮民主主義人民共和国が誕生し、二つの国に分かれてしまうのです。

一九四五年、朝鮮半島の南半分を支配することになったアメリカ軍は、朝鮮軍政庁（米軍政庁）を設置して統治を始めます。この年の一二月、朝鮮半島の日本の財産を没収しました。日本政府の財産はもちろんのこと、個人の財産もすべて取り上げました。朝鮮半島にある日本人の財産は、日本の朝鮮半島支配の間に朝鮮人から搾取《さくしゅ》して築き上げたものだという認識からでした。

この財産は、朝鮮半島南部に韓国が誕生した後、アメリカから韓国に譲り渡されました。韓国政府のものになったのです。

朝鮮戦争が始まった

一九五〇年（昭和二五年）六月、北朝鮮軍の大軍が突如三八度線を突破して、韓国を攻撃します。朝鮮戦争の始まりです。

朝鮮戦争は、アメリカを中心とする国連軍が韓国を、中国が北朝鮮を支援して泥沼の戦争になります。

社会主義勢力と対抗するために、アメリカは、日本と韓国の密接な協力関係が必要だと考え、日本と韓国の仲介に乗り出しました。日本との関係改善に消極的だった韓国の李《イ》承《スン》晩《マン》大統領も、北朝鮮と対抗するため、日本との関係改善に乗り出しました。

また、日本側にも交渉を急ぐ理由がありました。「李ライン」です。

日本と韓国の間の海には戦後、マッカーサー・ラインと呼ばれる境界線が引かれていました。日本漁船の操業を制限するためにマッカーサーが設定したものです。ところが李承晩大統領は、一九五二年（昭和二七年）一月、マッカーサー・ラインより日本寄りの水域に「平和線」を設定し、韓国の領海だと宣言したのです。これを日本では「李ライン」と呼

びました。

李ラインを越えた日本の漁船は、たとえマッカーサー・ラインより日本側にいても、韓国によって次々に拿捕《だほ》されました。拿捕とは「外国の船を捕まえる」という意味です。漁船は没収され、乗組員は裁判にかけられ、韓国内の収容所に入れられました。これを「抑留」と呼びます。

中には韓国軍から銃撃されて死亡する漁船員も出るほどで、一九六五年（昭和四〇年）までに韓国に拿捕された日本人漁民の数は、三九二九人にのぼりました。

これには日本国内から不満の声が高まり、日本としても、韓国との協力関係を結び、問題を解決する必要があったのです。

日韓会談始まる

こうして一九五二年（昭和二七年）二月、朝鮮戦争のさなかに日韓会談の第一回本会談が始まりました。この会談で、韓国は対日賠償を請求しました。日本の朝鮮半島支配によって被害を受けた国民への損害賠償を求めたのです。

一方の日本政府は、敗戦直後にアメリカに没収され、その後韓国政府に譲り渡された日本の財産の返還を要求しました。それぞれの要求を相殺しようとしたのです。

日本政府は「賠償」を認めようとはしませんでした。「賠償」は、敗戦国が戦勝国に払うもの。韓国と日本は戦争をしていたわけではない、というのが日本政府の立場でした。

また、もし「賠償」を認めると、日本が韓国に対して不法なことをしたと認めることにもつながり、「韓国併合」が合法的なものであったという日本の主張と矛盾するのを日本政府は恐れたのです。

交渉は、この問題をめぐってたびたび中断しました。断続的に開かれた会談も、「久保田発言」によって決裂するという状態だったのです。

交渉はこのほか、日本が韓国を併合した「韓国併合条約」をどう評価するか、在日韓国人の地位をどうするか、などをめぐっても意見が対立し、なかなかまとまりませんでした。

では、この「韓国併合」とは、どんなものだったのでしょうか。

韓国が併合された

一九一〇年（明治四三年）、韓国は日本に併合されました。韓国（正式には大韓帝国）が日本の一部になって、韓国という国がなくなるというものです。日本と韓国が「韓国併合に関する条約」を結ぶことで一緒になるという形式をとりました。

条約では、韓国の皇帝が統治権を譲与し、日本の天皇がこれを受諾するという「合意」の形になっています。日本が韓国を強制的に併合したのではなく、お互いが合意の上で一緒になったという建前です。

日本はそれまでに計三回にわたる「日韓協約」で、韓国を保護国にしていました。特に一九〇五年の第二次日韓協約は、日本の憲兵隊が包囲する中で開かれた韓国政府の閣僚会議に伊藤博文《いとうひろぶみ》特派大使が乗り込み、調印を認めさせました。この第二次日韓協約で、韓国は外交権を日本に譲渡し、実質的に独立国の地位を失っていました。

韓国併合は、韓国を日本のものにする最終仕上げだったのです。それ以後、日本が太平洋戦争で敗北する一九四五年までの三六年間を、韓国では「日帝時代三六年」と呼びます。「日帝」とは大日本帝国あるいは日本帝国主義のことです。

日本に併合された韓国では、日本の天皇の代理の「朝鮮総督」が統治しました。総督の命令が法律になり、日本国内で成立した法律は、朝鮮半島では、天皇の命令＝勅令となりました。

韓国の人々を代表する国会のようなものは

コラム

韓国併合に関する条約

「日本国皇帝陛下及韓国皇帝陛下は、両国間の特殊にして親密なる関係を願い、相互の幸福を増進し東洋の平和を永久に確保せんことを欲し、此《こ》の目的を達せむが為には韓国を日本帝国に併合するに如《し》かざることを確信し、茲《ここ》に両国間に併合条約を締結することに決し、（中略）

第一条　韓国皇帝陛下は、韓国全部に関する一切の統治権を完全且《かつ》永久に日本国皇帝陛下に譲与す。

第二条　日本国皇帝陛下は、前条に掲げたる譲与を受諾し、且全然韓国を日本帝国に併合することを承諾す。

（中略）

第六条　日本国政府は、前記併合の結果として全然韓国の施政を担任し、同地に施行する法規を遵守《じゅんしゅ》する韓人の身体及財産に対し十分なる保護を与え、且其《そ》の福利の増進を図るべし。

第七条　日本国政府は、誠意忠実に新制を尊重する韓人にして相当の資格ある者を、事情の許す限り韓国に於《お》ける帝国官吏《かんり》に登用すべし。」

存在しませんでした。学校では日本語の使用が強制され、日本風の名前にする「創《そう》氏《し》改《かい》名《めい》」が進められました。半島各地に神社も建設されました。

日本の統治に反対する人々は、厳しく弾圧されました。一九一九年一月、日本によって軟禁状態にされていた国王高宗《コジョン》が急死すると、「日本によって毒殺された」といううわさが広がって反日感情が高まります。三月一日、ソウル市内に多数の人々が集まって「独立宣言」を発表しました。これが「三・一運動」です。

日本は、弾圧で応じました。この様子を、韓国の高校の歴史教科書は、次のように描写しています。

「これに大きく狼狽した日帝は、憲兵警察は

コラム
創氏改名

日本が朝鮮半島を支配していた1939年11月、朝鮮独自の戸籍を、日本式に変更させる法律（朝鮮民事令）が公布され、翌年2月に施行された。

朝鮮社会では、子どもは父親の姓を名乗り、結婚しても姓が変わることはない。これが、日本式に、一家の氏はすべて同じものに統一された。女性の場合は、結婚すると夫の「氏」になることを法律で強制された。これが「創氏」だ。

この際、新しい「氏」を自分で選んで役場に届け、届けない場合は、戸主の姓が自動的に「氏」になった。

新しい「氏」は、自分の元々の姓を名乗ることもできる建前だったが、実際には日本風の「氏」を名乗ることが奨励され、場合によっては強制された。これが「改名」だ。

この両方を指して「創氏改名」と呼ぶ。届出期間中の半年で、全体の八割の人々が、日本式の氏名に変えたといわれている。

しかし、自らの出身と先祖とのつながりを意味する「姓」を大切にしてきた朝鮮の人々にとって、「創氏改名」は先祖とのつながりを絶たれることを意味し、日本に対する反感が募った。

三・一運動で検挙された学生　1919年3月

もちろん、陸海軍まで緊急出動させた。平和的な示威によって正当な要求を主張したわが民族は、無差別の銃撃によって殺傷され、家屋と教会、学校などの建物が焼き払われたり、破壊されるなど激しい受難にあった」

「華城堤岩里では全住民を教会に集合させた後、監禁し、火をつけ、虐殺した。また、示威に参加したという理由で、無数の人が投獄され、日本の警察から非人道的な残酷な刑罰を受け、数多くの人びとが命をなくした」

「日帝軍警に殺された人は七五〇九人、負傷者は一万五九六一人、逮捕された人は四万六九四八人であり、破壊、放火された民家が七一五戸、教会が四七ヵ所、学校が二ヵ所であった」（大槻健ほか訳『韓国の歴史　国定韓国高等学校歴史教科書』）

日本の支配下で土地を奪われた人や、働き

場所を求める人たちが、日本に渡りました。日本国内の労働力不足を解決するために、強制的に連れてこられた人たちもいます。日本の敗戦当時、日本本土には二〇〇万人を超える朝鮮半島出身者がいました。この人たちや、その子孫が、在日韓国・朝鮮人なのです。

日本の朝鮮半島支配の総仕上げになった「韓国併合条約」について、戦後独立した韓国政府は、日本の軍事力を背景に強制的に結ばせた帝国主義的な行為であり、不法なものであった、という立場をとります。

一方、日本政府は、合法的であったという立場です。たとえば一九六五年一一月の国会で、韓国併合条約について聞かれた当時の佐《さ》藤栄作《とうえいさく》総理は、「対等の立場で、また自由意思でこの条約が締結された、かように思っております」と答弁しています。認識がまったく異なるのです。

これについて歴史学者の海野《うんの》福寿《ふくじゅ》は、「韓国併合は形式的適法性を有していた、つまり国際法上合法であり、日本の朝鮮支配は国際的に承認された植民地である」という認識を示した上で、次のように述べています。

「だが誤解しないでほしい。合法であることは、日本の韓国併合や植民地支配が正当であることをいささかも意味しない。当時、帝国主義諸国は、紛争解決手段としての戦争や他民族支配としての植民地支配を正当視していた。彼らの申し合わせの表現である国際法や国際慣習に照らして、適法であるというにすぎない。日本はその適法の糸をたぐって、国際的干渉を回避しながら韓国を侵略し、朝鮮民族を支配し、『朝鮮の人民の奴隷状態』（カイロ宣言）をつくりだしたのである」（海野福寿『韓国併合』）

韓国で軍事クーデター

難航していた日韓会談は、韓国の政変で動き出します。

一九六一年（昭和三六年）五月、朴正煕《パクチヨンヒ》陸軍少将が軍事クーデターで政権を握り、六三年（昭和三八年）に大統領に就任すると、交渉は急進展しました。

朴正煕大統領は、日本との関係改善に動きます。韓国の近代化を進める経済開発の資金を日本から得るためと、再び朝鮮戦争が始まったときに備えて、日本との関係をよくしておこうという安全保障上の理由からでした。

こうして、予備会談も含め一三年もかかった交渉がまとまったのです。

日韓基本条約調印

一九六五年（昭和四〇年）六月二二日、「日本国と大韓民国との間の基本関係に関する条約」が、日本の総理官邸で調印されました。

この条約で、日本と韓国が外交関係を結ぶこと、「日韓併合条約」が失効していることの確認、韓国政府が朝鮮唯一の合法政府であることとの確認、相互の貿易の回復、民間航空路の開設などを決めました。同時に、資金供与、「李ライン」の解消、在日韓国人の法的地位の確定などの協定も結びました。

日本は韓国に漁業協力資金一億ドルを払い、韓国周辺での日本の漁獲量を定めることなどで漁業問題も決着し、「李ライン」は撤廃されました。

「日韓基本条約」については、日本と韓国の双方で反対運動が起きました。

韓国内では、日本の植民地支配の責任を明確にしていないことへの不満が高く、「屈辱外交反対」の学生デモが激しくなりました。これに対して韓国政府は八月、軍隊を出動させてデモ隊を排除し、国会で与党が強行採決しました。

一方、日本では、北朝鮮を国として認めていないことなど、日韓が共同して北朝鮮と対抗することになるのではないかという懸念から、社会党や共産党の反対運動が高まりました。しかし自民党は、衆議院でも参議院でも強行採決を繰り返し、一二月一一日、条約は成立しました。

コラム

竹島か独島か

日本の隠岐島と韓国の鬱陵島の間に浮かぶ島は、「日本の竹島」か、「韓国の独島」か、両国の主張が対立し、決着していない。

2つの岩の島と数10個の岩礁だけの、広さわずか0.23平方キロの島が、両国の領土紛争のもとになっている。

この島は江戸時代、日本の漁民も朝鮮の漁民も漁業の拠点として利用していて、両者の摩擦が始まっている。

1905年(明治38年)、日本はこの島を日本の領土として宣言し、島根県は、この島を島根県の竹島であることを告示した。

第二次世界大戦後、韓国は李ラインをこの島の外側に引き、この島は韓国所属の独島であると宣言している。日韓条約では、竹島の帰属問題は棚上げになり、双方が自国の領土であることを主張している。

韓国はこの島に1954年(昭和29年)から警備隊員を常駐させ、港湾施設も建設した。

一方日本は、1年に1回、海上保安庁の巡視船が、韓国主張の領海内に入って、日本の領土であることをアピールしている。

日本国内で竹島への関心は低いが、韓国では、1980年代に「独島は我らの地」というロック調の歌が大流行し、国民誰もが島のことを知っている。

条約は双方が都合のいい解釈を可能に

「日韓基本条約」は、日本語と韓国語、それに英語の三ヵ国語で文書を作成し、解釈に相違が出た場合は、英文にもとづくという、極めて異例の形式をとっていました。

通常の条約は、双方の言語で書かれた文書が正式なものとなるからです。「日韓基本条約」は、条文の翻訳と解釈はそれぞれの政府に委ねることで、お互いに有利な解釈を許すという「工夫」がされていたのです。

たとえば、「韓国政府が朝鮮唯一の合法政府であることの確認」についても、韓国政府は、「韓国政府が朝鮮半島における唯一の合法政権であることを確認した」とみなしました。

一方日本政府は、「韓国政府が三八度線より南を合法的に統治していることを認めたもの」としています。

この解釈だと、もし日本が北朝鮮と交渉をすると、韓国からは「日韓基本条約に反して合法政府ではないところと交渉している」ということになります。

しかし日本にとっては、「三八度線より北に関して条約を結んだわけではないから、北朝鮮と交渉しても何の問題もない」ということになります。

また、「一九一〇年八月二二日以前に締結された旧条約がもはや無効であることの確認」について、「もはや無効である」という部分の英語の正文は、「already null and void」となっています。

この場合の「旧条約」とは、「韓国併合条

約」を含め、日本の敗戦までに結ばれた条約を意味しています。

韓国にしてみれば、そもそも「韓国併合条約」は国際法に反する無効なものであり、それを再確認した表現ということになります。

しかし日本にすると、「韓国併合条約」がもともと無効なものだったら、日本による三六年間の統治は不法ということになります。

そこで、「もはや無効であることが確認される」というあいまいな表現になったのです。一九一〇年の併合当時から無効だったわけではなく、現在は無効になった、と解釈することで、日本の統治が不法なものではなかったと受け取れる表現になっていました。

双方が都合のいいように解釈できる、まさに「玉虫色」の表現だったのです。

賠償は「経済協力」に化けた

日本の朝鮮半島支配に対する「賠償」問題も、あいまいな形になりました。

日本は韓国に三億ドルを無償供与つまりプレゼントし、二億ドルを有償援助としました。つまり長期にわたり低い利子で資金を貸す、という意味です。

さらに日本の民間企業が三億ドルの資金協力をすることになりました。

問題は、この資金の性格です。「賠償」という言葉の代わりに、「請求権・経済協力」という言い方になりました。

韓国政府は、この資金を「賠償」と受け止め、国内向けにそう説明しました。

日本政府はあくまで「経済援助」ないしは「独立祝い金」と解釈しました。

この資金と引き換えに韓国政府は「対日請求権」を放棄しました。

「両締約国は、両締約国及びその国民（法人を含む）の財産、権利及び利益並びに両締約国及びその国民の間の請求権に関する問題が（中略）完全かつ最終的に解決されたこととなることを確認」と表現したのです。

日本は韓国に資金を渡し、韓国政府は、日本からの資金で国民に賠償金を支払いました。

これ以降、日本による支配や戦争についての韓国人被害者からの補償要求が出されるたびに、日本政府は「補償問題は法的に解決済み」という立場をとっています。すべては一九六五年の「日韓基本条約」で解決済み、というわけです。法律的には、これで日韓の「戦後」は終わったことになります。

しかし、条約の調印にあたって、日本政府から韓国に対し、朝鮮半島支配に関する反省や謝罪の言葉はありませんでした。

条約の仮調印のために韓国を訪れた椎名悦三郎《しいなえつさぶろう》外務大臣が、韓国の空港に到着した際、「両国間の永い歴史の中に、不幸な期間があったことは、まことに遺憾な次第でありまして、深く反省するものであります」と述べたのが、ほとんど唯一のものです。「不幸な期間」とはいつのことか、「反省する」のは日本政府なのか椎名個人なのか、はっきりしないものでした。

在日韓国・朝鮮人の法的地位が定まる

「日韓基本条約」の調印とともに、在日韓国人の法的地位に関する条約も結ばれました。

日本の敗戦後、朝鮮半島に戻らずに日本に

とどまった朝鮮半島出身者の身分は、きわめて不安定なものでした。

日本の朝鮮半島統治時代に日本に渡ってきた朝鮮半島出身者の数は、敗戦当時、二〇〇万人を超えていました。日本の敗戦で、多くの人々が帰国しましたが、生活の基盤が日本にある人や、故郷の親族がすべて亡くなっていたり土地を失っていたりした人は、そのまま日本にとどまりました。

そのうち帰国しようと思っているうちに朝鮮戦争が始まり、帰国するタイミングを失った人たちもいます。

この人たちは、日本が朝鮮半島を支配している間は、一応日本国籍を持っていましたが、一九五二年（昭和二七年）のサンフランシスコ講和条約発効とともに日本国籍ではなくなりました。

日本に住む外国人は、「外国人登録証」を携帯することが義務づけられています。この「登録証」の国籍の欄が、朝鮮半島出身者は「朝鮮」と表記されていました。

しかし、「日韓基本条約」の締結とともに、韓国だけが国籍として認められるようになり、国籍欄を「韓国」と書き換える人が増えました。この人たちとその子どもは、日本に永住することが認められました。「永住資格」を持ったのです。

義務教育や生活保護についても、日本人に準ずる扱いとなり、国民健康保険に加入することも認められました。

この時点では、永住権を認められた人たちのさらに子孫についてはどうするか決まっていませんでしたが、一九九一年、出入国管理特例法ができて、国籍欄が「朝鮮」の人も

「韓国」の人も、その子孫にも、「特別永住権」が認められるようになりました。

国籍欄が「朝鮮」のままの人が「在日朝鮮人」、「韓国」の人が「在日韓国人」と呼ばれるようになり、併せて「在日韓国・朝鮮人」といいます。最近では区別せずに「在日コリアン」という表現をする人もいます。韓国籍が約四六万人、朝鮮籍が約一七万人といわれています。

在日の人々は、常に外国人登録証を持ち歩くことを義務づけられています。海外旅行に行くときは、そのたびに「再入国許可」をとらないと日本に戻れません。在日であることを理由にした就職差別、結婚差別も、まだまだ続いています。

日韓条約をどう評価するか

「日韓基本条約」が結ばれたことで、日本と韓国の間では、国と国との対等な付き合いを始めました。

その一方で、日本の朝鮮半島支配に関する評価など、あいまいなままにした点も多く、その後の日韓関係にさまざまな影を落としています。

日韓の歴史に詳しい韓国の池明《チミヨン》観《クワン》は、「日韓基本条約」について、「一九六五年の日韓条約は、韓国国民を銃剣で抑えつけて妥結されたものである。（中略）朴正熙政権はその延命策として、日本は経済的利益のために、多くの矛盾をはらんでいても、条約を取りまとめた。そして多くのことを積み残したために、いまでもいくたの問題がくすぶり続けている」と厳しい評価を下しながらも、その一方で、こうも述べています。

「何よりも一九六五年の日韓条約は、韓国の経済発展に大きなはずみをつけたことは事実である。経済統計の面から見ても、この条約による対日請求権資金は、一九六六年から七五年に至るあいだ、韓国の経済運営においてかなりの比重を占めた。(中略)このような統計よりもさらに重要なことは、韓国はそれから経済のすべての面において日本から学びながら、日本をキャッチ・アップしようという道を歩むようになったことであろう。このような意味においては、この条約の結果は、それを推進した人びと、それに反対した人びとの予想を超えたものであった。(中略)日韓のあいだに『競争的同伴者』という関係が、育つようになったのである」(池明観『韓国民主化への道』)

「日韓基本条約」調印の段階ではあいまいにしていた日本の責任についても、最近では日本政府が韓国に謝罪するようになりました。

一九九八年一〇月、韓国の金《キム》大中《デジュン》大統領が日本を公式訪問し、当時の小渕《おぶち》恵三《けいぞう》総理大臣と首脳会談を行って、日韓共同宣言を発表しました。共同宣言は、次のようにいっています。

「小渕総理大臣は、今世紀の日韓関係を回顧し、我が国が過去の一時期韓国国民に対し植民地支配により多大の損害と苦痛を与えたという歴史的事実を謙虚に受けとめ、これに対し、痛切な反省と心からのお詫びを述べた。

金大中大統領は、かかる小渕総理大臣の歴史認識の表明を真摯《しんし》に受けとめ、これを評価すると同時に、両国が過去の不幸な歴史を乗

日韓共同宣言を交換する小渕首相と金大中大統領　1998年10月

り越えて和解と善隣友好協力に基づいた未来志向的な関係を発展させるためにお互いに努力することが時代の要請である旨表明した」

　日韓関係は、「日韓基本条約」が結ばれた後も、さまざまな摩擦が起きています。この多くが、互いに相手のことを知らないことから発生しています。

　韓国の日本大使館で勤務したことがある外交官の道上尚史《みちがみひさし》は、こんなエピソードを紹介しています。

「アメリカでのことだが、韓国の留学生が日本の植民地支配、非人道的行為を口を極めて告発したら、日本の女子学生は『全然知らなかった、ごめんなさい』と泣いてあやまり、アメリカ人から見て異様だったという」（道上尚史『日本外交官、韓国奮闘記』）

　いまの日本の若者に、日本の朝鮮支配に関

する直接の責任はありません。

しかし、過去の日本が朝鮮半島で何をしたのか、日本人として当然知っておく責任はあると思うのです。

歴史への無知、そして無知であることも知らないままでは、失敗の歴史を繰り返します。二一世紀にふさわしい日韓関係を築くためにも、過去の歴史を知り、きちんとした自分なりの歴史認識を持つことが必要なのです。

第七章のその後

韓国が金大中大統領の時代、日韓関係は大きく改善され、「日韓新時代」を印象づけました。

ところが、盧武鉉《ノムヒョン》大統領になると、日韓関係は再びギクシャクするようになります。支持率の低迷に苦しんだ盧武鉉政権は、日本を〝敵国〟とすることで、世論の支持を得ようとしました。

日韓が共に自国の領土だと主張する竹島（韓国名・独島）をめぐって、日韓が対立したのです。日本の小泉政権も、あえて韓国との関係を改善しようとはせず、日韓関係はすっかり冷え込みました。

その後、韓国に李明博《イミョンバク》大統領が登場すると、李大統領は日本重視の方針を打ち出し、日韓関係は再び〝小康状態〟となりました。

しかし、韓国内の政治情勢次第では、いつまた日韓関係が悪化するかも知れないという綱渡りの状態が続いているのです。

第八章

文部省対日教組

教育をめぐって抗争が続いた

ゆとり教育めぐり大論争

二〇〇二年四月から、日本の公立の小中高校では、新しい学習指導要領にもとづく「学校五日制」が始まりました。世間でいう週休二日制のことなのですが、教育界では「学校五日制」と呼んでいます。

土曜日の授業がなくなり、授業時間数が減るのに伴い、教える内容が三割削減されました。これを「ゆとり教育」と呼びます。減る授業時間数以上に教える内容を減らすことで、子どもたちにゆとりを持って学んでもらおうという趣旨です。

しかし、この方針に関しては、「教える内容が減ることで、日本の子どもたちの学力が低下する」という反対意見が巻き起こり、「ゆとり教育」は見直されることになりました。

二〇〇二年四月からは、新しい学習指導要領により「総合的な学習の時間」も始まりました。この時間についての教科書はありません。何を教えるかは、それぞれの学校の創意工夫に任せています。

従来の文部省(現文部科学省)では考えられなかった大胆な改革。実は、「ゆとり教育」にしても、「教える内容を現場の先生に任せる」という方針にしても、かつては日教組が文部省に要求し、これを認めない文部省との間で長く対立が続いてきたテーマなのです。

結果的に日教組の主張を取り入れたとも解釈できる文部科学省の方針は、文部科学省との協調路線に舵を切った日教組の路線転換と併せて、時代の大きな変化を感じさせます。

日教組初の1日ストで、校外自習をする児童と巡回に来た教師　1948年3月

「にっきょうぐみ」なんて知らない

　ある教員養成大学での講義中のこと。文献を声に出して読んでいた学生が、「日教組」を「にっきょうぐみ」と読みました。

　教員をめざす学生が大半を占める大学の学生でも、知らない人が出るようになった日教組。

　かつては日教組の方針や行動が大きなニュースになり、日教組の大会が開かれる都市には、全国から右翼団体が押しかけることが恒例となっていました。こんな歴史も、いまは昔という実情を知らされる出来事でした。

　文部省と日教組の抗争に彩られた日本の戦後教育史を振り返ってみましょう。

コラム
学習指導要領

全国の学校で各学年の各教科について、何を教えるべきか文部科学省が定めた基準。法的拘束力があるとされている。

教科書会社は、この基準をもとに教科書を作り、文部科学省は、この基準を満たしているかどうかチェックしている。

日本の教育を大きく変えたGHQ

太平洋戦争が終わって日本を占領した連合軍総司令部（GHQ）は、日本の教育の民主化を打ち出しました。新しい憲法で国民の「教育を受ける権利」が明記されました。戦前には、権利としての教育という考え方はありませんでした。

学校制度は、「六・三・三・四制」が導入されました。教科書は、国定教科書から検定教科書に変わりました。全国の地方自治体に教育委員会を設置するという大きな改革も行われました。一九四八年（昭和二三年）七月、教育委員会法が公布され、都道府県と市町村に教育委員会が設置されたのです。

戦前の教育は一般の行政の一部でしたが、教育委員会が誕生して、教育行政が独立しました。教育委員会は、独自に教育予算案を作り、議会に提出する権限が与えられていました。

教育委員会の教育委員は五人（町村では三人も可）で、任期は四年。この教育委員は、住民から公選で選ばれる仕組みになっていました。この制度は、アメリカの方式の導入です。「私たちの町の学校が私たちの子どもに教える内容は、私たちの代表が監視する」という理念にもとづきます。「素人が支配し、専門家がそれを補佐する」（レインマン・コントロール）という仕組みです。

学校でどんな教育をするかを決めたり、監視したりする権限を持つ教育委員を、地元の住民から選ぶ。選ばれた住民代表は、教育のプロとしてではなく、素人の健全な発想で学校の教育を考え、チェックする。しかし専門的な知識には欠けるところがあるので、その点は専門家である教育委員会の事務局が支える。これが教育委員公選制の原理でした。住民の代表の教育委員がどんな議論をしているか、常に公開することも求められていました。

日教組が結成された

一九四七年（昭和二二年）六月、公立の小中学校の先生を中心に、高校、大学の教職員も参加して、日本教職員組合（日教組）が結成されました。結成当初の参加人数は五〇万人に達しました。

結成大会は奈良県橿原《かしはら》市で開かれ、「日本教職員組合は全日本の教職員五〇万の希望と意志と力との結集であって新しい民主的秩序の建設と新日本文化の創造に偉大なる役割を担おうとするものである」と宣言しました。

日教組は、次の三項目を綱領として掲げました。

一、われらは、重大なる職責を完《まっと》うするため経済的、社会的、政治的地位を確立する。

一、われらは、教育の民主化と研究の自由の獲得に邁進《まいしん》する。

一、われらは、平和と自由とを愛する民主国家の建設のために団結する。

「教え子を再び戦場に送るな」

日教組は、上からの教育の民主化が進む中で、教育現場の教師の権利の確立と、民主的な教育の確保をめざしました。

日中戦争から太平洋戦争にかけて、教師として多くの教え子を戦場に送り出した自らの責任を反省するところから運動をスタートさせました。

一九五一年（昭和二六年）の大会で「教え子を再び戦場に送るな」をスローガンとして掲げ、これがその後の日教組の基本路線となりました。平和路線を追求することになり、安保反対や米軍基地反対運動などにつながっていきます。

それは保守勢力から見れば、反米路線と映り、東西冷戦の中で、ソ連や中国の味方をしているように受け止められることになったのです。

日教組は翌五二年（昭和二七年）六月の大会で「教師の倫理綱領」を制定しました。ここに、「教師は労働者である」「教師は団結する」という条文があったことから、文部省や保守勢力は、「日教組は階級闘争主義」ではないかという警戒を強めました。

この年、日教組は自らの主張を政治の場で実現するために、独自の政治団体である日本教職員政治連盟（後に日本民主教育政治連盟）を結成しました。その後、国会をはじめ地方議会に代表を送り込むようになり、これが、保守勢力から強い反発を受けることにもなるのです。

こうして、日教組対文部省の対立構造が形成されていきます。

日教組はその後組織を拡大し、最盛期の一九五八年（昭和三三年）には、組合員数が六七万人にものぼりました。

独自に「教育研究大会」を毎年開くなど、組合の立場から教育内容の検討を進めました。自分たちで教える内容を作り出す自主カリキュラムの編成運動も展開しました。また、子どもたちへの詰め込み教育に反対し、ゆとりある教育を主張したのです。

こうした教育内容の主張は、文部省の権限を侵すものだと文部省は受け止めました。教育内容は国家が責任を持つものであり、その担当が文部省だという自負からです。

教育内容にワクがはめられる

「教育は国家が責任を持つ」という考え方は、戦後アメリカが日本に導入した「住民主体」の考え方と対立するものでした。

サンフランシスコ講和条約を結んで日本が独立を果たすと、戦後アメリカが導入した制度が、変えられていきます。

学校で教える内容を定めた「学習指導要領」の場合、一九四七年（昭和二二年）に出された初めてのものには「試案」という言葉が入っていました。教える基準を提示するだけという緩やかなものだったのです。これは、「教育内容はそれぞれの地方、学校で、実情に応じてすればいいものであり、国としてはあくまでも基準を示すだけ」という考え方にもとづくものでした。

しかし、一九五五年（昭和三〇年）一二月の「高等学校学習指導要領」からは「試案」の文字が消え、一九五八年（昭和三三年）一

コラム

教師の倫理綱領

一　教師は日本社会の課題にこたえて青少年とともに生きる。
二　教師は教育の機会均等のためにたたかう。
三　教師は平和を守る。
四　教師は科学的真理に立って行動する。
五　教師は教育の自由の侵害を許さない。
六　教師は正しい政治をもとめる。
七　教師は親たちとともに社会の頽廃《たいはい》とたたかい、新しい文化をつくる。
八　教師は労働者である。
九　教師は生活権を守る。
十　教師は団結する。

〇月からは、「文部省告示」として官報に記載されるようになり、法的拘束力を持つという解釈になりました。現場の教師は学習指導要領に従って教えなければならない、という厳しいワクがはめられたのです。これが日教組には、「戦前型の国家主義教育への逆コースではないか」と受け止められました。

教育委員会が任命制に

「逆コース」の典型例と考えられたのが、教育委員会制度の改定でした。

一九五六年（昭和三一年）、国会で与野党が対立し、参議院では警官隊が国会に入るという異常な事態の中で、「地方教育行政の組織及び運営に関する法律」が成立し、教育委員会制度は変更されました。

教育委員は公選ではなくなり、任命制になりました。地方公共団体の長つまり都道府県知事や市町村長が、議会の同意を得て任命することになったのです。教育委員が独自に教育予算案を作る権限も失われました。

さらに、教育委員会の事務局のトップいわば事務局長に当たる教育長については、市町村教育委員会の教育長は都道府県教育委員会の承認が必要になり、都道府県教育委員会の教育長は文部省の承認がそれぞれ必要になりました。教育委員の論議の公開を義務づける条項もなくなりました。

それまでの教育委員公選で、教育関係者や政党の関係者が多く当選し、都道府県知事や市町村長の方針に従わなかったりすることに、自民党が不快感を持っていたのです。「アメリカ型の教育委員会制度は、日本にはふさわしくない」というのが変更理由でした。

この結果、当初は地方分権の考え方にもとづいてスタートした教育委員会制度が、文部省―都道府県教育委員会―市町村教育委員会という上意下達関係に性格を変えます。

日教組は、こうした権力構造になることを恐れて教育委員会制度の改定に反対し、日教組を支援する社会党や共産党が国会で反対闘争を繰り広げました。しかし、警官隊を国会に導入しての自民党による強行採決で、改定は実施されました。

この結果、「下」の教育委員会は、ひたすら「上」の顔色をうかがうということになってしまったという批判が出ています。それぞれの教育長は、「自分が現在この地位にいるのは、〝上の人〟が承認したから」という思いを持ってしまい、上の指示に従うだけ、という精神構造を作り出してしまうからです。それはやがて、上の方針に下の教育委員会は従うだけ、という教育委員会制度の形骸化をもたらしたという批判を受けることになります。

先生の通信簿をめぐり大闘争に

文部省と日教組が真正面から衝突する出来

コラム
教育委員長と教育長

名前が紛らわしいが、教育委員長は、5人ないし3人の教育委員の代表。いわば素人の代表になる。大学教授や弁護士などの学識経験者が多い。

これに対して教育長は、教育委員のひとりではあるが、教育委員会事務局の代表。いわば事務局長であり、教育や行政のプロということになる。実際には、学校の校長を退職した人や、役所に長年勤務したベテラン行政マンが就任することが多い。

事は、愛媛県から始まりました。

一九五六年（昭和三一年）一一月、愛媛県教育委員会は、教職員の昇級昇格は勤務評定によって実施すると発表しました。「先生の通信簿」と呼ばれる「勤務評定」（勤評）の導入でした。愛媛県は県の財政が厳しく、教職員全員を一斉に定期昇給するだけの資金が不足していました。そこで、勤務評定をすることで、「勤務不良」と認定する全体の三割の教職員の定期昇給を見送ろうとしたのです。

愛媛県の仕組みは、校長が教員を、勤勉さ、積極性、責任感などの観点から、A（全体の一〇％）、B（二〇％）、C（四〇％）、D（二〇％）、E（一〇％）の五段階で評定し、D、Eと評価された教員は昇給を停止するというものでした。

この制度は、実のところ、「日教組つぶし」が目的でした。後に四期一六年にわたって愛媛県知事をつとめ、「愛媛県のドン」と呼ばれることになる自民党愛媛県連幹事長だった白石《しらいし》春《はる》樹《き》が、日教組退治に勤務評定を使うことを思いついたのです。

一九五三年（昭和二八年）の参議院選挙で、自民党の候補者は、前愛媛県教組委員長の社会党候補に敗れます。自民党の責任者としてショックを受けた白石は、日教組退治を決意し、「役人は人事と給料で攻めるのが一番効果がある」と考えたのです。

愛媛県教育委員会の方針に愛媛県教組は激しく反発。反対闘争を繰り広げます。

当時は校長も組合員だったため、組合は、校長に対して勤務評定を拒否するように働きかけます。提出を求める教育委員会と組合が校長を奪い合う騒ぎになりました。しかし、愛媛県教育委員会は実施の方針を貫き、勤務評定を提出しなかった校長は処分されました。闘いは、教育委員会の勝ちでした。愛媛県教組は、教育委員会による処分、脱退工作で組合員の脱退が相次ぎ、一九五八年（昭和三三年）から六〇年（昭和三五年）までに、六三〇〇人が脱退しました。実に全組合員の七割が脱退するという壊滅的打撃を受けたのです。白石の日教組つぶしは成功しました。

勤務評定は、その後、文部省の指導のもと、五八年から五九年にかけて全国で実施されました。

日教組はこれに反発。デモ行進や一斉休暇闘争を行い、解雇、停職、賃金カットなど計六万人が処分されるという事態になりました。

東京都教育委員会の実施に反対した東京都教組は、五八年四月二三日、「一斉休暇闘争」に入りました。公務員のストライキは禁止されているので、組合員全員が一斉に一日休暇をとるという戦術をとったのですが、事実上のストライキでした。

この日の参加者は東京都の全教師の九八％、三万五〇〇〇人にものぼりました。指導した都教組の幹部は、違法スト指導の容疑で次々に警視庁に逮捕されました。

福岡県教組も五月、組合員の九九％が参加した一斉休暇闘争を実行しましたが、やはり幹部が逮捕されました。

しかし、結局は全国レベルでも日教組は敗れました。勤務評定は一九五八年四月から実施に移されたのです。その直前には、三重県四日市市の教育長が、市教育委員会と県教組の板ばさみになって自殺するという悲劇も起

コラム

教育委員準公選

教育委員の公選制が任命制に変わった後、東京都中野区では、1979年(昭和54年)、区議会が条例を作って、教育委員会の準公選制度をスタートさせた。

「教育委員は地方公共団体の長が任命する」と国の法律で決まっているのなら、区内にだけ通用する「条例」で、区長が任命する教育委員の候補を区民の投票で決めてしまおう、というものだった。公選ではないけれど、公選と事実上同じことになるという意味で「準公選」と呼ばれた。

中野区の有権者ひとりに１枚ずつ投票用のハガキを配り、郵送で投票。中野区長は、候補者の得票順に教育委員に任命した。

文部省は、「公選制を廃止した趣旨に反する」と強く反発。自民党が投票のボイコットを呼びかけたりして、結局1994年に廃止された。

勤務評定に反対する教師たちのデモ　1958年11月

きています。

その一方で、神奈川方式や長野方式なども生まれました。

神奈川方式は、教師自らが「自己反省の記録」を提出し、これを勤務評定に代わるものとして扱い、校長が助言する、というものでした。長野方式は、校長が勤務評定をするが、教師に序列をつけずに評価。いわば通知表の相対評価ではなく絶対評価にしたものです。こうした現場レベルでの話し合いで円満に解決したところもあったのですが、大部分は、両者の間に憎しみと不信感だけが残りました。

考えてみますと、一般企業では、仕事ぶりを上司が評定するのはごく当たり前のことです。それだけに、「先生は生徒を評価して通知表をつけるくせに、自分の成績を評価されるのはいやがるのか」といった批判もありました。

その一方で、一般企業なら、上司が常に部下とともに仕事をしていて、部下の仕事ぶりもよくわかるけれど、日ごろ教室で子どもたちと接している教師を、教室にいない校長がどうやって評価するのか、という問題があったのも事実です。

校長が評定する仕組みを作ることで、「子どもたちより校長の方ばかりを見る」教師ができてしまうといやだなあという世の中の人々の素朴な気分もありました。

自民党は、「日教組の先生が学校で子どもたちに社会主義教育をして社会主義勢力が拡大するのではないか」という危機感を抱き、愛媛県から始めて、全国で「日教組つぶし」にとりかかりました。

いわば国際情勢の東西冷戦の日本国内版が、学校現場で繰り広げられたことになります。

「学力テスト」をめぐっても対立した

文部省と日教組が次に対立したのは、「全国中学校一斉学力調査」の実施をめぐってでした。これは「学力テスト」と呼ばれました。

文部省は、一九六一年から、全国の中学校二年生と三年生全員を対象に学力テストを実施しました。英語、数学、国語、社会、理科の五教科について、同じ日の同じ時間に、全国一斉に試験をするというものです。

このテストで、生徒ひとりひとりの得点を全国平均なら百人中何番目に当たるか計算し、生徒の記録として保管することになっていました。

私もこのテストを受けた世代です。試験内

容自体は基本事項が中心のものでしたが、反対運動があることを知っていたので、とりわけ緊張した記憶があります。

文部省は、学習到達度つまり、子どもたちの学力がどれだけ身についているかを調べ、今後の指導改善の資料にする、と説明しました。実際には、生徒の成績に応じて進学させるための判断の資料や、会社に就職するときの就職試験に代わるものとして使用されることが想定されていました。

これに対し日教組は、各地の実情を無視して文部省が一方的に問題を作成することになるので、教育の国家統制を強める、生徒の選別や差別を強める、と反対しました。都道府県や市町村、学校別の成績は発表されない建前になっていましたが、実際は関係者にすぐ知らされ、それが思わぬ弊害をもたらします。

学校や都道府県レベルの競争が始まったのです。

都道府県別の平均点一位の愛媛県と、「愛媛に追いつき追い越せ」をスローガンにした隣の香川県では、学力の低い子を試験当日休ませたり、テスト中に正解を教師が教えたり、授業の進度を変更してまで試験範囲について授業を繰り返したりするという騒動が続きました。テストに反対して白紙の答案を提出する中学生も出て、混乱は全国に広がりました。

この結果、文部省は一九六五年、規模を縮小し、翌六六年には中止に追い込まれました。今回は文部省の敗北でした。

結局、教育改善に役立つどころか、教育現場を混乱させただけだった、という評価が残りました。

コラム
「川の流れはサラサラ」？

当時の教科書検定では、有名なエピソードがある。

家永の書いた教科書ではなかったが、小学校6年生向けの国語の教科書で、子どもの書いた「川」という詩を掲載しようとしたときのこと。ここで作者の子どもは、川の流れを「さら　さるる　ぴる　ぽる　どぶる　ぽん　ぽちゃん」と表現していた。これに対して検定では、「川の流れる音はサラサラでなければいけない」という意見がつけられたのである。

子どもの鋭い感性を否定し、ありきたりの表現を押しつけるものだった。このエピソードは、当時の教科書検定が、一部の担当者による恣意的なものではないかという疑念を生じさせるものとなった。

教科書検定をめぐって裁判が続いた

文部省と日教組の闘いは、教科書検定をめぐっても行われました。

一九六五年（昭和四〇年）、東京教育大学（現筑波大学）教授だった家永三郎《いえながさぶろう》が、「教科書検定制度は憲法違反である」として国を相手どり裁判を起こしました。これが「第一次

記者会見での家永三郎　1974年7月

訴訟」で、計三回にわたり訴訟を起こしました。

これを日教組が支援しました。

家永は、高校用教科書『新日本史』を執筆していましたが、学習指導要領が改正されたのに伴い、一九六二年（昭和三七年）、全面改訂を申請したところ、文部省から不合格処分を受けたのです。

家永によると、担当者から「戦争を暗く描きすぎている」という指摘を受けたりしたといいます。翌年、修正を加えて再提出したところ、六四年に条件つき合格となりました。文部省からの修正意見の中には、太平洋戦争について「無謀な」と表現したら削除するように求められたり、日本にあるアメリカ軍について「基地」という言葉を使ったら「施設」と言い換えるように指示されたりしたといいます。

家永は、六三年の不合格処分と六四年の修正要求は違憲・違法であり、多大な精神的・物質的な損害をこうむったとして、国を相手どり国家賠償請求訴訟を起こしたのです。形は賠償請求でしたが、金銭が目的ではなく、教科書検定制度の廃止ないしは改革が目的でした。

三次にわたる訴訟の中で、最初に判決が言い渡されたのは、第二次訴訟でした。東京地方裁判所は一九七〇年（昭和四五年）七月の判決で、教科書検定制度自体は違憲・違法ではないとしましたが、家永の教科書検定では、検閲を禁止した憲法に違反していると指摘し、家永の勝訴を言い渡しました。さらに、教育権は国家ではなく国民に帰属する、と指摘しました。裁判長の杉本良吉《すぎもとりょうきち》の名前をとって、これを「杉本判決」と呼びます。

文部省は東京高等裁判所に控訴しましたが、高等裁判所も家永の訴えを認め、文部省を厳しく批判しました。しかし、最高裁判所は高等裁判所に裁判のやり直しを命じ、結局、高等裁判所は家永の訴えを退けました。

判決が後になった第一次訴訟でも、東京地裁では家永の訴えが一部認められましたが、東京高裁と最高裁では認められませんでした。

さらに第三次訴訟では、東京地裁、東京高裁、最高裁で、それぞれ家永の主張を一部認め、文部省の検定に一部行きすぎがあったことが認められました。この判決が確定したのは、一九九七年。最初に訴えてから実に三二年にもわたる長期裁判となったのです。

裁判の中で、教科書検定は憲法で禁じられた「検閲」に当たるという主張は退けられました。教科書検定制度は合法的なものであることが認められたのです。しかし、具体的な検定の内容については、文部省にも誤りがあったことが認められました。教科書検定は慎重に行われなければならないことが指摘されたのです。

「日の丸・君が代」をめぐっても争いが

「日の丸」と「君が代」の扱いをめぐっても、文部省と日教組は、長く深刻な対立を続けました。

一九五〇年（昭和二五年）、文部大臣の天野貞祐《あまのていゆう》は、学校の学芸会や運動会では国旗を掲揚し、国歌を斉唱することを求める談話を発表しました。

天野は、「共産主義に対する精神的自衛力」として愛国心を高揚するために、「日の丸」「君が代」が必要だと考えていました。ここにも東西冷戦の影が落ちています。

その後も文部省は、各学校に対して、「日の丸」の掲揚や「君が代」の斉唱を働きかけました。これに対し日教組は、「日の丸」は太平洋戦争で日本軍の侵略のシンボルだったととらえていました。

また、「君が代」の「君」とは天皇を指しているので、「天皇の治める世がいつまでも続きますように」という歌詞は、国民主権に反すると考えたのです。

対立が進む中で、文部省は次第に攻勢に出ます。

一九五八年（昭和三三年）の学習指導要領の改訂で、小学校一年生の音楽の教材に「君が代」を指定しました。また、国民の祝日などで儀式をするときは、「国旗を掲揚し、『君が代』を斉唱させることが望ましい」となりました。

一九七七年（昭和五二年）の改訂では、「国旗を掲揚し、国歌を斉唱させることが望ましい」に変わりました。それまで「君が代」と表記していたのを、「国歌」として扱うようになったのです。

さらに一九八九年の改訂では、「入学式や卒業式などにおいては、その意義を踏まえ、国旗を掲揚するとともに、国歌を斉唱するよう指導するものとする」という表現になりました。それまでは「望ましい」という表現だったものが、「入学式や卒業式」と具体的に指定した上で、「指導するものとする」という表現になりました。「日の丸」の掲揚と「君が代」の斉唱が義務づけられたのです。

文部省は毎年、卒業式での「日の丸」の掲揚と「君が代」の斉唱がどの割合で行われているかの全国調査を行い、その数字を発表するようになりました。これが、数字が低い都道府県には圧力として働き、年々数字は高くなっていて、どちらも一〇〇%というところが多くなっています。

「日の丸」と「君が代」をめぐる論争は、一

コラム

「君が代」に代わる歌を考えた

日教組は、「君が代」に反対する立場から、1951年（昭和26年）9月、「国民歌」を一般から募集した。

応募総数は2万にも及び、「緑の山河」という歌が選ばれた。その後の日教組の大会では必ず歌われるようになったが、広く一般に普及することはなかった。

ただ、応募作の中で最後まで選考に残った29編のうち、歌詞に「日の丸」が入ったものが、九編もあったという（田中伸尚『日の丸・君が代の戦後史』）。

九九九年三月、転機を迎えます。

このとき広島県教育委員会は、卒業式で「日の丸」を掲揚するように県内の県立高校の校長に業務命令を出しました。広島県高教組は、これに反対します。板ばさみになった県立世羅《せら》高校の校長が自殺したのです。教育委員会と組合の板ばさみになった人が死を選ぶということが、またも繰り返されたのです。

これをきっかけに、この年の八月、「日の丸」を国旗、「君が代」を国歌とすることが法律で決まりました。

学習指導要領では、「国旗」「国歌」という言葉が出てくるものの、何が「国旗」で何が「国歌」か、定めた法律的根拠が存在しないため、教育現場で苦悩している現状を考えて、一気に法律を作ったのです。その後、日教組は方針を変更して「日の丸」や「君が代」に対して反対運動をしないことになり、この問題は沈静化することになります。

日教組が分裂、文部省と歴史的和解

文部省と日教組の長年にわたる対決にも、遂に転機が訪れます。

日教組内部では、社会党系の主流派と、共産党系の反主流派の二つの派があって、対立・妥協を繰り返してきたのですが、とうとう共存できないところまで対立が深まったのです。

一九八九年、労働組合の連合体である「連合」に加盟するかどうかをめぐって、加盟を求める社会党系の主流派と、加盟反対の共産党系の反主流派が激しく対立し、反主流派は日教組から脱退して、九一年全日本教職員組合（全教）を結成しました。日教組は分裂したのです。

そして一九九四年、村山富市《むらやまとみいち》内閣成立で社会党と自民党の連立内閣が誕生すると、社会党は方針を大胆に変更します。

これに合わせる形で、社会党を支持する日教組も方針を転換しました。文部省との協調路線をとることを決定したのです。それまでの「反対・阻止・粉砕」路線から、「参加・提言・改革」路線へと大きく舵を切ったのです。「日の丸」「君が代」についても運動方針で触れないことで、反対の立場を棚上げしました。

戦後の国際関係である東西冷戦の国内への反映とでもいうべき自民党対社会党の構図が崩れる中で、日教組も文部省との協調路線を選択したのです。

組織内に共産党系の反主流派がいなくなったことで、日教組の路線転換が容易になったこともありました。一方、その背景には、たび重なる闘争で処分者が大勢出て、その救済資金が重荷になっていたこともあります。日教組は、闘争で解雇された人は組合の専従にしたり（組合の職員として採用）、賃金カットされた人にはカット分を補塡《ほてん》したりということを続けてきたため、資金的に苦しくなっていて、これ以上の激しい闘いを続ける余裕がなくなっていたのです。

日教組を取り巻く情勢も変化していました。若い教員の政治離れが進み、日教組の組織率が急激に低下していました。とりわけ若い教師は、日教組の政治路線を敬遠しました。

日教組の組織率は、文部省が調査を始めた一九五八年（昭和三三年）には八六・三％だったものが、次第に下がり続け、一九八五年(昭和六〇年)には四九・五%と五割を割り込んでいました。

日教組が分裂した後の一九九〇年には三六・九%になり、二〇〇〇年には三一・八%にまで下がりました。組合員数は三四万人あまりです。

新しく先生になった人たちの日教組への加入率はもっと低くなっています。

文部省の最初の調査の一九六〇年(昭和三五年)には八七・〇%という高率だったのが、やはり下がり続け、全体の組織率が五割を切った八五年には、三〇・九%になっています。そして二〇〇〇年には一八・四%です。新しく先生になった人のうち、日教組に入る人は、五人に一人もいないのです。

もはや日教組は、組織それ自体の存続に苦労しなければならなくなったのです。

文部省も変身

一方、文部省にも変化が起きました。児童・生徒の校内暴力やいじめ、不登校などの問題が深刻になるにつれ、文部省の教育改革への取り組みが問われました。

子どもたちの問題行動の背景には、「学校が面白くない」という現実があり、「授業についていけない子」たちが、学校に魅力を感じなくなっている、という指摘もありました。

こんなことがないようにするためにも、従来の「詰め込み教育」を是正し、「ゆとり教育」で、誰でも理解できる授業が展開できるようにすべきだ、という方針になったのです。

これは、結果的には、「ゆとり教育」を求めてきた日教組の主張と一部重なるものになりました。

さらに、産業界からは、画一的な教育に対する厳しい批判が寄せられるようになりました。戦後、外国に追いつけ追い越せでやってきた日本の産業界にとって、大量生産時代には、均一な学力を持った労働力が、大きな強みでした。日本の画一的な教育が威力を発揮したのです。

しかし、時代の変化と共に個性や創造力が要求されるようになると、画一的な教育を受けてきた学生たちには、ユニークな発想が欠如していると指摘されるようになりました。

自由で豊かな発想を育む教育が求められるようになってきたのです。

そこで文部省が打ち出したのが、「総合的な学習の時間」という考え方でした。現場の教師の創意工夫で自由な学習を進め、「自分の頭で考える」という子どもを養成しようと考えたのです。

「授業時間数が減ると、それだけ学力が下がる」という批判に対し、「自分の頭で考える」という力が身につけば、自分で学んでいく子を育てることができ、そうすれば学力低下を食い止めることができる、という理屈でもありました。

この「現場の教師の創意工夫」という発想は、これまた結果的に、日教組が戦後取り組んできた「自主カリキュラムの編成」に近いものがあります。

時代の変化とともに、宿敵同士が、いつの間にか思わぬ形で接近していたのです。

どちらにも教育への責任が

しかし、「文部省対日教組」という構図から見るだけでは見落としてしまう論点もあります。経済企画庁長官をつとめた評論家の堺《さかい》屋太一《やたいち》は、こう言っています。

「戦後多くのことが自由化、民主化されたが、こと教育に関する限り、文部省と教職員組合による全体主義体制が著しく強化された。父兄と生徒による学校選択の自由はまったくなく、学校格差の是正の美名によって強制入学制が強行されている」

「文部省と日教組との対立は、一見正反対の思想を持つ勢力争いのように見えるが、じつは父兄と生徒から学校選択の自由を奪い、没個性的画一化教育を行うことでは双方の意見は完全に一致している。問題は画一化内容決定権をめぐって、文部省が持つか日教組が握るかの権力闘争なのだ」（堺屋太一『時代末』）

日教組の反対で廃止された全国一斉学力テストも復活しました。

学力低下論が言われる中で、子どもたちの学力が本当に下がっているのか、それとも下がっていないのか、学力テスト廃止後、資料がほとんどなかったからです。政治的思惑に関係なく、子どもたちの学力の実態をつかむための調査が、いまになって求められるというわけです。

少子化で子どもの数は減っているにもかかわらず、不登校の子どもの数は増えています。二〇〇〇年度、不登校の小中学生は、過去最高の一三万四〇〇〇人にも達しました。学校に登校しても、授業が成立しない「学級崩壊」が広がっています。学校への失望、絶望が語られています。

文部科学省も、教職員組合も、この現実に責任を負わなければならない時代を迎えているのです。

第八章のその後

二〇〇八年九月、国土交通大臣に就任した中山成彬《なかやまなりあき》は、「日教組が強いところは子どもの学力が低い」などと発言し、大臣辞任と次期選挙への出馬断念に追い込まれました。

自民党には、いまだに反日教組感情を持ち続けている人物が存在することを示しましたが、世の反応は冷ややかでした。日教組が、もはや大きな力を持たない組織になっていたからです。

中山発言を報じる新聞各紙は、「日教組とは」という用語解説を合わせて掲載しました。日教組の存在を知らない読者が増えているからです。

文部科学省の調査によれば、一九五八年に八六・三％の組織率を誇った日教組は、その後組織率が下がり続け、二〇〇六年には遂に二八・八％にまで低下しました。新人教員の多くが日教組には加入せず、教育界における日教組の存在は、すっかり薄くなってしまっていることが、思わぬ形で露呈したのです。

第九章

高度経済成長

豊かな日本への歩み

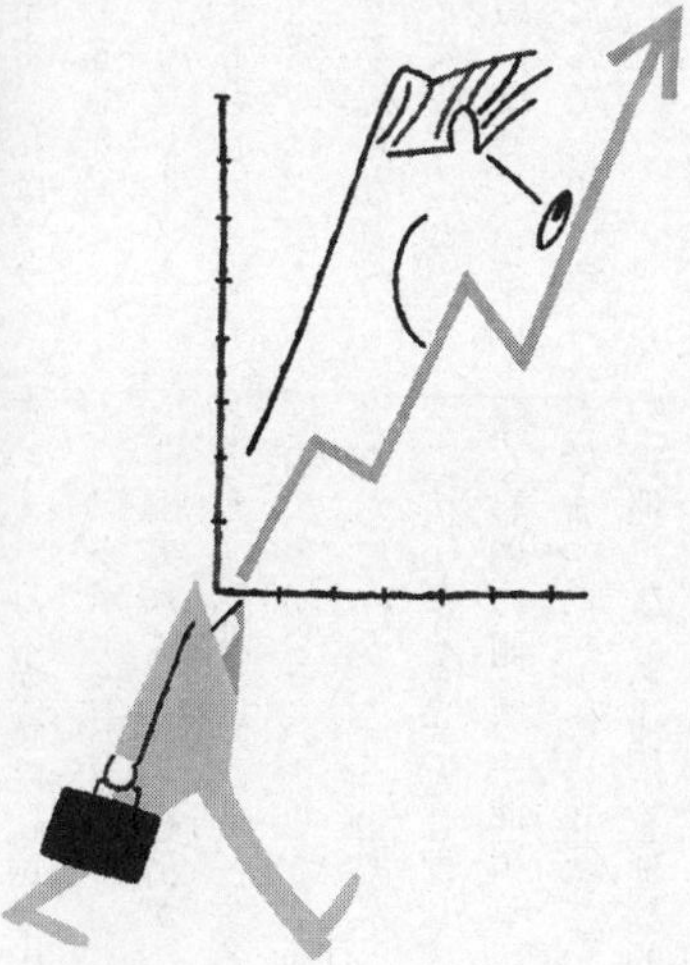

私はウソを申しません

私が小学生五年生のとき、池田勇人《いけだはやと》総理大臣がテレビのコマーシャルに登場し、「皆さんの所得を一〇年で二倍にします。私はウソを申しません」と大見得を切りました。

「私はウソを申しません」というフレーズを何度も繰り返したため、私は子ども心に「総理大臣がウソをつかないのは当然のはずなのに、ヘンなことを言うなあ」と不思議な気がしたものです。「政治家はウソをつくこともある」というのが一般的な常識になっていることを、小学生の私は知りませんでした。幸せな時代でした。

安保改定をめぐって日本中が騒然とした後、岸信介《きしのぶすけ》内閣に代わって誕生した池田内閣は、日本国内の人心の安定をめざして、「所得倍増計画」を発表します。社会が「政治の季節」から「経済の季節」へと大きく転換するきっかけとなった計画でした。私が見たテレビコマーシャルは、一九六〇年(昭和三五年)一一月の衆議院総選挙中の池田の選挙スローガンだったのです。

池田勇人は、日本経済がこれから発展すると考え、総理大臣に就任する前から「月給二倍論」をぶっていました。池田を取材する記者たちに向かって、「君たちの給料はそのうち二倍になるよ」としばしば語っていました。聞く記者の側は、「池田さんの大風呂敷がまた始まった」と受け止めていました。

総理になった池田を理論的に支えたのが、元大蔵省のエコノミスト下村治《しもむらおさむ》です。戦後の荒廃から復興した日本経済は、次第に力をつけていました。下村は、その生命力に目を

所得倍増論を訴える池田勇人　1963年9月

つけ、適切な経済政策をとれば、日本経済が飛躍的に発展すると考えたのです。これを下村は「日本経済は歴史的勃興期《ぼっこう》にある」と表現しました。

「もはや戦後ではない」と『経済白書』が述べてから四年の時がたっていました。

神武景気と岩戸景気

日本経済は、「所得倍増論」が打ち出される前の一九五五年（昭和三〇年）から五七年にかけて、好景気を迎えました。この好景気は、「神武景気《じんむ》」と呼ばれました。「こんなに景気がいいのは、神武天皇以来のことではないか」という大げさなネーミングだったのです。

その後、短期間の不景気を経て、五九年（昭和三四年）から六一年まで、日本経済は再び好況を迎えました。これを何と呼ぶか。すでに神武天皇を登場させていますから、それよりさかのぼるには、神武天皇登場前の神話を題材にする必要があります。そこで使われたのが、「天の岩戸」の伝説で、「岩戸景気」と呼ばれました。

その後、「所得倍増論」が功を奏し、日本経済は長期の発展を続けます。これを「高度経済成長」あるいは単に「高度成長」と呼びます。この時期は、五五年から七三年（昭和四八年）のオイルショックまでを指します。

日本は「成功した社会主義国」？

日本のことを「世界で唯一成功した社会主義国」という言い方をすることがあります。

理想の「社会主義」とは、簡単に言えば、国が経済計画を作り、労働者は働くことに喜びを感じて熱心に働き、貧富の差がないまま国民が豊かになっていく、というものです。ソ連や東欧など現実の社会主義国では、国家が作った経済計画はうまく機能せず、労働者はいやいや働き、共産党幹部と一般労働者の貧富の差は開き、国民は豊かになりませんでした。その点、日本は、すべてがうまくいった、というわけです。皮肉を込めた表現ではありますが、確かに労働者は家庭をかえりみずに熱心に働き、欧米にくらべれば貧富の差もわずかでした。何より、国民が急激に豊かになりました。

日本は資本主義の国ではありましたが、まるで社会主義国のように、政府が定期的に「経済五ヵ年計画」など「経済計画」を作っていました。池田内閣が作った「所得倍増計画」も、そのひとつでした。

こうして所得を倍増する

所得を一〇年間で倍にするためには、年平均で七・二％成長する必要があります。計画では、最初の三年間に年率九％の成長を想定し、一〇年間の平均伸び率を七・八％に設定しました。手始めに道路、港湾、下水などの公共施設（これを社会資本という）に多額の資金をつぎ込んで、経済発展の基盤を整備しました。

経済発展に必要な人材を養成するため、理工系の大学と学部を増やしました。

企業が経営規模を拡大するためには、その資金を銀行から借りなければなりませんが、銀行に貸し出す資金が十分なければ対応できません。そこで、国民に貯蓄を呼びかけました。国民が貯蓄をすることで、その資金が民間企業に貸し出されたのです。

政府が強気の経済成長を目標にしたことで、民間企業も安心して強気の経営拡大策をとりました。銀行から資金を借り、新鋭工場を建設して、生産を拡大しました。政府が「これから経済が発展する。所得が倍になる」と宣言しているのですから、所得が増える分だけ需要が増え、製品が売れることが予想されます。各企業が競って生産を増やしたのです。企業が政府を信じることができた幸せな時代でした。

政府のお墨付きを得て、労働組合も賃金の大幅引き上げを要求しました。所得を倍増させるためには、定期的に大幅賃上げをする必要があるからです。サラリーマンの所得が増えれば、さまざまな製品を買う経済的な余裕が生まれ、需要が急増します。企業が生産を拡大して売り出した製品が、どんどん売れ、さらに生産を拡大することができたのです。

三種の神器

国民の所得が増えることで、国民の消費意欲は高まります。消費が爆発的に増加する様子は、「消費革命」と呼ばれたほどです。

消費ブームの主役は白黒テレビ、洗濯機、冷蔵庫でした。この三つの製品は「三種の神《じん》器《ぎ》」と呼ばれました。もちろん、「三種の神器」の本来の意味は、天皇家に伝わる皇位の象徴の三種類の宝物のことですが、ここでは、一般家庭に必須の宝物という意味でたとえに

電器店のテレビ、冷蔵庫売場　1959年11月

使われました。

念のためにつけ加えておきますが、この時代にまだカラーテレビはなく、洗濯機には脱水機がついていませんでした。冷蔵庫も初期のタイプは冷凍庫がなく、氷の塊を買って一番上のケースに置き、氷の冷気で冷やすという原始的なタイプでした。それでも、当時は暮らしを豊かにする画期的な製品だったのです。

やがて国民が豊かになると、「三種の神器」に代わって、「三C」という言葉が使われるようになります。カー（乗用車）、クーラー、カラーテレビの頭文字をとったのです。

スーパーが生まれた

一九五七年（昭和三二年）、大阪に「主婦

の店ダイエー」がオープンしました。その後、大きく発展するスーパー「ダイエー」の一号店でした。

日本にスーパーマーケットという新しいタイプの小売店が広がり始めたのです。いまでこそごく当たり前のスーパーですが、当時は、画期的な商店として客の支持を受けました。

スーパーとは、客が商品を自分で選んでレジに行って買うという「セルフサービス」を基本にした安売りの店と定義しておきましょう。日本で最初のセルフサービスの店は、東京・青山の青果店の紀ノ国屋で、ダイエーが開店するより四年も前の一九五三年のことでした。しかし大々的なチェーン展開はダイエーが初めてでした。

ダイエーの創始者中内㓛《なかうちいさお》は、戦争中フィリピンの戦場で飢餓に苦しんだ悲惨な体験をバネに、店を増やしていきました。

当時はほかにも次々にスーパーが生まれましたが、素人商法で失敗する店も多く、「スーッと生まれ、パーっと消えるからスーパーだ」と悪口を言われたほどでしたが、やがてニチイやイトーヨーカ堂など、次々にチェーン展開して巨大化するスーパーが出現しました。

スーパーは、それまでの対面販売が普通だった商店に比べると、店員の数を大幅に削減することができ、人件費の節約になります。その分商品価格を下げることができて、一層人気が出ました。

また、当時の客は、値段が安いばかりでなく、店員がつきまとうことがないので気軽に商品を選べること、陳列してある商品を自由に手に取ることができるので買いやすいこと、商品のすべてに値段のラベルがついているため値段がわかりやすいこと、などを魅力と感じました。これも、いまの私たちには当たり前のことですが、当時は新鮮だったのです。

スーパーは商品を大量に仕入れることができるので、メーカーや問屋に対して、「大量に買うから値引きしろ」と迫ることができました。あるいは、既成の商品流通ルート以外の道を切り開きました。これにより、いままでいう「価格破壊」を実現しました。

それまで商品の価格はメーカーが決めていましたが、スーパーが価格決定の主導権を握ることもしばしばでした。

ダイエーなどのスーパーは、日本の古くからの流通業界の秩序を破壊しながら成長したのです。

●「三分間待つのだぞ」即席ラーメン発売

一九五八年（昭和三三年）、日清食品が、即席ラーメンの「チキンラーメン」を発売しました。家庭でお湯を注げばすぐにできるラーメンは、画期的な発明でした。それまでのラーメンは生麺を茹《ゆ》でて作るしかなく、家庭で気軽に食べる食べ物ではありませんでした。

日清食品創業者の安藤百福《あんどうももふく》は、戦後の闇市のラーメン屋台に行列を作ってラーメンを食べる人々の姿を見て、長期間保存できていつでも気軽に食べられるラーメンの研究を始め、開発に成功しました。私も小学生のとき、初めて買った即席ラーメンをどんぶりに入れ、湯をかけてフタをし、三分間じっと待った記憶があります。小さく縮んだ麺が次第にほぐれ、不思議な食感に驚いたものです。やがて食品会社が次々に即席ラーメンを開発して参入し、即席ラーメンは日本の「国民食」になりました。

受験勉強や長時間労働の夜食に食べられました。即席ラーメンが、日本の高度成長を支えた人たちにとってなくてはならない存在になりました。高度成長を支えた戦士たちの「戦陣食」の役割を果たしたのです。

新幹線が走った

私が東京の都立高校の修学旅行で京都へ行ったのは一九六八年(昭和四三年)。当時、東京と京都の間には、修学旅行専用列車「日の出号」という東海道の在来線の列車がありました。これを利用するのが一般的だったのですが、私の高校では、東京～京都の往復に「日の出号」を利用するか、東海道新幹線を利用するか、生徒の希望を聞きました。その結果、行きは新幹線、帰りは「日の出号」の夜行と決まりました。私を含め、高校の同級生のほとんどは、このとき初めて新幹線に乗りました。新幹線は「夢の超特急」と呼ばれていました。

東海道新幹線は、六四年(昭和三九年)一〇月一日、つまり東京オリンピックの開会式の九日前に開通しました。東京オリンピックに間に合わせるために建設が進められ、見事に間に合ったのです。

工事が始まったのは、その五年前。世界銀行から八〇〇〇万ドル(当時の換算で二八八億円)を借り、工事費三八〇〇億円でした。世界銀行は、開発途上国の開発に資金を貸し出す国際組織で、現在では日本が多額の資金を出資して支えるまでになっています。

東京オリンピックが開かれた

一九六四年一〇月一〇日、東京の国立競技場の上に、ジェット機が五色の輪を描きました。東京オリンピックの開会式でした。アジアで初めてオリンピックが開かれたのです。

整然とした開会式、各国選手入り乱れての閉会式の様子はテレビ中継され、日本国民は「スポーツの祭典」に酔いしれました。

女子バレーボールでは、日本代表がソ連代表を破り、金メダルを獲得しました。金メダルが決まった瞬間のテレビの視聴率は、八五%にも達しました。日本の女子選手たちは、「東洋の魔女」と呼ばれました。

国民の多くが、「日本の先進国入り」を実感したひとときだったのです。

東京オリンピックを記念して、開会式のあった一〇月一〇日は「体育の日」になりました。その後、連休を増やすために祝日法が改正され、「体育の日」は一〇月の第二月曜日に変更になりましたが。

東京オリンピックの開催に向けて、首都・東京は大きく変貌しました。高速道路を建設

コラム
政治駅

東海道新幹線には、名古屋と米原《まいばら》の間に、岐阜羽島《ぎふはしま》駅がある。

当初の計画では岐阜県内に停車駅がなかったことから、岐阜県選出で自民党副総裁だった大野伴睦〔おおのばんぼく〕が当時の国鉄に圧力をかけ、当時人口四万人だった羽島市に新駅を作らせた。

駅前には大野伴睦の銅像が建ったが、それ以後も、政治の力で採算を度外視して駅を建設させたり、急行停車駅に指定させたり、という政治的な圧力が続いている。

東京オリンピックの開会式　1964年10月

することになりましたが、もともと東京には広い用地がありません。古くからの河川や掘割を埋め立て、その上に高架の道路を建設しました。気がつくと、銀座や日本橋の真上を高速道路が走るという醜い街になってしまっていたのです。

ハイウェーを走れなかった国産車

「日本で自動車工業を育成しようと努力することは無意味だ。今は国際分業の時代だ。米国で安くて良い車ができるのだから、自動車は米国に依存すればよいのではないか」

　これは、一九五〇年（昭和二五年）に、日本銀行の一万田《いちまだ》尚登《ひさと》総裁が発表した談話です。この方針が通っていれば、いまの日本の自動車産業はなかったでしょう。

実際には、日本の自動車産業は大きく飛躍しました。日本の政府も、外国車の輸入を制限して、国産車育成の方針を打ち出しました。

戦前からトラック製造の技術は持っていた日本の自動車産業ですが、乗用車に必要な技術は、まったく別物でした。乗り心地がよく、悪路を長距離走っても壊れることがなく、価格も高くない──こんな乗用車を作るため、自動車各社は悪戦苦闘を繰り広げたのです。

アメリカなど外国産の自動車を買ってきては分解し、それぞれの部品を調べ上げました。外国の自動車産業と提携して技術を導入したり、外国の自動車を日本で組み立てたり、という道を進んだ会社もありました。

そして一九五五年（昭和三〇年）、トヨタがトヨペットクラウン、日産がダットサン110、富士精密工業（後のプリンス自動車）が新型プリンス、いすゞが新型ヒルマンを発売したのです。

二年後、トヨタはトヨペットクラウンをアメリカに輸出しますが、アメリカのハイウェーを高速走行すると、ほかの車についていけなかったり、安定性がなくてフラフラしたり、オーバーヒートしたり、と散々な有様でした。いまでは想像できませんが、これが当時の日本車の実力だったのです。

「マイカー」という言葉が生まれた

そんなレベルの国産車でしたが、当時の通産省（現在の経済産業省）は、一九五五年、「国民車」構想を打ち出します。国民が所有できる自動車を作れるようにメーカーに働きかけたのです。

どんな自動車が考えられていたのでしょうか。最高速度が時速一〇〇キロ以上出せて、四人乗り、ないしは二人と荷物一〇〇キロが積めること。エンジンの排気量は三五〇～五〇〇ccで、大きな修理をしなくても一〇万キロは走れること。一台一五万円以下で生産できて、販売価格は一台二五万円以下であること、というものでした。

販売価格は、当時の一流企業の中堅管理職の年収が四五万円程度だったことから、一年分の年収で買える価格を考えたのです。

それ以外の性能を現代から見ると、いかに低いレベルを「高い理想」にしていたかがわかります。この構想は、「性能が高すぎ、価格が安すぎる」という自動車業界の反対で実現しませんでした。

しかし、五八年（昭和三三年）、富士重工業が発売した「スバル360」は、この国民車構想に近いものでした。エンジンの排気量三六〇ccがそのまま車名になっています。定価は四二万五〇〇〇円で、いまの物価水準から見ると、六〇〇万円以上にも相当するでしょうか。それでも、「無理をすれば一般の国民でも車のオーナーになるのが夢ではない」と思わせるものでした。

また、トヨタが排気量一〇〇〇ccの「コロナ」、日産が、やはり一〇〇〇ccの「ブルーバード」を相次いで発売し、人気を博します。以後、「ブルーバード」の頭文字のBと、「コロナ」の頭文字のCをとって「BC戦争」と呼ばれる激しい競争が繰り広げられることになるのです。

この競争を通じて、日本の自動車産業は発展しました。

乗用車は企業やタクシー会社のものというイメージから、やがて個人所有が珍しくなくなり、「マイカー」という言葉が生まれるのです。

大型合併相次ぐ

自動車産業の競争は、やがて企業合併や提携の動きに発展します。一九六六年（昭和四一年）、日産自動車とプリンス自動車が合併しました。現在の日産の人気車種の「スカイライン」は、プリンス自動車が生産していました。

また、同じ年、トヨタ自動車は日野自動車と提携し、翌年、今度はダイハツ工業とも提携して、両社がトヨタグループに入りました。

一方、造船など重機械産業では、財閥解体でいったん分割された旧三菱重工系の新三菱重工、三菱日本重工業、三菱造船の三社が六四年（昭和三九年）、再び一緒になって三菱重工業となりました。

さらに一九七〇年（昭和四五年）、八幡製鉄と富士製鉄が合併して新日本製鉄が誕生しました。二社はもともと日本製鉄という大企業だったのですが、GHQの命令で分割されていました。それが「新」の字がついてよみがえったのです。

また、一九七一年（昭和四六年）には、銀行業界六位の第一銀行と、八位の日本勧業銀行が合併して、預金量日本一の第一勧業銀行が誕生しました。

こうして、日本経済の発展と共に、企業は自力で成長し、あるいは合併することで、企業規模を拡大していったのです。

農業の衰退——「三ちゃん農業」

工業が成長した一方で、日本の農業は衰退の一途をたどりました。

農家の子どもたちは農業を継ぐことを嫌って都会に働きに出て、サラリーマンになりました。

農家の主人も、現金収入を求めて出稼ぎに出ることが多くなり、農地は、「かあちゃん、じいちゃん、ばあちゃん」に任されるようになりました。これを「三ちゃん農業」と呼びました。

一九六〇年（昭和三五年）から七〇年（昭和四五年）までの一〇年間に、全国の農家の戸数は七〇万戸減りました。全就業者（働いている人全部）に占める農業従事者の割合も、二九％から一六％に下がりました。

また、残った農家の大半は、兼業農家でした。農業だけで生活する専業農家が、みるみる減っていったのです。

これも、高度経済成長のもうひとつの側面です。

ミニスカートがやってきた

高度経済成長は、日本の若者文化を大きく変えました。

一九六四年に創刊された『平凡パンチ』は、大橋歩《おおはしあゆみ》の表紙で衝撃的なデビューを果たしました。若い男性向けのこの週刊誌は、ファッションや音楽など、アメリカ流のライフスタイルを日本に紹介しました。

「アイビールック」やＶＡＮ、ＪＵＮなどのブランドが流行し、ジーンズをはくファッションが日本に定着することになったのです。

一九六七年（昭和四二年）、イギリスのファッションモデル、ツイッギーが来日しました。「小枝」という愛称の通り、極端に細身の体で、短いスカートをはいていました。「ミニスカート」のお目見えです。ひざ上一五センチのミニスカートに、世の大人たちは度肝を抜かれました。ミニスカートで街を闊《かっ》歩《ぽ》する若い女性たちの姿が瞬く間に全国に広がりました。

豊かな社会が実現する中で、女性たちがファッションでも自己主張を始めたのです。

一九七〇年（昭和四五年）には、銀座の歩行者天国が始まりました。休日に大通りを自動車通行止めにして、歩行者に開放する試みを、「歩行者天国」と呼びました。やがて「ホコテン」と略して呼ばれるようになります。

一九七一年（昭和四六年）、銀座にマクドナルドが進出し、ハンバーガーを歩きながら食べる若者の姿が、テレビを通じて全国に広まりました。「立って食べるなんてはしたない、歩きながら食べるなどとんでもない」という日本の食文化の常識が、大きく変容していくのです。

コラム

豊かになって感度が鈍った

若者文化に大きな影響力を持った『平凡パンチ』は、やがて部数の減少に見舞われ、リニューアルにも失敗して1998年、姿を消した。

ライバル誌の『週刊プレイボーイ』が「ぐぁんばれ平凡パンチ」という特集を組むほど、出版業界では惜しまれての最後だった。

当時、出版元の平凡出版（現マガジンハウス）の編集幹部は、私の取材に対して、「貧乏であらゆることに貪欲だった編集者たちが豊かになり、郊外にマイホームを建てるようになって、編集者としての力が落ちた」と嘆いたものだ。

いざなぎ景気へ

高度経済成長が続く中で迎えた好景気を、何と名づけるか。すでに「神武」と「岩戸」は使っています。前例がないことを強調するため、「天の岩戸」より前の神話にさかのぼり、名づけられたのが、「いざなぎ景気」でした。とうとう日本の「国造り」神話に登場する日本を造った神様「いざなぎの命」の名前まで動員したのです。

「いざなぎ景気」は、六五年（昭和四〇年）から七〇年（昭和四五年）までの長期にわたりました。

一九七〇年には、大阪の千里《せんり》で、アジアで初めての万国博覧会が開かれました。「人類の進歩と調和」をテーマに、世界七七カ国が出展し、半年間の会期中に、六四二二万人の観客を集めました。このうち外国人の入場者は一七〇万人でしたから、日本人の六割が見た計算になります。

岡本太郎《おかもとたろう》が設計した「太陽の塔」や、前の年にアメリカの「アポロ一一号」が地球に持ち帰った「月の石」が展示されて話題を集めました。

経済成長には「ひずみ」が出た

高度経済成長は、さまざまな「ひずみ」ももたらしました。日本経済全体として見れば発展だったのですが、人々は、恒常的なインフレに悩まされました。大都市の工業地帯では工場からの排煙、排水、廃棄物が大きな問題になり、「公害」という言葉が生まれました。「公害」については、次の章で取り上げます。農村から都市に多数の人が移り住み、郊外に新興住宅地が広がりました。新興住宅地から都心へ通勤する人が増えても、電車の路線は限られ、殺人的なラッシュが生まれました。駅のホームでは、乗客を車内に押し込む係が配置され、この様子は、日本名物として海外のマスコミがしばしば取り上げました。

コラム

万国博覧会

国際博覧会条約で、人類の文化と産業の成果を競うものと定められている。

実質的に第1回の万博となったのは、1851年のロンドン大博覧会。

1889年にパリで開かれた万博でエッフェル塔が建設された。

当初は、各国の最新技術や産業を展示するだけで意味があったが、情報技術の発達にともなってその意味も薄れ、最近は博覧会のあり方が論議されている。

新興住宅地には子どもたちが多数生まれ、幼稚園、保育所、学校不足が深刻になりました。公的な大病院も不足し、道路も整備されないまま、大渋滞が日常化しました。

生活を改善するため、さまざまな住民運動が生まれたのも、このころのことです。消費者運動も盛んになりました。

アジアではベトナム戦争が激しさを増していました。朝鮮戦争の「特需」に続いて、産業界の一部ではベトナム戦争の「特需」も生まれていました。成長の「ひずみ」が広がる中で、「成長は果たして進歩なのか」という疑問も生まれました。

若者たちの中には、既成の概念、既成の秩序に反旗を翻《ひるがえ》す大学生たちが生まれました。いわゆる「大学闘争」の季節の到来です。

食うや食わずの生活を脱することができる

と、今度は「豊かな社会」の問題が生まれることを、私たち日本人は知ったのです。

第九章のその後

日本の高度経済成長を象徴する業態だったスーパーマーケットは、やがて転機を迎えます。急激な店舗拡大路線は、多額の資金を金融機関から借り入れることで成り立っていました。しかし、一九九〇年代の金融不安によって、金融機関の貸し渋りが発生すると、ダイエーや西友などは経営危機に直面しました。両社とも経営陣が入れ替わり、再建途上にあります。

スーツなら安売り紳士服店、カジュアル衣料ならユニクロというように、商品ごとに専門店が登場し、「何でもあります」という業態は苦境に立たされているのです。

豊かな時代に入り、大量生産を前提にしたスーパーに代わり、個性的な店が求められるようになってきているのです。

新しい時代にふさわしい、新しい業態の店舗。これが、次の時代の日本経済を牽引することになるのかも知れません。

第一〇章
「公害」という言葉が生まれた

お台場は人気のスポットに

東京湾岸の観光スポット、お台場《だいば》。目の前にレインボーブリッジがかかる景色に人気があり、人工の海浜もできて、にぎわいを見せています。

この東京湾は、遠くから見るときれいなのですが、近くに行くと、「ウッヘーきたない海」と叫ぶ若者もいます。でも、昔の惨状を知っている私たちの世代からすれば、「ずいぶんきれいになったものだなあ」と感心してしまう程度にはきれいなのです。

かつて、東京湾など都会周辺の湾はヘドロの海となり、近づくと悪臭がしたものです。湾岸に遊びに行くことなどは考えられませんでした。

汚れていたのは海だけではありませんでした。都会ではスモッグのために視界が悪く、自動車の排気ガスがひどい交差点で交通整理をする警察官が、マスクをする姿が見られました。

高度経済成長の結果、日本は豊かになりましたが、その代償として、さまざまな汚染が広がり、「公害」という言葉が生まれました。

公害という言葉が生まれた

大気汚染なり海水の汚染なり、そこには原因を作り出した企業や個人の加害者がいます。ところが、汚染物質を出す企業や工場が増えると、どの工場のどの部門が汚染の原因になっているのか、簡単には見極めがつきにくくなります。

いくつもの工場が出す汚染物質が複合して

スモッグに覆われた東京の街　1966年

汚染をひどくさせる場合もあります。自動車の排気ガスになると、大量の自動車の運転手ひとりひとりが汚染の〝犯人〟でもあります。こうなると、汚染の責任者の追及はむずかしくなります。因果関係ははっきりしないけれど、多くの人が被害を受ける――これが「公害」と呼ばれるようになりました。

高度経済成長で汚染がひどくなるまで、辞書に「公害」という言葉は載っていなかったのです。

人々の意識も、いまほどではありませんでした。工場の廃水が汚れていても、大量の水とともに流せば、汚染は薄まると考えられていました。工場の排煙も、煙突を高くすれば、汚れた空気は拡散して、地上には影響が少ないと思われていたのです。

水で薄められた廃水も、まず小さなプラン

クトンの体内に入り、それを小魚が食べ、さらに大きな魚が食べるという形で体内で濃縮され、蓄積され、それが人間の体に大量に入ってくるということに、人間はしばらく気がつきませんでした。汚染された空気も、さまざまな物質が化学反応を起こして、人間の体により悪いものになるということを知らなかったのです。

無知による傲慢《ごうまん》さが、思わぬ被害を続出させました。それが、昭和三〇年代から四〇年代の日本で起こったことだったのです。

空も海も汚れた

「一九六一年当時、現北九州市八幡《やはた》区の住宅地の城山《しろやま》小学校の観測点では、月平均一平方キロ当たり最高八五トン、平均六四トンという、信じられないほど大量の煤塵《ばいじん》が降っていた。ここの小学校の児童のえがく太陽の色は黄色であった。煤塵のために真紅の太陽を子供たちは見たことがなかったのである」（宮本憲一『昭和の歴史10 経済大国』）

一九七〇年（昭和四五年）七月一八日、東京杉並区の立正高校で、校庭にいた生徒四十数人が、目やノドの痛みを訴え、あるいはけいれんを起こして救急車で運ばれました。当日は、東京都内各地で同じような症状を訴える人が出ました。

日本で初めての光化学スモッグの発生でした。自動車の排気ガスの中の窒素酸化物が紫外線で化学反応を起こし、オキシダント（強酸化性物質）という二次汚染を引き起こして、これが人間の目やノドを痛めることがわかりました。

マスクをして登校する四日市の子どもたち　1965年

それまで大気汚染によるスモッグは、遠くが見えなくなるほど視界を悪くしていました。ところが光化学スモッグは、一見視界がよく、スモッグが発生していないように見えるときにでも起きることがわかりました。人間の目で見て判断できない被害が発生することを、このとき私たちは初めて知ったのです。

現在は、夏の暑くて風がない日に、東京都内ではしばしば「光化学スモッグ注意報」が出されます。注意報を出すことができるほど実態をつかめるようになったのを進歩と考えるべきか、相変わらず光化学スモッグが発生することを進歩のなさと判断すべきなのか。

深刻な四日市の大気汚染

当時、最初に大気汚染が深刻になり、人間の生命まで脅かす事態になったのは、三重県四日市《よっかいち》市でした。

四日市では、一九五七年(昭和三二年)から石油の精油所が次々に建設され、石油コンビナートが完成しました。

このころから四日市沖合の伊勢《いせ》湾でとれる魚が異臭を放つようになったのです。魚の値段は下がり、漁民に打撃を与えました。被害はやがて海から大気に及びました。石油コンビナートから出る亜硫酸ガスなどの有毒ガスと悪臭が市民を脅かしたのです。

一九五九年(昭和三四年)ころから、コンビナートと隣接する塩浜《しおはま》地区で喘息《ぜんそく》患者が激増しました。「四日市喘息」と呼ばれました。塩浜地区の小学校、中学校、高校では、悪臭のため夏でも窓が開けられない状態になりました。子どもたちは、マスクをして登校するまでになったのです。

念のために言っておきますと、このころ学校にも一般家庭にもエアコンなどはありません。夏は窓を開けはなって風を通しながら授業をしていたのです。それだけに、窓も開けられないのは、焦熱地獄でした。

コンビナートの個々の企業は、法律にもとづいた排出基準を守っています。ところが、そうした企業が集中していると、個々の企業から出た煤煙、排煙に含まれる硫黄酸化物などの量は膨大なものになり、それが人体に悪影響を与えたのです。

しかし、石油コンビナートのおかげで繁栄していると考えていた地元の四日市市や三重県は、抜本的な対策をとろうとはしませんでした。被害が放置され、喘息患者は増え続けました。喘息のために亡くなる人も出たのです。

一九六七年（昭和四二年）九月になって、喘息患者が、コンビナートの中の六社を相手どり、損害賠償を求める四日市公害訴訟が始まりました。

この裁判は一九七二年（昭和四七年）七月、原告が勝訴し、その後、原告以外の患者も同じように救済されることになりました。

患者たちは、裁判に訴えなければ、被害の救済を受けることができなかったのです。加害者の企業ばかりでなく、行政の怠慢さが問われる公害でした。

四大公害病が発生した

このころ各地で続出した公害のうち、特に四つを「四大公害病」といいます。四日市の大気汚染もそのひとつです。

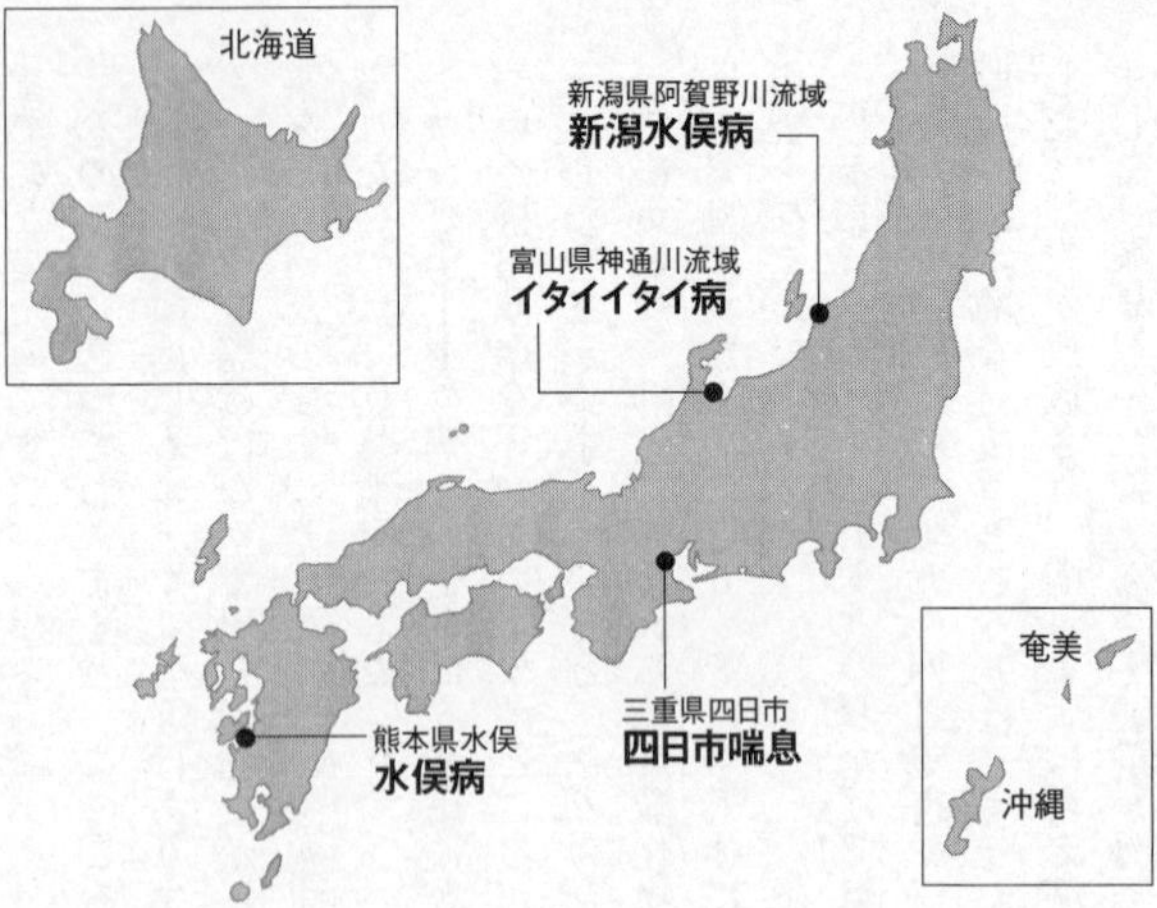

四大公害病

このほかの三つは、有機水銀中毒による「水俣《みなまた》病」、同じ原因による「新潟水俣病」、カドミウム汚染による富山県神通川《じんつうがわ》流域に発生した「イタイイタイ病」です。

富山県神通川流域に発生した「イタイイタイ病」は、一九四六年（昭和二一年）、富山市の萩野病院の院長萩野《はぎの》昇《のぼる》が発見しました。全身に痛みを感じ、体中いたるところで骨折を起こし、ひどいときには咳をしただけで肋骨が折れるような状態の患者が多数入院してきていることに気づいたのです。

患者が「痛い痛い」と苦しむところから、そのまま「イタイイタイ病」と名づけられました。患者は圧倒的に女性が多いのが特徴でした。

当初、患者はリウマチや脊椎カリエス、骨軟化症などと診断されていました。さらに栄養不足と過労が考えられたりもしました。しかし萩野は、神通川の水を田んぼの水に使っていたり、飲料水にしていたりする地域に患者が集中していることに気づきました。

専門家の調査の結果、農作物にも人体にもカドミウム、亜鉛、鉛が含まれていることがわかり、「カドミウムを中心とする重金属の慢性的中毒」という見解が、一九六一年(昭和三六年)にまとまりました。神通川上流の三井金属鉱業神岡《かみおか》鉱山の廃水に含まれているカドミウムが原因でした。

カドミウムは体内でカルシウムと置き換わり、骨を侵します。特に女性は、妊娠中に胎児に自分のカルシウムを渡すため、骨のカルシウムが溶けやすくなっています。カルシウムが溶けた後に、カドミウムが入り込んでいたのです。

神岡鉱山は、「カドミウム無害説」や「ビタミンD欠乏説」などで反論し、因果関係の確定や患者の救済は進みませんでした。

「イタイイタイ病」が公害病として認定されるのは、一九六八年五月になってのことです。この直前、患者たちは三井金属鉱業を相手どって訴訟を起こし、七一年六月、富山地方裁判所は原告勝訴を言い渡しました。

これに納得しない三井金属鉱業は控訴。名古屋高等裁判所金沢支部は、患者への損害賠償額を富山地裁より倍増させて原告勝訴を言い渡し、三井金属鉱業は、とうとう上告を断念。判決は確定しました。

原因企業が責任をなかなか認めず、別の原因を主張し、行政も患者の救済に乗り出さない。患者が裁判に訴えてようやく救済に動き出す。ここでも、こんな経過をたどりました。

さらに、公害の中でも、とりわけ企業の責任、企業で働く従業員の責任とモラル、そして行政の責任について考えさせることになるのが、世界に知られることになった水俣病です。

水俣で奇病が発生した

一九五六年(昭和三一年)四月二一日、チッソ付属病院に、漁村に住む五歳の少女が運ばれてきました。チッソ付属病院はチッソの経営で、チッソの従業員の診療だけでなく、地域の住民の治療にも当たっていました。

患者は、これまで見たこともない症状でした。手足がしびれ、言葉もはっきりせず、意識も朦朧《もうろう》としていました。八日後、妹も同じ症状で入院してきました。さらに、近所にも似たような症状の患者がいることがわかったのです。

付属病院の細川一《ほそかわはじめ》院長は、水俣保健所に「原因不明の中枢神経疾患が多発している」ことを報告しました。これが水俣病の公式確認となったのです。

(注・チッソは水俣病発生当時の名称を新日本窒素肥料株式会社といい、一九六五年に「チッソ」に社名を変更したが、ここではすべて「チッソ」で統一して表記する)

その症状は、次のようなものでした。

まず手足の先が「じんじん」する感じになる。手がしびれて、物が握れなくなる。洋服のボタンがかけられない。歩くとつまずく。舌がもつれるため、甘ったれたようなしゃべりになる。視野が狭くなって、ものが見えにくくなる。耳も遠くなる。食べ物をのみ込み

たれ流しにされていたチッソの廃水

にくくなる。こうした症状が、ゆっくりと進行し、死に至る患者もいました。

　患者のいる地区では、猫にも同じ症状が出ていました。猫がよろよろと歩いたり、転んだり、突然走り出して壁にぶつかったりして、最後には水に落ちて死んでしまうケースが続出していました。

　一九五六年（昭和三一年）五月一六日、地元の熊本日日新聞に、「水俣に子供の奇病―同じ原因か　ネコにも発生」という見出しで奇病の発生が報じられ、この病気が広く知られるようになりました。

　患者が水俣市に集中して発生していることから、この病気は「水俣病」と呼ばれるようになりました。しかし、この時点では、まだ原因は判明していません。

奇病の対策が始まった

　五月二八日には水俣市の保健所や市役所、医師会、チッソ付属病院、市立病院によって「水俣市奇病対策委員会」が設置され、対策に乗り出しました。すぐに三〇人の患者が見つかります。患者の家はすべて漁業を営み、水俣湾周辺の漁村に集中していました。

狭い地域で集団的に発生しているため、当初は伝染病が疑われました。地元では猫から移された伝染病ではないかと恐れられました。保健所は患者の家に消毒薬をまきます。チッソ付属病院に入院していた患者八人は隔離されました。

こうしたことが、患者への差別意識を作り出します。患者が出ている家庭の者が地元の商店に買い物に行っても、金を手で受け取ってもらえず、ハシでつまんだり、ザルで受け取ったりしたといいます。遺伝病かも知れないともいわれ、差別されるのを恐れて隠す人が多かったという状態が続きました。患者は病気と差別の両方に苦しんだのです。

「水俣市奇病対策委員会」は、八月になって、熊本大学医学部に奇病の原因究明と研究を依頼しました。ここから本格的な調査が始まったのです。

その後、生まれてくる子どもの中に脳性小児マヒによく似た症状の子がいることがわかりました。これが「胎児性水俣病」です。

妊娠した母親の胎盤は胎児を守る働きをするのですが、母親の体内に蓄積された有機水銀は、胎盤を通して胎児に移り、胎児が水俣病にかかるのです。弱い立場の者に被害が及ぶ水俣病の恐ろしさを示しています。

日本の産業界に貴重な工場だった

現在のチッソ、水俣病発生当時の「新日本窒素肥料」の前身は日本窒素肥料でした。明治の末、熊本県水俣村に誘致された電気化学工場からスタートしました。

戦後は肥料工場として再出発し、やがて塩化ビニールの可塑剤《かそざい》の原料になるオクタノールの製造に力を入れることになります。可塑剤とは、「自由に形を加工できるようにするもの」という意味です。塩化ビニールはさまざまな製品に加工することが可能ですが、そのために可塑剤が必要でした。

塩化ビニールは高度経済成長を遂げる日本の産業にとってなくてはならないものになり、高品質の可塑剤の原料になるオクタノールには、日本の産業界から高い需要があったのです。

チッソは、このオクタノールのシェアが一九五三年には国内の六五%を占めるなど、圧倒的な力を持っていました。チッソの工場は、日本の産業界にとって重要な生産工場だったのです。

チッソ水俣工場には、カーバイドからアセチレン、アセトアルデヒドを経てオクタノールを生成する製造工程がありました。アセトアルデヒドからオクタノールを生成する合成の過程で触媒として使われたのが、硫酸第二水銀（無機水銀）でした。

無機水銀自体は水俣病を引き起こしませんが、この工程でメチル水銀（有機水銀）が発生し、これが工場廃水として水俣湾に排出されていたのです。

（注・工場の製造過程から出て捨てられる液体を「廃水」と呼ぶ。それを海など外に出すことを「排水」という。意味が異なるので、区別して表記する）

水俣市は「企業城下町」だった

熊本県水俣市は、三方を山で囲まれ、西が不知火海《しらぬいかい》（八代海《やつしろかい》）に面しています。

ＪＲ水俣駅を降りると、目の前にチッソ水俣工場の正門があります。海岸まで工場が広がり、正門の前の道路脇には商店や飲食店が軒を連ね、町が水俣工場の存在で発展したことがよくわかります。

水俣市民の多くがチッソで働いていたり、関係の企業にいたり、チッソの社員を相手に商売したりしていました。

水俣市は、チッソの「企業城下町」だったのです。江戸時代、城を中心に発展した町を「城下町」と呼んだように、ひとつの大企業を中心に発展した町を「企業城下町」と呼びます。

江戸時代、城下町の住民がお城の殿様を批判することができなかったように、チッソの工場から出る廃水を病気の原因として疑う市民がいても、声に出すことはためらわれ、チッソ水俣工場を追及する動きは出ませんでした。

熊本大学の研究班がチッソの工場廃水をサンプルとしてほしいと要求しても、会社は企業秘密を理由にこれを拒否しました。調査研究は難航。この間にも被害は進んだのです。

一九五七年（昭和三二年）八月、熊本県水産課は、詳しい因果関係はわからないものの、状況から見てチッソ工場の廃水による魚介類の汚染が奇病の原因と考えました。そこで、食品衛生法によって漁獲禁止と工場排水の停止を行おうとして厚生省の意向を質しました。

が、厚生省はこの方針を認めませんでした。

このため熊本県は、危険な海域でとれた魚を食べないように指導するだけでした。ほかに生活手段のない漁民の漁業は一部で続けられました。

もしこのとき、十分な対策がとられていたら、その後の被害の拡大は防げたかも知れないのです。厚生省が決断していれば、いや、厚生省の判断に関係なく熊本県が決断していれば、事態は変わったかも知れないのです。

汚染隠しが被害広げる

チッソは一九五八年(昭和三三年)九月、それまで水俣湾に流していたアセトアルデヒドの廃水を、工場北側の水俣川の河口に流すように変更しました。アセトアルデヒドの廃水は赤茶色。遠くからも目立ちます。それをいったん工場内の八幡プールと呼ばれる貯水槽に貯めて鉄分を沈殿させ、見た目にきれいになった廃水を水俣川の河口に流したのです。

見た目にも汚い廃水が水俣湾に流れ込んでいると、地元の漁民から「チッソの廃水が怪しい」と思われるため、それを防ごうとして、変更したのです。小手先の対策、いや、「汚染隠し」の行為でした。それまで水俣湾に流れていた廃水は狭い水俣湾に滞留していましたが、排水路を変更したことで、廃水は不知火海に直接流れ出し、潮流に乗って不知火海全体に広がっていきました。

これ以降、それまで水俣湾周辺にとどまっていた水俣病の被害は、不知火海全体に広がっていくのです。「チッソの廃水が原因だ」という批判を避けるための対策が、被害を拡大したのです。

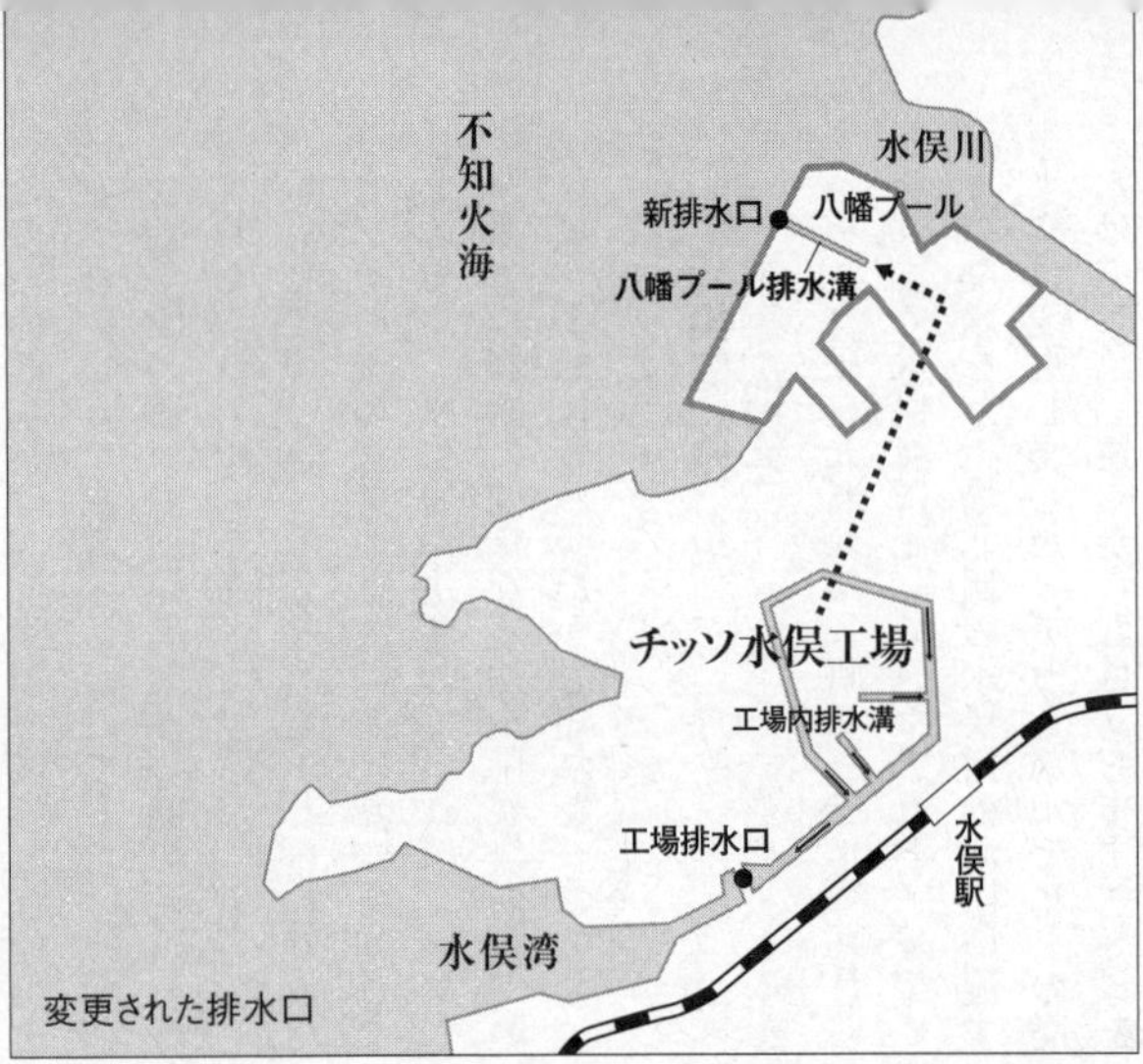

チッソが原因と突き止めたが

一九五九年（昭和三四年）七月、熊本大学医学部の研究班は、水俣病が有機水銀中毒であることをつかみ、チッソ水俣工場の工場廃水中の化学物質の中に水銀が含まれていると推定しました。

七月二二日、熊本大学は熊本県、水俣市、チッソなどの関係者を大学に招いて、有機水銀説を発表したのです。

後になってわかることですが、有機水銀は体内に入るとほぼ全部が吸収され、血流に乗って全身を回り、脳の内部に入って神経細胞に付着。脳神経細胞を破壊していたのです。

七月三一日、水俣市の鮮魚小売商組合は、水俣湾とその近海でとれた魚を一切買わないことを決議。翌日、鮮魚仲買商組合も同様の決議をしました。水俣湾の漁民は、生活の糧を奪われることになりました。怒りはチッソに向けられます。

八月六日、水俣漁協の漁民三五〇人が工場に押しかけ、一億円の漁業補償とヘドロの除去、浄化装置の設置を求めました。交渉の結果、チッソが漁業補償として三五〇〇万円を支払うことで決着しました。しかし、これは水俣病に関係なく、一般的な海水の汚染に対する補償としてでした。水俣病の責任を認めたわけではなかったのです。

汚染の被害は水俣湾から不知火海全体に広がりました。水俣以外の沿岸の漁村でも魚が売れなくなったのです。

この年の一一月二日、不知火海沿岸の漁民二〇〇〇人が、チッソ水俣工場に乱入しました。工場に押しかけて責任者に会うことを要求しましたが断られ、怒りを爆発させたのです。漁民たちは、工場の施設を破壊しました。止めに入った警官にも襲いかかりました。この乱入で、水俣工場の工場長など工場従業員四人と警察官八〇人が負傷。漁民にも大勢のけが人が出ました。この事件が大きく報じられ、ようやく水俣病が全国に知られるようになったのです。

しかし、この一一月、水俣市長や商工会議所、農協、チッソ労組、地区労など二八団体は、熊本県知事に対して、水俣工場の排水停止は市民全体の死活問題であるとして、停止しないように陳情しました。依然として水俣市はチッソの「企業城下町」だったのです。

こんな雰囲気の中で、水俣病患者は、声を上げにくい状態に追い込まれました。被害に苦しみながらも、水俣で生活していくためには、被害を訴えることができなかったのです。

●有機水銀説に反論相次ぐ

熊本大学の「有機水銀説」に対しては、チッソや化学業界、さらに化学業界寄りの学者から反論が相次ぎました。「爆薬説」や「有毒アミン説」なども、そのひとつです。

戦時中水俣にあった海軍施設部から爆薬が水俣湾に投棄され、それが海底で腐食して化学物質が漏れ出したのではないか、というのが「爆薬説」です。しかし、実地調査しても、この説は実証されることはありませんでした。「有毒アミン説」は、タンパク質の腐敗に伴って生じるアミンの中毒によって水俣病が発生したというものです。東京工業大学の清浦《きようら》雷作《らいさく》教授が主張しました。

さらには、水俣湾に流れ込んだ農薬が原因ではないか、という説まで出ました。この説は、その後、新潟水俣病でも「工場廃水が原因」という主張への反論として出てきます。特に通産省は、チッソや化学業界を守る立場から、「有機水銀説」否定に躍起となりました。

一九五九年一一月一二日、厚生省の食品衛生調査会の水俣病食中毒部会は、水俣病の原因物質について、厚生大臣に答申します。そこでは、「水俣病は、水俣湾及びその周辺に棲息《せいそく》する魚介類を多量に摂食することによっておこる、主として中枢神経系統の障害される中毒性疾病であり、その主因をなすものはある種の有機水銀化合物である」と指摘しました。

水俣病が「有機水銀中毒」であることを明

確にしたのです。この報告は、熊本大学の研究者が中心になって作成しました。

しかし、その前日の一一日、東京工業大学の清浦教授は、「原因は工場廃水とは考えられない」と通産省に報告していました。

水俣病食中毒部会は、厚生大臣への答申の翌日、解散させられました。この日、池田勇人《いけだはやと》通産大臣は、「有機水銀がチッソから流出したという結論は早計」と発言します。水俣病食中毒部会の解散命令に熊本大学は猛反発しましたが、厚生省は聞き入れませんでした。

通産省の攻勢で、水俣病の原因はまだはっきりしないというイメージが作り出されました。政府の統一見解を出すチャンスは失われたのです。

水俣病について、厚生省は通産省に対策をとるように求めてはいましたが、「産業第一主義」の通産省は、チッソを守る立場に立ち、対策をとろうとしません。厚生省は、それ以上の強い態度に出ることはありませんでした。

チッソの幹部は、その後、「通産省がもう少し強い行政指導をしてくれればよかったと思います」と語っています。

通産省のせいにしているのです。

チッソにしても厚生省にしても通産省にしても、それぞれが、患者の生命を守るために何ができるか、真剣に考えれば、いくらでも被害の拡大を防ぐ手立てがとれたはずです。そのチャンスが次々に失われていったのです。実に見事な「無責任体制」が続きました。そしてこれは、ほかの公害事件でもしばしば見られることなのです。

その後、「チッソの廃水が原因」という政府見解が確定するのは、実に九年後の一九六八年（昭和四三年）のことでした。

チッソ社内でも疑う声があったが

実はチッソ内部でも、水俣工場の廃水が原因ではないかと疑う人はいました。

チッソ付属病院では、病院長の細川一が、アセトアルデヒド製造工程の廃水をかけたエサを猫に食べさせる実験に取り組みました。

細川自身は一九五八年（昭和三三年）に定年退職しましたが、病院の嘱託として研究を続けていました。実験の結果、猫は水俣病を発病しました。猫は、けいれんや後ろ足のマヒを起こし、視野が狭くなって、同じ場所をクルクル回り始めました。典型的な水俣病の症状です。

細川はこの結果を工場長に伝えましたが、工場長はこの結果の公表を禁じ、実験の一時中止を命じました。

細川は、この事実を外部に積極的に発表することはなく、長らくこの結果は世に知られないままでした。

水俣工場の中でも、「チッソの廃水が原因ではないか」と疑う技術者がいました。しかし、大きな声にはなりませんでした。その理由について、その技術者は、次のように語っています。

「私らとしましては、自分のところの廃水が水俣病の原因だというのには耐えられなかったわけです。それはもちろん会社の不利益ということもありますけど、そのうえ自分のところとなりますとね、とてもいやな感じがした。そんなことは考えたくないわけです。そうあってほしくないわけです。したがいましてね、会社が有機水銀説を否定する講演会を開いたりするので、それを聞きますとね、自分のところが原因であってほしくないという気持ちと結びついて、『やっぱりそうだろうな』と思ったわけです」

「どこの会社でも声の大きいほうに負けますよね。有機水銀説が正しいと思う人がいても、声が小さかったらなかなか変えることはできなかったと思いますね」（NHK取材班『戦後50年その時日本は』第3巻）

新潟でも水俣病が発生した

水俣病の原因追及や防止対策が進まない中で、今度は新潟県でも同じ病気が発生しました。一九六五年（昭和四〇年）のことです。「新潟水俣病」と呼ばれました。

こちらは、新潟県阿賀野川《あがのがわ》流域の昭和電工鹿瀬《かのせ》工場における、アセトアルデヒドの製造工場の廃水による水銀中毒でした。

昭和電工は、一九六四年に起きた新潟地震で流出した農薬が川に流れ込んだことが原因だと反論しました。ここでも責任をなかなか認めようとしなかったのです。

一九六七年（昭和四二年）六月、患者が昭和電工を相手どり、損害賠償請求の訴訟を新潟地裁に起こしました。公害病初の訴訟でした。水俣病への真剣な取り組みを怠ったことで、新潟水俣病の発生を防げなかったのです。

チッソの組合が分裂した

一九六八年（昭和四三年）八月、チッソの第一組合（新日本窒素水俣工場労働組合）が、

コラム

「恥宣言」

「闘いとは何かを身体で知った私たちが、今まで水俣病と闘い得なかったことは、まさに人間として、労働者として恥ずかしいことであり、心から反省しなければならない。

　会社の労働者に対する仕うちは、水俣病に対する仕うちそのものであり、水俣病に対する闘いは同時に私たちの闘いなのである。会社は今日に至ってもなお水俣病の原因が工場廃水にあることを認めず、また一切の資料を隠している。私たちは会社に水俣病の責任を認めさせるため全力をあげ、また、今日なお苦しみのどん底にある水俣病の被害者の人たちを支援し、水俣病と闘うことを決議する」

水俣病に対して組合として何の取り組みもしてこなかったことを恥じるという「人間としての恥」を宣言し、水俣病への取り組みを始めました。

　第一組合は会社から差別を受けることで、患者の立場に立つことになったのです。そのきっかけは、六年前にさかのぼります。

　一九六二年（昭和三七年）四月、チッソの労働組合の賃上げ要求に対して、会社は、経営状態の悪化を理由に、今後四年間の賃金引上げ額を同業他社の平均妥結額によって自動的に決めるという「安定賃金」を提案しました。

　労働組合独自の闘いができなくなると考えた組合はこれを拒否。交渉がまとまらないまま組合は七月二三日、翌日から無期限ストに入ることを会社に通告しました。

会社は直ちにロックアウトを決め、組合員の工場内立ち入りを拒否しました。

翌日、三四〇〇人の組合員のうち、係長、主任クラスの二五〇人が第二組合「新日本窒素水俣工場新労働組合」を結成しました。新労は、工場立ち入りを阻止しようとする第一組合員と激しい衝突を繰り返します。八月一一日、新労の組合員が工場内に入り、二日後から仕事を再開しました。

まるで三池闘争と同じようなことが起きたのです。二年前に闘争を終えた三池労組も応援にかけつけ、第一組合のピケに参加しました。ここでも三池と同じことが起きました。狭い地域の中での第一組合と第二組合の対立は家族を巻き込み、感情的に対立します。親子や兄弟で対立する家庭も出たのです。

地元の商店街もそれぞれの支持派に分裂。組合員は、自分たちの組合を支持してくれる商店でしか買い物をしなくなりました。

ロックアウトが始まって半年。一九六三年（昭和三八年）一月、熊本県地方労働委員会のあっせんを受け入れ、第一組合は闘争を終えます。敗北でした。

闘争が終わって就労した第一組合の組合員は、会社から徹底的に差別、いやがらせを受けます。活動家は製造現場に戻れず、社宅周辺の清掃や草むしりをさせられました。地元出身者が遠く千葉県の工場に転勤させられるケースもありました。この年の末には、第一組合と第二組合の組合員数は同じになり、その後逆転します。

第一組合は、会社からこうした差別を受けることで、水俣病の患者の立場に立ったのです。組合員たちは、かつては会社と一緒になって患者と対立し、工場を守ってきました。闘争を通じて会社の攻撃を受け、初めて水俣病患者の立場が理解できたのです。

工場の内情を知っている組合員たちの内部告発が、これより始まります。

●チッソが原因がやっと確定

第一組合が「恥宣言」を発表した翌月の九月二六日、水俣病の原因についての政府見解がようやく発表されました。

「水俣病は水俣湾産の魚介類を長期かつ大量に食べることによって起こった中毒性中枢神経疾患である。その原因物質はメチル水銀化合物であり、新日本窒素水俣工場のアセトアルデヒド酢酸設備内で生成されたメチル水銀化合物が工場廃水に含まれて排出され、水俣湾内の魚介類を汚染し、その体内で濃縮されたメチル水銀化合物を保有する魚介類を地域住民が食べることによって生じたものと認められる」

また、新潟水俣病についても昭和電工鹿瀬工場のメチル水銀化合物を含む廃水であることを認めました。

有機水銀を海水中のプランクトンが食べ、そのプランクトンを小さな魚が食べ、さらに大きな魚がその魚を食べる。これが「食物連鎖」です。こうして有機水銀が蓄積され、高い濃度になります。廃水を大量の水で薄めても、自然界では濃度が高くなるのです。また、魚のエラ呼吸でも、直接魚の体内に有機水銀が蓄積されます。この魚を食べた住民が発病しました。

水俣病の公式確認から一二年がたっていました。国は、ようやく水俣工場の廃水が水俣病の原因であると認めたのです。

しかし、チッソのアセトアルデヒドの工場は、すでにこの年の五月に操業をやめていました。アセトアルデヒドからオクタノールを生産するのに、水銀を触媒に使う生産方法は時代遅れになっていたからです。

厚生省の見解が出ると、チッソの社長は会社として初めて患者に謝罪しました。あまりに遅い謝罪でした。

水俣病の患者の中には、次のように語る者もいました。

「銭は一銭もいらん。そのかわり、会社のえらか衆の、上から順々に、水銀母液ば飲んでもらおう。（中略）上から順々に、四十二人死んでもらう。奥さんがたにも飲んでもらう。胎児性の生まれるように。そのあと順々に六十九人、水俣病になってもらう。あと百人ぐらい潜在患者になってもらう。それでよか」

（石牟礼道子『苦海浄土』）

チッソの責任追及

一九七六年（昭和五一年）、吉岡喜一《よしおかきいち》元チッソ社長、西田栄一《にしだえいいち》元水俣工場長が業務上過失致死傷の罪で起訴されました。水俣病の原因がチッソ水俣工場の廃水であることがはっきりしたことで、チッソ幹部の責任を追及する世論が高まり、熊本地検がようやく責任追及に乗り出したのです。

この刑事裁判は最高裁判所までいき、一九八八年、二人の被告に禁固二年、執行猶予三年の有罪判決が確定しました。

また、損害賠償を求める患者の訴訟も相次ぎました。

一九七三年（昭和四八年）三月二〇日、水俣病患者がチッソに損害賠償を求める最初の裁判で、熊本地方裁判所は、チッソ全面敗訴の判決を言い渡しました。

チッソはこの年の七月九日、裁判の原告以外も含めたすべての水俣病患者に、判決の賠償金とほぼ同じ基準による一時金に加え、治療費、介護費などを支払うことを盛り込んだ補償協定に調印しました。

莫大な補償費用が必要となりました。チッソは会社倒産の危機に瀕しましたが、国や熊本県、金融機関の支援を受けて存続しました。

水俣工場は、生産を液晶主体に切り替えて操業を続け、いまも水俣病関係の費用を払い続けています。水俣病患者救済のために、チッソという企業が存続している、という言い方もできるでしょう。

その後は、チッソとともに、国や熊本県の責任を問う裁判が東京や熊本、福岡、大阪で続けられてきました。

国の責任はどうなるのか

一九九〇年九月、東京地裁は、水俣病東京訴訟で和解を勧告しました。一〇月には熊本地裁と福岡高裁から相次いで同じ趣旨の和解勧告が出されました。

しかし、国は和解を拒否しました。

「国は、当時規制をする権限を持っておらず、水俣病の原因物質も明らかになっていなかった当時の状況のもとで、行政指導を中心にできる限りの対応をしたもので、水俣病の発生、拡大の防止に関して賠償責任はない」というのが論拠でした。国の「行政に誤りはない」という考えが表れています。

このとき、和解拒否という国の方針と、和解を求める患者の板ばさみになった環境庁企画調整局長の山内豊徳《やまのうちとよのり》が自殺するという悲劇も起きています。

国の頑なな態度は、社会党の村山富市《むらやまとみいち》内閣の誕生で転換します。

一九九五年七月、当時の村山総理は、水俣病について談話を発表し、患者救済の遅れに対して、「心からの遺憾の意を表したい」と、総理大臣として初めて患者に謝罪しました。

続いて一九九六年五月、東京高裁の和解勧告を受けて、国は和解に応じました。

原告は、国と県に対する訴えを取り下げて和解しました。国の責任は明確にはされませんでしたが、訴えを起こしてから一六年もたち、原告の高齢化が進んでいたため、原告の患者たちは、和解の道を選んだのです。

裁判の原告が和解を唯一拒否したのが、水俣病関西訴訟でした。関西に移り住んだ水俣病患者が、国と熊本県の責任を明らかにするために訴訟を起こしています。この裁判では、二〇〇〇年四月二七日、大阪高等裁判所が、国と県の責任を認める判決を言い渡しました。しかし国は責任を認めず、最高裁に上告。最高裁は二〇〇四年一〇月一五日、大阪高裁の判決を支持し、国と県の責任を認めました。

水俣病は終わっていない

地元水俣では、汚染された海を浄化する取り組みが進みました。

水俣湾では、一九七四年、湾全体に仕切り網を張り、汚染された魚が湾の外に出ないようにした上で、地元の漁民が湾内の魚をとり、チッソがこれを買い上げて処分していました。湾の底にたまったヘドロを除去し、汚染のひどい場所は埋め立てました。

水俣湾の汚染は解消に向かい、一九九七年、水俣湾の仕切り網は撤去され、水俣湾でとれる魚の安全宣言が出ました。

広い埋立地には公園ができています。公園を望む丘には、水俣病の資料館ができ、水俣病の被害を後世に知らせています。チッソの新入社員は水俣に集められて研修を受け、水俣病についての講義も受けるようになっています。

しかし、患者は水俣湾の沿岸に限りません。八代海全域に患者が広がり、苦しんでいる人たちがいます。

水俣病は終わってはいないのです。

それにしても、と私は思います。チッソ水俣工場で働いていた従業員の何人かは、自分の工場の出す廃水が原因であることに気がついていました。しかし、それはなかなか表に出てきませんでした。

終身雇用のもとで、自分が働く企業の「犯罪」を告発することができないまま、患者の被害は広がったのです。

これは何もチッソに限られたことではありませんでした。当時の公害企業の多くで、多かれ少なかれ同じようなことが起きていたのです。企業の社員という立場が、人間らしくあることをいかにむずかしくするものなのか。人間性を失わせる企業とは何なのか。私は考え込んでしまうのです。これは、決して過去の問題ではありません。

また、公害企業が批判されると、必ずその企業を擁護する学者が現れ、別の原因を主張するということも起きています。科学は誰のためにあるのか。公害の経験から現代の私たちが考えるべきことは多いのです。

環境庁が誕生した

こうした全国各地の公害を教訓にして、国はようやく重い腰を上げます。

一九六一年（昭和三六年）、厚生省に公害係が設置されます。六四年（昭和三九年）には公害課を新設し、政府は公害対策本部を設置しました。

一九六七年（昭和四二年）には、国が公害対策に取り組むことを定めた「公害対策基本法」が施行されました。この法律で対象となったのは、大気汚染、水質汚濁、騒音、振動、地盤沈下、悪臭の六種類でした。

そして一九七一年（昭和四六年）七月一日、環境庁が誕生しました。厚生省を中心に、一一の省庁から集められた五〇〇人の職員で発足したのです。

実質的な初代長官は、大石武一《おおいしぶいち》です。大石の最初の仕事は、尾瀬《おぜ》の自然保護でした。当時、群馬、福島、新潟の三県は、観光開発を目的に、三県を結ぶ尾瀬・只見《ただみ》スカイラインの建設計画を進めていました。この計画には、尾瀬の貴重な自然を破壊することになるという反対運動がありました。

大石は、現地視察をした後、三県の知事を招き、工事を中止させました。環境庁には中止させる権限はありませんでしたが、大石の気迫で納得させたのです。

大石のもと、環境庁はスムーズなスタートを切りましたが、やがて強い抵抗を受けるようになります。経済成長を重視する通産省や経済企画庁が、環境庁としばしば対立したのです。

通産省は、公害対策は産業、経済の健全な発展との調和を考えるように要求しました。

つまりは、「企業活動にマイナスになるようなことは控えてくれ」という意味です。この対立構造は、その後も続いています。二〇〇一年一月の中央省庁の改革で、環境庁は環境省に昇格しました。省になっても、省の担当者や政治家が本気にならなければ、環境問題は解決しません。

公害問題は、その後、より大きな「環境問

コラム

公害対策基本法

この法律では、「事業者、国及び地方公共団体の公害の防止に関する責務を明らかにし、並びに公害の防止に関する施策の基本となる事項を定めることにより、公害対策の総合的推進を図り、もって国民の健康を保護するとともに、生活環境を保全する」と宣言した。

その一方で、「生活環境の保全については、経済の健全な発展との調和が図られるようにする」という但し書きがつけられた。これは「調和条項」と呼ばれた。

公害対策は、企業の負担にならない程度に進める、ということを意味していた。

この条項は厳しい批判を浴び、その後、1970年(昭和45年)、公害対策基本法は全面改定されて「調和条項」は削除された。

このときの改定で、公害の種類に土壌汚染が追加された。

地球温暖化防止会議　1997年12月

題」として取り扱われるようになりました。地球温暖化問題など新しい問題、課題が次々に登場しています。

一九九七年一二月には、京都で「地球温暖化防止会議」が開かれ、今後の道筋を描く「京都議定書」が採択されました。

しかしアメリカは、「二酸化炭素の防止対策は自国の経済発展に悪影響を及ぼす」と主張して「京都議定書」の実施に反対しています。

環境か経済か。この問題は、世界的な規模でも私たち人類に選択を迫っているのです。

第一〇章のその後

二〇〇八年八月にオリンピックを開催した中国。オリンピック期間中、北京市内の交通量を規制したり、建設工事を中断したりするなど、大気汚染対策に懸命でした。

北京を訪れた日本人は、その空気の汚染具合に驚きます。晴れていても、市内はスモッグで薄曇りに見えるからです。

中国の地方都市での水質汚染も深刻です。水質汚染が原因の病気も蔓延しています。

この様子は、高度経済成長時代の日本とまったく同じなのです。東京でオリンピックが開催されたとき、実は東京の空もスモッグで汚れていたのです。東京オリンピック開会式当日の澄みきった青空を記憶されている人もいるでしょうが、あれは、前日の雨がスモッグを流していたのです。

歴史は繰り返す。他国の失敗に学ばないと、同じような悲劇が繰り返されるのです。

ただし、日本の場合は、公害を摘発する市民運動が盛り上がりました。その動きをマスコミが報道します。行政や企業も、これを無視し続けることはできず、やがて対策に乗り出しました。中国には、自由な市民運動は存在せず、当局に不都合な報道も許されません。そこが、日本と中国の違いなのです。

第二章 沖縄は返ってきたけれど

沖縄でまたも女性が被害に

二〇〇一年（平成一三年）六月、沖縄県北谷《ちゃ》《たん》町で、二〇代の女性が暴行される事件がありました。警察の捜査の結果、アメリカ軍の二四歳の軍曹が容疑者として浮かび、警察は逮捕状をとりました。

しかし、実際の逮捕にまでは、それから四日もかかったのです。「日米地位協定」が原因でした。沖縄でアメリカ兵による犯罪が起きるたびに、この「日米地位協定」が問題になります。中でも特に大きな問題になったのは、一九九五年九月のことでした。

やはり沖縄で、小学生の女の子がアメリカ兵三人に暴行されるという事件が起きたのです。女の子は、二学期に学校で使う文房具を自宅近くの店に買いに行った帰りでした。三人のアメリカ兵は、少女を車に引きずり込んで連れ去り、乱暴しました。このとき基地に逃げ帰った三人のアメリカ兵を、沖縄の警察は逮捕することができませんでした。三人は警察が任意で取り調べ、検察が起訴した段階でようやく日本側に引き渡されました。

沖縄では、「アメリカ軍基地があるからこういう事件が起きるのだ」「せめて日米地位協定を改正すべきだ」という怒りの声が上がりました。この年の一〇月二一日には、沖縄県宜野湾《ぎのわん》市で、県民八万五〇〇〇人（主催者発表）による「沖縄県民総決起大会」が開かれました。少女暴行事件に抗議するとともに、アメリカ軍基地の撤去・縮小を求めたのです。

沖縄本島の人口の一〇人に一人が集会に参加した計算になります。沖縄の怒りの大きさを示す数字です。大会で、高校三年生の少女

在沖縄米軍普天間飛行場　1995年10月

が、「軍隊のない、悲劇のない平和な島を返してください」と訴えました。

日米地位協定とは

「日米地位協定」は、日本とアメリカの約束です。日本にいるアメリカ兵が犯罪を起こした場合、現行犯なら日本の警察が逮捕できます。しかし、アメリカ兵が犯行後米軍基地の中に入った場合、日本の警察は原則として逮捕できないことになっているのです。

捜査の結果、アメリカ兵が起訴されたら、その段階で初めて身柄が日本側に移されます。それまでは、警察は任意の捜査しかできないのです。

どうして、こんなことが認められているのでしょうか。それは、「日米安全保障条約」

（日米安保）と「日米地位協定」があるからです。アメリカ軍は日本の安全のためにいるのだから、活動しやすいように、その「地位」を守りましょう、というのが「地位協定」です。アメリカ軍は韓国やドイツにも駐留していて、ここでも、同じような「地位協定」を結んでいます。

少女暴行事件で運用を見直したが

この事件をきっかけに、日米地位協定に対する批判が高まり、日米で協議した結果、協定を運用する方法の見直しが行われました。

殺人や強姦など悪質な事件について、日本の警察がアメリカに容疑者を引き渡せと申し入れた場合、アメリカは、「好意的考慮を払う」ということになりました。つまり、アメリカが「なるべくそうしましょう」ということにしたのです。

しかし、その後、二〇〇一年六月に実際に事件が起きると、アメリカ側は、「容疑者の人権」を理由に、起訴前の引き渡しに難色を示しました。

アメリカは、日本の警察に逮捕された場合、警察側の通訳は立ち会っても、容疑者が依頼した通訳は立ち会えないことや、取り調べに弁護士が立ち会えないことを問題にしました。日本の司法制度が、容疑者の人権への配慮に欠けているとアメリカは考え、米軍内部での検討に時間がかかって、容疑者引き渡しが遅れたのです。

沖縄では、「なんでもっと早く逮捕できなかったのか」という批判の声が出ました。「日米地位協定を変えて、日本の警察がすぐ

奥間
レスト・センター
補助飛行場
伊江島
名護市
北部訓練場
キャンプ・シュワブ
キャンプ・ハンセン
嘉手納弾薬地区
ギンバル訓練場
金武ブルー・ビーチ訓練場
読谷村
トリイ通信施設
嘉手納飛行場
キャンプ瑞慶覧
普天間飛行場
牧港補給地区
宜野湾市
ホワイト・ビーチ地区

沖縄のアメリカ軍基地

コラム

アメリカ軍の特典はほかにも

アメリカ兵については、ほかにも特典がある。

たとえばアメリカ軍の車が日本の高速道路や有料道路を通るとき、料金を払う必要はない。

運転免許証も、アメリカで取得したものや、アメリカ軍の免許証があれば、日本の運転免許証をとらなくても日本で自動車を運転できる。

外国人が日本に入るときにはパスポートが必要だが、アメリカ兵は、パスポートなしで日本に入国できる。これもアメリカ軍が日本で活動しやすいようにという配慮からである。

に逮捕できるようにすべきだ」という声も高まります。「容疑者の人権を問題にするのなら、沖縄の被害者の人権はどうなるのだ」という批判も出ました。

沖縄には、日本にあるアメリカ軍の基地の七五%が集中しています。特に沖縄本島の面積の二〇%はアメリカ軍基地が占めています。この様子は、「基地の中に島がある」と表現されることもあるほどです。

このため、沖縄県民は日ごろからアメリカ軍基地の騒音問題などで大きな迷惑を被っています。その上、こんな事件が起きると、「沖縄にアメリカ軍の基地がこんなにあるから、こういう問題も起きるのだ」という声も高まるのです。

沖縄が日本に返還された一九七二年(昭和四七年)から一九九九年までの二八年間に、アメリカ軍の兵士、軍属、家族による刑法犯罪は沖縄県で四九五三件も発生しています。そのうちの一〇%を超える五二三件が、殺人や強盗、強姦、放火という凶悪事件です。

沖縄は地獄になった

では、なぜ沖縄にアメリカ軍基地が集中し

日本軍がひそむ塹壕を爆破するアメリカ軍　1945年

ているのか。それは、太平洋戦争の末期、沖縄で地上戦が行われたことに起因します。

太平洋戦争で太平洋の島々を守る日本軍を次々に全滅させたアメリカ軍は、沖縄攻略作戦を「アイスバーグ（氷山）作戦」と名づけ、一五〇〇隻の艦船と、のべ五四万八〇〇〇人の兵員を投じました。

一九四五年（昭和二〇年）三月二三日、アメリカ海軍による激しい艦砲射撃が始まります。四月一日、沖縄本島にアメリカ軍が上陸し、住民を巻き込んだ激しい地上戦が始まったのです。

迎え撃つ日本軍は、旧王城の首里城《しゅりじょう》の地下に司令部を設置しました。沖縄で動員された地元住民の防衛隊員や学徒兵などを含めても一一万六〇〇〇人あまりでした。一三歳以上の男子生徒は兵士に、一五歳以上の女学生は看護要員になるという、島をあげての総力戦だったのです。

アメリカ軍は、まず三月二六日、沖縄本島の西に浮かぶ慶良間《けらま》諸島に上陸しました。追いつめられた住民七〇〇人もが集団自決するという悲惨な出来事が起こりました。

自決とは自殺のことですが、集団自決とは、自殺したり、仲間同士で殺し合ったりすることです。

そしてアメリカ軍は四月一日、沖縄本島中部西海岸に一八万三〇〇〇人の部隊で上陸を開始しました。

沖縄の住民が生活している場所が地上戦の舞台になりました。日米両軍兵士による殺し合いばかりでなく、住民多数が戦争に巻き込まれて死亡しました。

特にアメリカ軍による艦砲射撃や砲撃のすさまじさは、「鉄の暴風」と呼ばれるほどでした。

ひめゆりの悲劇

地上戦は、さまざまな悲劇を生みました。

沖縄師範学校女子部と沖縄県立第一高等女学校の生徒計二一九人は、沖縄南部の南風原《はえばる》陸軍病院の看護活動のために動員され、「ひめゆり学徒隊」と名づけられました。

陸軍病院は破壊され、生徒たちは、洞窟内に作られた仮設の病室でけがをした兵士の看護にあたり、そのほとんどが艦砲射撃などで死亡したのです。

この悲劇は『ひめゆりの塔』という題名で戦後映画化され、広く知られるようになりましたが、「ひめゆり学徒隊」以外にも、多くの男女生徒が同じような任務につき、犠牲になったのです。

日本軍は住民を守らなかった

沖縄の地上戦も末期になると、日本軍は醜態をさらします。洞窟に隠れている住民を追い出して自分たちが隠れる、という行動を各地でとるようになります。洞窟から追い出された子どもたちが、艦砲射撃で死亡するという惨事が起きたのです。

また、洞窟の中に住民と一緒に隠れていて、幼児が泣き出すと、洞窟の外にいるアメリカ軍に所在がつかまれることを恐れて、幼児を殺すように命じたりしたといいます。

アメリカ軍に降伏しようとする日本兵や住民は、後ろから日本軍によって射殺されることもありました。

こうした様子を、沖縄県の文書は、こう表現しています。

「日本軍は、住民に対して壕から追い出し、食料強奪、陣地の漏洩防止のために幼児を毒殺・絞殺・刺殺するといった行為、スパイ視殺害行為、友人・知人・肉親同士の殺し合いであるいわゆる『集団自決』の強要などが相次いで発生した」（沖縄県編『沖縄　苦難の現代史』）

自然の洞窟に潜んだ日本軍に対して、アメリカ軍は、沖合の戦艦から激しい艦砲射撃を加えました。また、歩兵は、洞窟に手榴弾を投げ込んだり、火炎放射器で焼きつくしたり、という戦術をとりました。こうして一方的な戦いが続いたのです。

六月二三日、沖縄守備軍の牛島満《うしじまみつる》司令官

は沖縄南端の糸満市《いとまんし》の摩文仁《まぶに》に追いつめられ、自決しました。この日をもって、日本軍の組織的抵抗が終わったとされています。沖縄にとっての「終戦の日」は、六月二三日なのです。しかし実際には、その後も散発的な抵抗が各地で繰り広げられました。

沖縄本島の西にある久米島《くめじま》では、本島での組織的な抵抗が終わった後、地元住民二〇人が、スパイの疑いで日本海軍守備隊によって虐殺される事件も起きています。

こうした沖縄での日本軍の振る舞いについて、司馬遼太郎《しばりょうたろう》は、こう書いています。

「軍隊というものは本来、つまり本質としても機能としても、自国の住民を守るものではない、ということである。軍隊は軍隊そのものを守る」(司馬遼太郎『街道をゆく6　沖縄・先島への道』)

住民を助けられなかった日本軍とは対照的に、アメリカ軍は、非戦闘員である住民の命を救う対策を考えていました。攻撃を始める前から、住民との意思疎通を図るために通訳を多数用意し、住民用の食料や医薬品も準備していました。その担当者の数は五〇〇〇人にも達していたのです。

このため、味方のはずの日本軍に見捨てられたのに、敵軍のアメリカ軍に助けられた、という思いの沖縄県民は多いのです。住民は、米軍に降伏すると拷問を受けて虐殺されると日本軍から聞かされていました。しかし実際に捕虜になると、けがの手当てをしてくれ、食料も提供してくれました。このとき多くの住民が、「日本軍にだまされた」という思いを持ちました。その様子を、沖縄本島の西の伊江島《いえじま》で戦争を体験した人は、次のように書

新里スエ子
新里善助
宮里 松
玉城秀明
玉城正子
上原カマト
上原文太郎
玉城忠敏
新城タケ子
新城ント
大城ヨシ
宮平マサ
玉城 清

平和の礎

いています。

「『鬼畜米英』といわれましたからね、わしらは本当にそう思っていた。米軍に生け捕りされたら、耳を切られたり鼻を削がれたり、ひどい目にあわされて最後は殺される、そういう話でしたから、誰でも自分の可愛い息子や娘がそんな目にあったら大変だと思う。だから親が子どもを殺す。子どもは死にたくないから逃げる、それを父親が追いかけていって首を絞めて殺す、鎌で切り殺す。こんな悲惨なことがあちこちでおこった」(阿波根昌鴻『命こそ宝』)

沖縄戦で犠牲になった日米両軍の兵士、沖縄の住民の名前は、摩文仁の丘に造られた「平和の礎《いしじ》」に刻まれています。その数二三万七九六九人。

うちアメリカ軍兵士が一万二〇〇〇人あまり。日本軍六万五〇〇〇人あまり、地元の防衛隊員ら二万八〇〇〇人、住民一三万人あまりです。

「銃剣とブルドーザー」で基地拡大

生きのびた沖縄の住民は、一六ヵ所に設けられた収容所に入れられ、アメリカ軍から服や食糧を支給されました。

住民を収容所に入れ、無人となった沖縄に、アメリカ軍は、日本本土攻撃の準備のための巨大な基地を建設しました。広大な平地や見晴らしのいい高台などに基地が次々に生まれました。

アメリカ軍は、必要な土地を確保した上で、不要な土地を住民に返すという方法をとりました。基地のために土地を奪われた住民は、アメリカ軍が指定する場所に移住するしかなかったのです。

八月一五日、日本全体が降伏した後も、沖縄の基地はなくなりませんでした。

第二次世界大戦後、東西冷戦が激化する中で、アメリカ軍は、沖縄を太平洋の「キーストーン」（要石）に位置づけたからです。

沖縄は台湾に近く、中国と台湾の紛争が起きた場合、沖縄の米軍基地から米軍がすぐに駆けつけられます。朝鮮戦争が始まってからは、米軍が二四時間自由に使える基地の存在は貴重なものになりました。沖縄の基地は戦後も増えこそすれ、減ることはありませんでした。

一九五〇年（昭和二五年）一二月、アメリカ軍が直接政治をする軍政に代わり、琉球《りゅうきゅう》列島アメリカ民政府（ＵＳＣＡＲ）が設置されました。と言っても、それは建前だけで、実際の民政長官は東京の極東軍総司令官が兼務し、副長官は沖縄現地の軍司令官でした。

一九五一年（昭和二六年）九月八日、サンフランシスコ講和条約が結ばれ、日本は独立を果たしましたが、沖縄は、アメリカの支配下に残されました。沖縄だけ切り離されたのです。

コラム

米軍基地は英雄の名前

沖縄にある米海兵隊の基地には、「キャンプ・シュワブ」や「キャンプ・ハンセン」など、個人の名前がつけられたものが5つある。これらは、沖縄戦で功績を上げ、英雄になったアメリカ海兵隊の兵士たちの名前だ。

海兵隊は、戦争の最前線に真っ先に突入する「切り込み部隊」。こういう形で、兵士の士気を鼓舞するのである。

しかし、功績を上げたということは、視点を変えれば、それだけ日本兵を多数殺した兵士ということになる。

基地のある日本に対して無神経な命名と考えることもできる。

一九五三年（昭和二八年）四月、アメリカ軍は沖縄の基地の拡充に乗り出します。新たな基地建設のために「土地収用令」を公布して、沖縄の住民の地主から土地を強制的に取り上げる契約を結び、基地にしていきました。住宅や畑をブルドーザーで破壊し、一気に基地にしてしまったのです。拒否する者は銃剣で脅し、抵抗する者は逮捕しました。住民の抵抗を避けるため、住民が寝ている深夜、早朝に畑にブルドーザーを入れるという方法もとられました。

抗議する住民に対して、「この島はアメリカ軍が血を流して日本軍からぶんどったものである。きみたちには何の権利もない、イエスもノーもない」と言ったアメリカ軍の幹部すらいました（『命こそ宝』）。

これを沖縄の人たちは、「銃剣とブルドーザーで基地を作った」と評しました。

沖縄、「島ぐるみ」闘争へ

一九五四年（昭和二九年）、アメリカは、強制的に契約させた土地の地代を二〇年間分一括して支払う方針を打ち出しました。毎年地代を払うより、一括して払うことで、いわば「永代借地権」を取得しようとしたのです。

これには地主以外の沖縄県民も激怒しました。土地を強制的に買い上げるようなものだったからです。

「土地を永久に奪われる」と感じた人々は、各地で激しい抗議行動を展開しました。これは「島ぐるみ闘争」と呼ばれました。沖縄のアメリカ支配に対する初の公然たる反対運動の始まりでした。

その結果、基地の土地は琉球政府が地主から借り上げ、それをアメリカ軍が使い、琉球政府が地主と交渉できない土地はアメリカ軍が強制的に取得できる、ということで交渉がまとまりました。

これ以降、米軍基地の土地は、アメリカ軍が地主から直接借りるのではなく、琉球政府を通じて間接的に借りる形になりました。

琉球政府発足

一九五二年（昭和二七年）四月、アメリカの支配下で、沖縄住民を代表する琉球政府が、発足しました。アメリカは、自らの支配下で、限定的な住民自治を認めたのです。

沖縄県議会に当たる立法院と、裁判所が置かれました。しかし琉球政府は、あくまで米国民政府の指揮に従う存在。行政の長つまり県知事に当たる主席も、アメリカの民政副長官が任命しました。

一九五七年（昭和三二年）からは、民政長官と副長官に代わって、アメリカの最高責任者として高等弁務官が置かれ、主席は高等弁務官が任命する仕組みに変わりました。

アメリカ軍の支配下で、沖縄はすっかり〝アメリカ〟に変わりました。公用語は英語。通用する通貨はドル。車は右側通行です。日本の本土に行くにも本土から沖縄に行くにも、パスポートとビザが必要だったのです。

このころ、沖縄から本土に旅行した人が、「沖縄の人なのに日本語が上手ですね」「沖縄の人は英語を話しているんでしょ」などと、無神経で無理解な言葉をかけられることもあったといいます。沖縄は、本土の人々の意識の中でも、すっかり日本から切り離されてしまったのです。

アメリカはなぜ沖縄を支配するのか

沖縄は、アメリカにとってどんな存在だったのでしょうか。

一九六五年（昭和四〇年）、アメリカ民政府広報室は、なぜアメリカが沖縄を支配しているのか、という質問に、次のように答えています。

「米国は日本、韓国、台湾、フィリッピンおよびいくつかの東南アジアとの間に相互安全保障条約を締結している。これらの条約は、米国に対して他からの侵略や行動からこれらの国を防衛することを委任している」

「もし、米国が自由を守るために効果的にかつ速やかに行動するためには、そうするためめの基地を持っていなければならない。これらの基準に合致するように基地としての絶対的な要求がある。即ち、必要な状況に応じて遅れることなしに軍隊やあらゆる種類の兵器を、自由に基地に運べること、緊急時に必要なあらゆる種類の兵器や補給品が自由にかつ制限なしに貯蓄できること」

「米国によって統治されている限り、沖縄はこれらの条件に合致する」（沖縄県編『沖縄苦難の現代史』）

さらに、日本本土にいる米軍は日本のみの防衛について責任があるだけだが、沖縄にいる米軍は、西太平洋全域にわたって防衛する責任を持っている、と言明しています。アメリカが西太平洋全域に影響力を持ち続けるために、沖縄の基地を自由に使えることが必要であることを、堂々と説明しているのです。

県民の復帰運動高まる

日本本土から切り離され、アメリカ軍の基地に囲まれた沖縄。基地の近くでは訓練中の米軍機が墜落したり、基地のアメリカ兵による犯罪が多発したり、住民にとっては、「米軍支配」の悲哀を味わう毎日でした。住民の代表の立法院や主席の権限も限られる中で、「日本に復帰したい」という運動が始まります。

一九六〇年(昭和三五年)には、沖縄県祖国復帰協議会(復帰協)が結成されました。

復帰のシンボルは「日の丸」でした。アメリカ軍占領の直後には、日の丸を掲揚することが禁止されたこともあって、日の丸を掲揚すること自体が米軍支配に抵抗することを意味したのです。

一九六五年(昭和四〇年)二月、ベトナム戦争の激化に伴い、アメリカ軍は北ベトナムへの空爆を開始しました。七月になると、沖縄の嘉手納《かでな》基地からアメリカ軍のB52爆撃機が直接ベトナムへ出撃します。沖縄は北ベトナム爆撃の基地となったのです。B52の巨大な機体が連日轟音を上げて飛び立ち、着陸し

コラム

「沖縄を返せ」

沖縄の祖国復帰運動で必ず歌われたのが、「沖縄を返せ」という歌だった。

かたき土を破りて
民族の怒りに燃ゆる島
沖縄よ
我らと我らの祖先が
血と汗をもて
守り育てた沖縄よ
我らは叫ぶ沖縄は
我らのものだ沖縄は
沖縄を返せ
沖縄を返せ

コラム

屋良朝苗

沖縄が日本本土から切り離されてアメリカ支配下に入ったときに沖縄の高校校長だった屋良は、「沖縄教職員会」を結成して初代会長になり、沖縄の祖国復帰運動に取り組んだ。

初代の公選主席に選ばれ、沖縄の祖国復帰に伴い、初代沖縄県知事に就任した。復帰後も米軍基地の撤去を求め続け、1976年退任。

ました。

戦争の影が沖縄をおおいます。平和な沖縄を実現するためにも、「平和憲法」のある日本の本土に復帰したい、という運動が強まりました。

それまで琉球政府の主席は、アメリカ民政府によって、アメリカ寄りの保守政党のメンバーから選ばれてきました。

しかし、沖縄の祖国復帰運動が高まる中で、住民自治を要求する声が強くなります。沖縄の世論に押される形で、アメリカは一九六八年（昭和四三年）、琉球政府主席を住民が選挙で直接選ぶ公選制度を導入しました。

選挙はこの年の一一月に行われ、投票率は九〇％にものぼりました。住民の思いが数字になって表れたのです。この選挙で、復帰協や革新政党の応援を受け、沖縄の「即時無条件全面返還」を掲げた屋良朝苗《やらちょうびょう》が当選しました。

沖縄の怒り爆発

一九七〇年（昭和四五年）一二月二〇日未明のことです。コザ市（いまの沖縄市）で、アメリカ兵の車が、米軍基地で働く沖縄の男性をはねてけがを負わせました。

駆けつけたアメリカ軍のMP（憲兵）が事故の現場検証を始めると、様子を見に、住民が集まり始めました。

沖縄では、糸満市で女性をはねて死なせたアメリカ兵に九日前、アメリカ軍の軍事法廷が無罪判決を言い渡していました。集まった多くの人が、「また同じことになるのではないか」という思いを持っていたのです。

米軍支配下の沖縄では、アメリカ兵による事件や事故が相次いでいましたが、米軍による裁判では、無罪だったり軽罪に終わったりして、住民の不満が高まっていたのです。

そのとき、すぐそばで別のアメリカ兵が、再び事故を起こしました。これが住民の怒りに火をつけました。怒った群衆に脅えたアメリカ軍のMPが拳銃を威嚇発射しました。

これが暴動を引き起こしました。群衆は五〇〇〇人に膨れ上がり、道路に駐車中の車をひっくり返したり、放火したりし始めたのです。駐車している車はほとんどがアメリカ軍かアメリカ兵のものでした。計八二台の自動車が放火されました。

群衆の一部はアメリカ軍嘉手納基地のゲートに突入します。基地の中では、ライフル銃

コラム

佐藤栄作

山口県生まれ。東京帝国大学法学部を卒業後、鉄道省（運輸省と国鉄を合わせた役所）に入る。鉄道省から変わった運輸省のトップの事務次官から、第二次吉田茂内閣の官房長官に。

1964年（昭和39年）、総理大臣に就任し、7年8ヵ月という最長不倒の長期政権を維持した。60年安保当時の岸信介総理の実弟。

在任中に「非核三原則」を打ち出し、沖縄返還を実現させた功績が評価されて、ノーベル平和賞を受賞した。

に実弾を装填《そうてん》したアメリカ兵が銃を構えました。群衆がそれ以上基地内に入り込めば、無差別銃撃に発展するところでした。群衆は、そこで止まり、惨劇は危機一髪で避けられました。

これが「コザ暴動」です。死者こそ出ませんでしたが、米軍側に六一人、日本側に二七人の負傷者が出ました。沖縄の住民の日ごろの怒りが爆発した事件でした。と同時に、これまで通りのやり方では、アメリカ軍が「沖縄を自由に使える」わけにはいかなくなっていることを知らせる事件でもありました。

「復帰が実現しないと戦後は終わらない」

一九六四年（昭和三九年）一一月に総理に就任した佐藤栄作《さとうえいさく》は、沖縄の住民の復帰運動が高まる中で、沖縄返還を最大の政治課題に掲げました。

翌六五年一月の初の訪米で、当時のジョンソン大統領に沖縄返還を申し入れたのです。

この年の八月一九日、佐藤は現職総理として戦後初めて沖縄を訪問し、「沖縄の祖国復帰が実現しないかぎり、日本の戦後は終わらない」と言明しました。

沖縄の日本復帰への動きが始まったのです。

一九六七年（昭和四二年）一一月に行われた日米首脳会談で、小笠原《おがさわら》諸島の一年以内の返還が決まりました。小笠原諸島も、米軍の支配下にあったからです。小笠原諸島は、翌年六月、日本に返還され、東京都小笠原村になりました。

このとき同時に、「沖縄返還を両三年以内にメドをつける」ことで合意しました。

「両三年以内」とは、耳慣れない言葉でした。この表現を聞いたとき、高校生だった私は、一瞬意味がわかりませんでした。「何だかはっきりしない表現だなあ。はっきりさせると都合が悪いのかなあ」と思ったものです。

「両三年以内」とは、「二〜三年以内」という意味です。英語では「within a few years」と表現されていました。アメリカ向けには「数年以内」という表現です。アメリカ向けと日本向けではニュアンスが微妙に違いました。

しかもこれは、数年以内に返還するのではなく、数年以内に、いつ返還するかを決める、というものでした。実際の返還時期が決まったわけではなかったのですが、これをきっかけに、沖縄返還に向けた具体的な話し合いが始まりました。

一九六八年（昭和四三年）五月、沖縄返還に関する日米協議が始まり、翌年一一月の佐藤・ニクソン会談で、一九七二年（昭和四七年）の核抜き本土並み返還が決まったのです。

沖縄が日本に戻ってきた

一九七二年（昭和四七年）五月一五日午前

〇時、沖縄県内の役所や工場、船などから、一斉にサイレンや汽笛が鳴り響きました。この時をもって、沖縄は日本に復帰しました。アメリカの支配下に入って二七年後のことでした。

琉球政府は沖縄県庁に移行しました。「沖縄返還」と呼ばれますが、正式には「施政権返還」でした。沖縄が日本本土から切り離されるとき、沖縄に対して、日本の「潜在主権」は認められていました。本来日本の領土だが、アメリカ軍が政治を行う、という形をとっていたのです。その政治の権限を日本に返す、というのが「施政権返還」でした。

問題は核兵器の扱いだった

沖縄が日本に返還されるにあたって、最大の焦点となったのが核兵器の扱いでした。

アメリカ軍に支配されている間に、沖縄には大量の核兵器が持ち込まれ、貯蔵されていました。その数は、一九六〇年前後には最大八〇〇発にものぼっていたといいます。

一九六七年（昭和四二年）、佐藤栄作総理は、日本の核兵器についての政策として、「核兵器を持たず、作らず、持ち込ませず」の「非核三原則」を国会で明らかにしています。

この「非核三原則」は、一九七一年（昭和四六年）に国会決議もされています。日本国内に核兵器があってはならないのです。すると、沖縄が日本に戻ってくるとき、沖縄にある核兵器はどうなるのか。これが問題でした。

沖縄返還にあたっても「非核三原則」を適用することになれば、アメリカ軍の核兵器を撤去させなければなりません。これが、日米協議の最大の問題でした。

アメリカ軍内部には当初、沖縄から核ミサイルを撤去することに反対意見が強かったのですが、時代は変わりつつありました。アメリカ軍は、核ミサイルを原子力潜水艦に搭載して、世界各地の海深く待機させる戦略に切り替え始めていたからです。

地上に核ミサイル基地を持っていると、相手の標的になりやすく、実際の戦争になったとき真っ先にねらわれ、かえって役に立たないと考えられ始めていたのです。その意味で、沖縄の核ミサイルは、時代遅れになりつつありました。

結局、沖縄返還にあたって、アメリカ軍は沖縄の核兵器を撤去することで日本と合意しました。これを日本政府は、「核抜き本土並み」と表現しました。「核兵器がないという点で、日本の本土と同じである」という意味です。しかし、日米が結んだ沖縄返還協定で、核兵器の撤去は明示されたわけではなかったのです。

この部分を、佐藤とニクソンとの会談での共同声明は、こう表現しています。

「総理大臣は、核兵器に対する日本国民の特殊な感情及びこれを背景とする日本政府の政策について詳細に説明した。これに対し、大統領は、深い理解を示し、日米安保条約の事前協議制度に関する米国政府の立場を害することなく、沖縄の返還を、右の日本政府の政策に背馳しないよう実施する旨を総理大臣に確約した」

非常にわかりにくい文章ですが、日本政府は、この共同声明で「核抜き本土並み返還」

が約束されたことになると説明しました。

「日本政府の政策に背馳《はいち》しないよう実施」というのが、日本政府の「非核三原則」を尊重して、沖縄から核兵器を撤去するという意味に当たります。

この文章の中の「日米安保条約の事前協議制度」とは、安保条約の中で、アメリカが核兵器を日本に持ち込もうとするときは、日本側と「事前協議」することになっていることを示しています。安保条約では、建前として、日本は「事前協議」の結果、核兵器の持ち込みにノーを言えることになっているのです。

ただし、この文章では、「米国政府の立場を害することなく」となっています。これはつまり、アメリカが「沖縄に核兵器を持ち込みたい」と事前協議を求めてきたら、日本は必ずイエスと言う、という意味に受け取れます。

このため、緊急時には核兵器の持ち込みや貯蔵を認めるのではないか、と批判する声が上がりました。日本政府はこれを否定しましたが、その後、そうした「密約」があったことを、秘密交渉にあたった担当者の若泉敬《わかいずみけい》元京都産業大学教授（故人）が暴露したのです。

コラム

「沖縄密約」

当時、沖縄返還交渉の裏舞台で、佐藤栄作の密使として活躍した若泉敬は、1994年になって、著書『他策ナカリシヲ信ゼムト欲ス』を出し、この中で、佐藤栄作とニクソン大統領の間で「密約」があったことを暴露した。

それによると、沖縄返還に伴って、沖縄にある核兵器は島の外に持ち出すが、もしアメリカが必要と判断したら、核兵器を沖縄に再び持ち込むことと、沖縄を通過することを事前に日本と協議する。その場合、日本はすぐにそれを認める、というものだったという。しかし、日本の外務省は、この「密約」の存在を否定している。

日本政府は、沖縄返還に伴い、アメリカの資産の移転費一億七五〇〇万ドル、労務関係費七五〇〇万ドル、核兵器撤去関係費七〇〇〇万ドルの計三億二〇〇〇万ドルをアメリカに支払いました。実際には核兵器の撤去・運び出しに費用がかかり、「資産の移転費」の項目に入っていた費用も、ほとんどが核兵器撤去にかかる費用でした。

●沖縄のドルを円に交換

沖縄が日本に復帰する直前、戦後長く続いてきた一ドル＝三六〇円が、一ドル＝三〇八円に変わっていました。円高ドル安です。沖縄復帰に伴って、沖縄で使われている通貨も、ドルから円に変わります。これをいくらで交換するのかが問題になりました。

一ドルを三〇八円で交換したのでは、沖縄の住民が持っていたドルの価値が低くなります。それまで一ドル＝三六〇円だと思っていた沖縄の住民が打撃を受けると日本政府は考えました。このため、沖縄の住民が持っているドルについてだけ、一ドル＝三六〇円で交換することにしたのです。このことが事前にもれると、ドルを高く両替しようとする外国人の動きが予想されます。そこで、極秘のうちに計画を進めることになりました。

復帰の前年の一九七一年（昭和四六年）一〇月、沖縄県内の全金融機関が突然閉鎖され、沖縄県民が持っているドル紙幣に朱肉のスタンプを押しました。この分だけを、一ドル＝三六〇円の交換レートで日本円に両替しました。極秘作戦でした。

政治も本土化

復帰に伴い、日本の自衛隊も沖縄に配備され、六四〇〇人が配属されました。これには、沖縄戦で旧日本軍によってひどい目にあった体験を持っている県民から反対の声も上がりました。

沖縄の政党も、本土化が進みました。沖縄社会党は社会党沖縄県本部に、沖縄自民党は自民党沖縄県連になり、沖縄人民党は共産党に合流しました。沖縄独自の政党の社会大衆党だけは、独自路線を歩みました。

道路の通行も左右逆に

復帰から五年後の一九七七年七月三〇日、沖縄の通行方式が本土と同じに変更されました。アメリカに支配されている間に、沖縄の交通は、自動車が右側通行、歩行者が左側通行というアメリカ方式になっていました。これを、本土と同じにしたのです。復帰と同時では混乱が大きいため、変更は五年後になりました。

変更は、思わぬ影響をもたらしました。自動車や歩行者が逆を通ればすむという程度ではなかったのです。

たとえば魚釣り用のエサや材料を売る店のことを考えてみましょう。海に向かう客が車を止めて買いやすいように、海に向かって進行方向右側に店が立ち並んでいます。これが左側通行になったら、ドライバーにとっては不便になります。あわてて道路の反対側に移転させる店が相次ぎました。

バス停の場所の変更ひとつをとっても、県

民の生活に大きな影響が出たのです。

第二の琉球処分

沖縄の返還は「核抜き本土並み」と表現されましたが、「本土並み」といっても、米軍基地の「質と量」は決して「本土並み」ではありませんでした。「核抜き」という点では「本土並み」でも、復帰に伴う基地の返還はごくわずかにとどまり、実質的な変化はなかったのです。

これが「第二の琉球処分」と表現されることがあります。

では、第一の「琉球処分」とは、いつのことでしょうか。明治政府によって琉球が強制的に沖縄県にされたことを指します。

コラム
糸と縄を交換した

佐藤との会談で沖縄返還を決めたニクソン大統領は、大統領就任前の選挙中、日本からの繊維製品に押されるアメリカの繊維業界に対し、アメリカ向け繊維製品の輸出を日本に規制させることを約束していた。

沖縄返還にあたってニクソンは、この公約を実現させるため、佐藤に繊維製品の輸出規制を求めた。

それまで日本国内では、アメリカ向け繊維製品の輸出規制に反対する声が高かったが、結局、佐藤はニクソンの言い分をのみ、繊維製品の規制と沖縄返還を取引する形になった。

このため、佐藤は「糸と縄を交換した」と批判された。「糸」は繊維製品、「縄」は沖縄のことだ。

この際、繊維製品の輸出規制を求めるニクソンに、佐藤は「善処する」と日本語で答えた。これを通訳は、「I'll do my best」と訳したといわれている。佐藤は、日本式に「やれるだけはやってみる」という官僚的な答えをしただけで、約束したわけではないという認識だった。しかしアメリカは、佐藤が約束したと受け止めた。その後、日本が繊維製品の輸出規制をなかなか実施しないことにニクソンは怒り、「日本は約束を破った」と受け止めた。
「言葉」をめぐる日米摩擦のひとつである。

琉球は、いくつもの地方にそれぞれの王が割拠《かっきょ》していた状態だったのが、一四二九年、尚巴志《しょうはし》によって統一され、「琉球王国」が成立します。

その後、琉球王国は、中国の明《みん》の皇帝に貢ぎ物を献上する関係を保ちながら、鹿児島の薩摩《さつま》とも関係を持つという二重構造の中で、王国の独立を維持してきました。

琉球王国の城が、首里城です。首里城には、明の使節を接待する建物と、薩摩藩の人々をもてなす建物の両方がありました。首里城の建物の様式には、中国文化の強い影響が残されています。

しかし、一六〇九年、琉球は鹿児島の薩摩藩の軍勢に攻め込まれて属領になり、以後、薩摩藩から搾取を受け続けました。後に明治維新の際、薩摩藩が中心勢力になれたのは、琉球から搾取した財政力も大きな力になったといわれているほどです。

明治になって一八七一年、日本本土で廃藩置県が実施されました。その八年後の一八七九年、明治政府によって琉球は強制的に沖縄県にさせられました。明治政府は警察や軍隊を動員して首里城の明け渡しを求め、このときの琉球王国の国王である尚泰《しょうたいおう》王を退位させました。これが「琉球処分」です。

こうして琉球王朝四五〇年の歴史が終わったのです。

沖縄が米軍支配から脱し、本土に復帰したにもかかわらず、その復帰が、まるでかつての「琉球処分」を想起させるようなやり方だと感じた人たちが、「第二の琉球処分」だと批判したのです。

基地問題は続く

沖縄が本土に復帰してからも、アメリカ軍基地をめぐる問題は依然続いています。

一九九五年九月に起きた米軍兵士三人による「少女暴行事件」をきっかけに、基地撤去運動が一段と高まりを見せました。

特に当時の沖縄の大田昌秀《おおたまさひで》知事は、軍用地の代理署名を拒否し、大きなニュースになりました。

沖縄のアメリカ軍基地は、復帰後、日本政府が地主と賃貸契約を結んで土地を借り上げ、アメリカ軍に無料で使用させるという形になっています。

しかし、自分の土地を基地に使われることに反対する反戦地主も多かったのです。この人たちの土地を基地として使うために、「沖縄公用地暫定使用法」(公用地法)という法律が制定されました。復帰前に公用地(実際は軍用地)として使用していた土地は、地主の意思に関わりなく復帰後五年間、そのまま公用地として使えることになったのです。

公用地法の五年間の期限が切れた後は、「沖縄地籍明確化法」を制定してさらに五年間公用地の使用を延長し、その後は「駐留軍用地特別措置法」によって、強制借り上げが続いてきました。

この駐留軍用地特別措置法では、もし地主が契約を拒否した場合、土地のある市長村長が代わって契約書に署名(代理署名)し、さらに市長村長が拒否した場合は、県知事が代理署名する仕組みになっていました。大田知事は、これを拒否しました。

結局、当時の村山富市《むらやまとみいち》総理が、知事に代わ

って署名しました。沖縄からの米軍基地撤去を求めてきた社会党の委員長だった村山が、皮肉にも基地存続の手続きをとったのです。

村山から代わった橋本龍太郎《はしもとりゅうたろう》総理は、一九九六年四月、アメリカとの交渉の結果、宜野湾市に広がる普天間《ふてんま》飛行場を、五年から七年以内に全面返還させることで合意しました。

その代わり、普天間の機能の一部を移すため、沖縄県内にヘリコプター基地を新設することになったのです。これが返還の条件でした。

その候補地として、沖縄県北部の名護《なご》市辺野古《へのこ》地区があがっています。

二〇〇〇年七月に沖縄で開かれたサミットの会場は、この名護市でした。

アメリカのクリントン大統領は、沖縄が日本に復帰してから初めての大統領として沖縄を訪れ、「平和の礎《いしじ》」で演説しました。

この中で、クリントン大統領は、沖縄戦で犠牲になった人たちを追悼した後、日米の同盟関係の強さをあらためて確認し、「沖縄は同盟の維持のために不可欠な役割を担ってきた」と強調しました。

アメリカは、沖縄の基地を手放す気持ちのないことを、あらためて示したのです。

沖縄の明日はどこへ

沖縄が日本に返還された当時に比べて、日本本土の米軍基地の面積は六〇%減少していますが、沖縄では一五%しか減っていません。そもそも広大な米軍基地が存在するのに、その返還が、本土より遅れているのです。

広大な嘉手納基地周辺の学校は、ジェット

戦闘機や輸送機、ヘリコプターなど航空機の騒音に悩まされています。騒音のため、授業が中断することもしばしばです。沖縄は米軍基地に悩まされています。

しかしその一方で、その基地で働いたり、アメリカ兵を相手に商売をしたりしている人も多いという現実があります。基地に依存した、いびつな経済構造が続いているのです。

一九九五年二月、当時のアメリカ国防総省のジョセフ・ナイ国防次官補は、通称「ナイ・リポート」と呼ばれる『東アジア戦略報告』をまとめ、連邦議会に提出しました。

この中で、これからもアジア・太平洋地域の安定のために、一〇万人のアメリカ軍を東アジアに駐留させる方針を示しています。一〇万人のアメリカ兵の中心は、在韓米軍の三

コラム

クリントン演説

沖縄戦は最も悲惨な戦闘でした。その戦闘を悼んで建立されたこの記念碑は最も強い人類愛を示しています。「平和の礎」のすばらしさは、すべての人の悲しみに応えているところです。

大抵の記念碑は戦争で亡くなった一方の側の人々だけを追悼するものですが、「平和の礎」は戦った双方の人々、そしていずれの側にもつかなかった人々をも悼むものです。したがって、「平和の礎」は単に一つの戦争の慰霊碑という以上に、あらゆる戦争の慰霊碑であり、そのような破壊が二度と人類に降りかかることのないように、私たちの共通の責任を想起させてくれてもいるのです。

過去50年間、日米両国は、この礎の心を持って、そうした責任を満たすべく協力してきました。日米同盟関係の強さは、20世紀の偉大な物語です。

今日、アジアが概ね平和であるのは、日米同盟関係がこの地域のすべての人々に、平和が守られ維持されていくという信頼感を与えてきたからです。同盟関係というのは、まさにそのために存在するのであり、だからこそ、日米同盟関係は維持されていかなければならないのです。

勿論、沖縄は、この同盟関係の維持のために、特に不可欠な役割を担ってきました。（中略）↙

↘　1879年、最後の琉球王である尚泰王は、 首里城を永久に後にしました。 王として最後に詠んだ詩には未来への希望が託されています。今日、尚泰王の言葉は世代を超えて、私たちに語りかけています。「イクサユンスマチ、ミルクユンヤガテ」「戦の時は終わりゆく。平和は遠からじ。あきらめる事なかれ。命こそが宝なり」願わくば、尚泰王の詩が、今後、何ヵ月、何ヵ年にわたって私たちの友情と努力の道案内をし続けてくれることを。

万七〇〇〇人と、在日米軍の四万七〇〇〇人です。在日米軍の中心は、言うまでもなく、沖縄です。

冷戦終結後も、アメリカは、沖縄の基地を維持する方針を打ち出しているのです。

このままでは、沖縄の米軍基地が整理・縮小される見通しはなかなか立ちません。日本は、この現状をどうするのか。長く日本とアメリカの犠牲になってきた沖縄の人々の声を、どう受け止めるのか。二一世紀、それが問われているのです。

一九九五年一〇月二一日、少女暴行事件に抗議する県民集会で、高校三年生の少女は、こう語りました。

「私は今、決してあきらめてはいけないと思います。私たちがここであきらめてしまうことは、次の悲しい出来事を生み出すことになるのですから。いつまでも米兵に脅え、事故に脅え、危険にさらされながら生活を続けていくことは、私は嫌です。未来の自分の子どもたちにも、そんな生活はさせたくありません」「私たちに静かな沖縄を返してください。軍隊のない、悲劇のない平和な島を返してください」

一九四五年六月六日。沖縄戦は、悲惨な最

再建された守礼の門

期を遂げようとしていました。日本海軍の司令官だった大田《おおた》実《みのる》少将は、自決する直前、本土の海軍次官に一本の電報を打ちました。沖縄が焦土と化した実情を述べ、沖縄の住民がいかに戦争に協力したかを説明した後、電報は最後にこう結ばれていました。

「沖縄県民斯《カ》ク戦ヘリ　県民ニ対シ後世特別ノ御高配ヲ賜ランコトヲ」

戦後の沖縄県民の労苦に、後世の日本は、どれだけの配慮をしているというのでしょうか。

第一一章のその後

沖縄では、その後も米兵による暴行事件が後を絶ちません。そのたびに、県民の抗議運動が起きています。一九九五年に開かれた県民抗議集会で高校三年生が訴えた「平和な島を返してください」の願いは、実現していないのです。

普天間飛行場の移転計画も進んでいません。移転予定地の名護市では、海を埋め立てて米軍基地を建設することに反対する運動が続いています。

二〇〇八年八月には、その普天間飛行場所属の大型輸送ヘリコプターが、沖縄国際大学の敷地内に墜落・炎上しました。

大学関係者にけがはありませんでしたが、事故直後、米軍が周辺を封鎖して機体を搬出してしまいました。日本の警察は手出しができず、事故原因の究明などはできないままでした。

〝治外法権〟は続いているのです。

第一二章
学生の反乱に
日本が揺れた

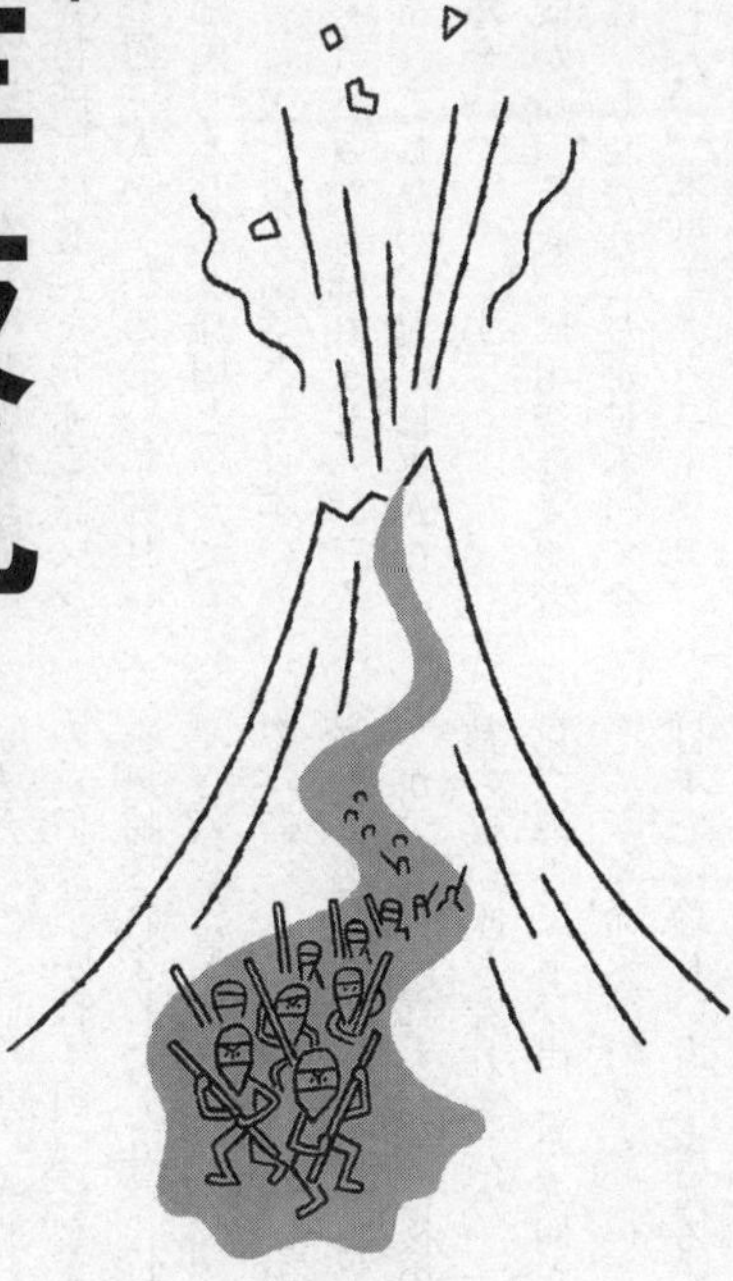

北の国から帰ってきた女性たち

一九七〇年（昭和四五年）に日本航空機「よど号」をハイジャックして北朝鮮（朝鮮民主主義人民共和国）に渡った元赤軍派メンバーを父に持つ娘三人が、二〇〇一年五月一五日、日本に帰国しました。帰国といっても、生まれて初めて日本に来るので、「日本にやってきた」と言うべきかも知れません。三人は北朝鮮で生まれましたが、親が日本人なので、日本の国籍を持っています。

三人は二二歳から二三歳。成田空港で記者会見した三人は、しっかりとした日本語で受け答えをしました。「東京ディズニーランドに行ってみたい」と、若い女性らしい希望を述べました。

しかし、この記者会見を見た日本の若い人たちにとっては、「よど号事件」は遠い過去の話でした。この女性たちがなぜ北朝鮮にいたのか、理解不能だったようです。

また、二〇〇〇年一一月には「日本赤軍」の重信房子《しげのぶふさこ》が日本国内に潜入していたところを逮捕されました。五〇代以上の人たちが、「えっ、重信が日本にいた?」と驚く姿を見て、若い人たちがきょとんとする、という光景があちこちで見られました。

かつて、一九七〇年前後の日本は、学生運動の嵐が吹き荒れました。「世界革命」を夢見て海外に飛び出した人間たちもいたのです。その「革命家」たちも、いまは老い、現代の日本では珍しいものを見るかのような受け止められ方をしています。

そのとき、日本で何があったのか。日本が揺れた学生運動の時代を振り返ってみましょ

帰国した「よど号」事件メンバーの娘たち　2001年5月

う。

東京大学から始まった「全共闘」運動

学生運動が激化するきっかけになったのは、東京大学医学部での学生自治会と大学側の対立でした。医学部の学生は、大学を卒業後、「インターン」と呼ばれる無給の研修医になる制度がありました。この改革案をめぐって、一九六八年（昭和四三年）一月、医学部学生自治会の学生が教授を吊《つる》し上げる事件が起き、翌二月、医学部教授会は、学生たちを停学処分などにしました。

ところが、処分された学生のひとりは、当日東京にいなかったのに処分されたという「事実誤認問題」が起き、学生たちの抗議行動がエスカレートしました。医学部の学生数十人は、六月、東京大学のシンボルともなっている安田講堂(時計台)を占拠したのです。

驚いた大学は、警察に出動を要請し、機動隊が学生を排除しました。

これが、学生の怒りに火をつけました。「大学は学問の自由・独立を守るために国家権力から独立していなければならない」と考える学生たちが怒りました。「警察力の導入は、大学の学問の自由を脅かす」と考えたのです。

大学がすっかり大衆化した現在では、この考え方が理解できないかも知れませんが、戦前には、政府を批判したために大学を追われたり、警察に逮捕されたりした教授がいた経験から、当時の大学では、警察官が学内に入ることには、強い抵抗感があったのです。

機動隊の導入により、医学部の問題は、全学に広がりました。大学側に抗議して、東京大学の全学部の学生自治会が無期限ストライキに入ります。また、学生たちは「全学共闘会議」(全共闘)という闘争組織を結成しました。学生が全員加盟する学生自治会とは異なり、「闘う意思のある者だけが参加する」「学生なら誰でも参加できる」という柔軟な組織で、その後、全国の大学にこの方式が広まりました。

日本大学で学生の怒り爆発

東京大学と並んで学生運動が大きく盛り上がったのが、日本大学でした。

このころ日本大学では、二二億円もの使途不明金が東京国税局によって指摘され、ずさんな経理の実態が明るみに出ました。当時の日本大学は、学生数一〇万人の日本一のマンモス大学といわれましたが、「校舎はあってもキャンパスがない」と言われるほど、学生数に対して教育施設が貧弱で、日ごろの学生の不満が爆発したのです。

この年の六月に学生が抗議集会を開いたところ、大学側に立った体育会系の学生が集会を襲撃し、学生二〇〇人が負傷するという事件が起きました。これをきっかけに、日本大学も全学部がストライキに入りました。

東京大学の学生が「学問の独立の侵害への抗議」だったのに対し、日本大学の学生は、「金もうけ主義への抗議」でした。

一九六八年九月三〇日、日本大学の理事会は学生の要求に応じて、「全学集会」を開きました。これを学生側は「大衆団交」と呼びました。「団交」とは労働組合用語で「団体交渉」のこと。労働者の代表と経営者が対等な立場で交渉することです。学生たちは、「大衆団交」と呼ぶことで、学生と大学の経営陣が対等な立場であることを強調したのです。

この「大衆団交」は両国講堂で開かれ、実に三万五〇〇〇人の学生が集まりました。「団交」は一二時間続き、日本大学の理事会は、経理の公開や全理事の退陣など学生の要求をすべて認めました。学生たちは、「これで大学は正常化する」と喜びました。

機動隊の力で封鎖解除へ

しかし、翌日、当時の佐藤栄作《さとうえいさく》総理が、この「団交」について、「集団暴力は許せない」と発言し、にわかに政治問題となりました。

安田講堂の攻防戦　1969年1月

佐藤発言をきっかけに大学側は学生との約束を撤回し、機動隊の出動を要請します。学生が築いたバリケードは、次々に取り除かれました。学生運動は次第に下火になっていきます。

また東京大学でも六九年一月、大学の要請を受けた機動隊が安田講堂に立てこもった学生を排除しました。学生が上から火炎瓶を投げると、機動隊は催涙ガスや放水で対抗し、〝攻防戦〟は三五時間にわたって続きました。この様子はテレビ中継されました。

講堂に立てこもった学生三〇〇人あまりはその場で逮捕されましたが、逮捕された学生のほとんどは他大学の学生でした。東京大学の学生は、「今後の闘争に備える」という名目で、前日までに安田講堂を抜け出していました。

これには、学生運動に同情的だった人たちからも、「東大生はいざとなると逃げ出す」という批判が出ました。事実、このとき逮捕された他大学の学生たちは全員起訴され、長期間の裁判によって、それぞれの大学を退学した者も多かったのですが、逮捕を免れた東大生の多くは、その後大企業に就職。エリートコースを歩みます。

安田講堂の攻防戦の直後、この年の東京大学の入学試験は中止されました。筑波《つくば》への移転反対を求めて学生のストが続いていた東京教育大学（現在の筑波大学）も、ストをしていなかった体育学部を除いて入試が中止されました。

私はこのとき高校三年生。受験勉強をしながら、安田講堂の攻防戦をテレビで見ていました。二つの大学の入試中止に呆然とした思い出があります。

学園闘争、全国へ拡大

東京大学、日本大学で闘争が下火になる一方、その他の大学では、闘争のテーマは違っても、次々に学生の反乱が始まりました。「全学バリケードストライキ」という言葉が、ごく普通に使われるようになったのです。

一九六九年、全国一六五の大学で学生がストに入りました。ストをしていない大学のほうが珍しがられるほどでした。闘争は高校にも広がり、各地の高校で生徒による封鎖が相次ぎました。

同年九月には、全国の四六大学の全共闘が集まって、「全国全共闘連合」が結成されました。東大全共闘の山本義隆《やまもとよしたか》が議長に、日大全共闘の秋田明大《あきたあけひろ》が副議長になりました。

東京の日比谷野外音楽堂で開かれた結成大会には、全国から二万人を超える学生が、党派別や大学別に色とりどりのヘルメットをかぶって集まりました。

街頭闘争の時代に

学生の反乱が全国に広がり、全国全共闘が結成されたものの、このころから、学生運動は次第に政治党派によって分かれていくようになります。

六〇年安保以降、日本共産党の路線に反対する立場に立ち、マルクス・レーニン主義の独自の解釈にもとづく共産主義をめざす政治党派がいくつも生まれていました。これらの党派の多くは、ソ連や中国を「スターリン主義」と批判していました。

こうした党派は、社会党や共産党などの「古い左翼」ではないという意味で「新左翼」と自称することもありました。マスコミは、「反日共系」とか、日本共産党本部が代々木にあることから「反代々木系」とか呼ぶことが多かったのですが、日本共産党は、「マルクス・レーニン主義とは何の関係もない団体なので、日共や代々木などの名前を使わないでほしい」とマスコミ各社に申し入れていました。

一方、警察は「極左暴力集団」と呼び、マスコミはやがて「過激派」と呼ぶようになります。

こうした政治党派の多くが、「目覚めた意識の高い一部の組織が、国家権力を相手に先鋭化した闘いを繰り広げることで、眠れる一

機動隊と衝突する学生デモ隊　1969年

般大衆を目覚めさせる」という方針をとりました。

このため、ヘルメットに角材を持った戦闘集団が警察の機動隊と衝突を繰り返したのです。攻撃目標は党派によって異なりました。総理官邸だったり、国会議事堂だったり、防衛庁だったり。新宿や渋谷の街を騒乱状態にすることもありました。

各派は、ヘルメットを色分けして独自色を競いました。機動隊とぶつかるときに使う角材は、「ゲバ棒」と呼ばれました。「ゲバ」は、ドイツ語の「ゲバルト」（暴力）に由来します。

安保反対闘争、ベトナム反戦運動、沖縄返還要求闘争、成田空港建設反対運動など、さまざまなテーマで、街頭戦が繰り広げられたのです。

これを抑えようとする機動隊は催涙ガスで応じました。当時、東京都内の繁華街では、しばしば催涙ガスの臭いがいつまでも残ったものです。機動隊の装備もみるみる充実していきました。学生たちの反乱は、結果として強大な警察力を生み出したのです。

当時は、世界各地で学生運動が高揚した時代でもあります。フランスでは学生街カルチエラタンで学生が警官隊と衝突しました。ドイツやイギリス、イタリアでも学生運動が燃え盛りました。アメリカでも学生たちがベトナム反戦運動に立ち上がり、学生が射殺される事件も起きています。

お隣中国でも、紅衛兵による「文化大革命」が起きていました。

どうしてこのとき、同時期に世界各地で学生の反乱が起きたのか。さまざまな分析が行われましたが、はっきりとした答えは出ていません。

貧しかった敗戦直後は、生きていくことに必死で、学生運動をするだけの余裕がなかったのに対し、高度経済成長の結果、学生にもゆとりが生まれてきたこと。

公害問題など社会にさまざまな歪みが出て、正義感に燃える若者たちには許しがたかったこと。

戦後のベビーブームで生まれた大量の若者が大学生になり、大学生が一部のエリートだった時代が終わって、大学の大衆化が進んだこと。

若者たちの意識の変化に、旧来の大学が対応できなかったこと。

政治の側にも、若者や大学生の不満、要求を汲み取るシステムがなかったこと。

古い世代に対して若者たちが反抗したこと。

これ以外の分析もできるでしょう。この当時、ベトナムではアメリカ軍が北ベトナムへの爆撃（北爆）を続け、南ベトナムの反政府ゲリラと戦争を続けていました。沖縄からは、直接爆撃機がベトナムへ飛び立っていました。日本国内の病院に、ベトナムで傷ついたアメリカ兵が運ばれてきました。壊れた戦車を修理する工場もありました。日本の港から、アメリカ軍の物資を積んだ貨物船がベトナムに出航していきました。日本の身近にベトナム戦争が存在したのです。このことが、学生の危機意識を高めたことも事実です。

学生運動、自壊の道へ

学生運動が盛り上がるにつれて、各大学の自治会の主導権をどの党派が獲得するかをめぐって、党派間の争いが激化します。

対立する党派をゲバ棒で襲撃することもしばしば起き、死者まで出る悲惨な状態に陥ったのです。これは、「反体制内部でのゲバルト（暴力）」という意味で「内ゲバ」と呼ばれました。

特に「中核派」と「革マル派」は、もともとは同じ組織でしたが、運動路線の対立から分裂し、〝近親憎悪〟のように憎しみ合い、殺し合いが続きました。他の派による内ゲバもあり、一九七五年の一年間だけで二〇人もが内ゲバで殺されています。七〇年から八二年までの一三年間の犠牲者の総数は八〇人にも達しています。

大学への機動隊導入で学生運動が抑えつけられる一方、党派活動家同士の内ゲバが続発し、一般学生は運動から手を引きます。学生運動は大衆的な広がりを失ったのです。

世界同時革命を夢見た者たち

大きな高揚を見せた学生運動が大衆的な広がりを失う中で、より過激な路線を主張するグループが現れました。「赤軍派」です。

ある政治目標を持った組織の中で、小人数が闘い方を議論すると、大体において、〝より強硬な〟方針を打ち出した者が主導権を握るという傾向があります。

政治党派が小さく、大衆から隔絶されたところで議論をしている限りにおいては、強硬路線、過激な路線を主張した者が勝つという現象は、左翼、右翼を問わず、しばしば見られる傾向です。

さまざまな党派の中でも一段と過激な闘争を呼びかけていた「共産主義者同盟」という組織から、より過激な「赤軍派」が誕生したのです。それまでの組織から分裂したので、「派」という名前になっています。「赤軍」は、ロシア革命の中心になった赤軍から名前をとりました。

彼らは、日本国内で直ちに武装蜂起し、〝眠れる労働者〟の目を覚まし、一大革命運動に発展させようと考えました。そのための具体的な筋道や方針などはなく、ただひたすら「権力との闘い」を夢想したのです。

しかし、主力部隊は、総理官邸の襲撃を計画して山梨県塩山《えんざん》市の大菩薩《だいぼさつ》峠《とうげ》で軍事訓練をしていたところを一九六九年（昭和四四年）一一月、警察に踏み込まれ、五三人が逮捕されて、大打撃を受けました。このときも、総理官邸を襲撃した後の展開については何も考えていないというのが実態でした。

残された赤軍派のメンバーは、北朝鮮（朝鮮民主主義人民共和国）に行くことを考えました。世界各地に飛んで「革命根拠地」を作り、そこを拠点に「世界同時革命」を起こそうというのです。日本国内の大学の中での闘争にも負けているのに、日本どころか一気に世界革命を夢想したのです。

いまの時点でこんなことを説明していると、実にバカバカしい〝戦争ごっこ〟でしかないと思えますが、当時は、この主張に惹かれる学生も大勢いたのです。〝時代の気分〟とでも呼ぶべきものでしょうか。

当時、北朝鮮の国がどういうものか、日本国内では知られていませんでした。赤軍派の学生たちにとっては、「アメリカや韓国と対立している独自の社会主義国」という程度の認識でした。日本の社会に不満を持つ彼らには、日本と国交がなく、対立している点が、好ましく思えました。「ここで軍事訓練を受けさせてもらい、独自の軍隊を作る一歩にしよう」と考えていました。キューバも行き先として検討されましたが、あまりに遠いので、近くの北朝鮮に決めました。

「われわれは〝明日のジョー〟である」

一九七〇年三月、赤軍派の九人が、羽田から福岡に向かう日本航空の飛行機を乗っ取りました。当時は、飛行機の一機一機に愛称がついていました。彼らが乗っ取ったのが大阪の淀川から名前をとった「よど号」だったので、「よど号事件」といいます。

ハイジャックされた「よど号」（韓国金浦空港で）1970年4月

メンバーの多くに過去の事件で逮捕状が出ていて、日本から合法的に出国できないことからハイジャックを考えつきました。ハイジャックを起こせば、組織の大宣伝にもなります。

この事件が起きてから、「ハイジャック」という言葉が使われるようになりました。「ハイジャック防止法」という法律ができて、ハイジャックをすると重い罪になることになったのは、この事件の後です。また、それまで飛行機に乗るときに所持品検査やボディチェックはなかったのですが、この事件後、チェックが行われるようになりました。

ハイジャック部隊のリーダーの田宮高麿《たみやたかまろ》は、行動の前日、「出発宣言」をまとめています。この中で田宮は、今回の行動を自分なりに説明した後、「そして、最後に確認しよう。われわれは〝明日のジョー〟である」と結んでいます。「明日のジョー」とは、ボクサーが主人公の当時人気のあったマンガのタイトルです。文字通りマンガチックな行動でした。

乗っ取った日航機は、いったん福岡空港で給油します。そこで乗客の一部を解放後、北朝鮮に向かいますが、韓国の航空管制が北朝鮮を装って誘導し、韓国の金浦《キンポ》空港に着陸させました。

しかし、空港にアメリカの旅客機があることに赤軍派のメンバーが気づいたことから偽装工作は発覚し、膠着《こうちゃく》状態となります。

その後の交渉の結果、乗員・乗客を降ろし、当時の日本の運輸政務次官が代わりの人質になって機内に入り、一行は北朝鮮に入りました。

日本政府は北朝鮮に対し、犯人の引き渡しを求めましたが、北朝鮮は、「日本の警察の代わりをつとめるわけにはいかない」と言ってこれを拒否。その後、赤軍派の消息は長らく途絶えます。

実際には、北朝鮮に渡った赤軍派は、北朝鮮当局によって学習させられ、「金日成《キムイルソン》思想」に染まっていました。その後、「金日成思想」を日本に広めるための非合法活動に従事して

コラム

飛行機の乗り方を知らなかった

赤軍派が飛行機の乗っ取りの実行を予定していたのは、実際は4日前の3月27日だった。しかし、飛行機のチケットをどこで購入するか知らなかった者、搭乗手続きに時間がかかることを知らなかった者などが続出し、実際に乗り込んだのはメンバーの半分にも満たなかったため、一度は計画を中止し、あらためて実行し直した。

飛行機に乗った経験のある学生がいなかったためだが、ここにもずさんな彼らの組織の性格が出ている。

いたことがわかっています。

●イスラエルの空港の惨劇

一九七二年（昭和四七年）五月三〇日、パリ発のエールフランス機がイスラエルのテルアビブの空港に到着しました。飛行機から降りた乗客のうち、ローマから乗り込んだ日本人三人が、預けていた荷物を空港のロビーで受け取ります。三人は荷物の中から自動小銃を取り出し、周囲の乗客や空港の係官に向けて乱射しました。

乗客ら二四人が死亡し、八〇人以上が重軽傷を負いました。三人の日本人は、赤軍派のメンバーの奥平《おくだいら》剛士《つよし》（当時二六歳）、安田《やすだ》安《やす》之《ゆき》（二六歳）、岡本《おかもと》公三《こうぞう》（二四歳）でした。三人のうち、奥平、安田の二人はイスラエル治安部隊との銃撃戦の末、その場で死亡。岡本は逮捕されました。三人は、イスラエルと戦っているPFLP（パレスチナ解放人民戦線）の〝義勇兵〟としてイスラエル攻撃に参加したのです。

そもそも生還を期待できない攻撃方法でしたから、欧米のマスコミは「日本人のカミカゼ攻撃」と表現しました。

日本の若者たちが、はるばる中東へ行き、大量殺人をしたことに、私たち日本人は、大きな驚きと衝撃を受けました。それまで日本人にとって、中東問題は遠くの出来事でした。この事件をきっかけに、日本でも中東問題に関心を持つ人が増えるようになります。

この事件にショックを受けた日本政府は、特使をイスラエルに派遣して謝罪し、見舞金を払いました。日本を代表するわけでもない個人の行動に、「日本政府として責任を表明する」という、きわめて〝日本的〟な反応でした。

一方、イスラエルと対抗するパレスチナ難民やアラブ諸国の間では、「日本赤軍」は英雄となりました。生まれる子どもに、作戦に参加した三人の日本人の名前をつけるパレスチナ難民が続出しました。当時、アラブ諸国を訪れた日本人は、しばしばアラブ人から「オカモトを知っているか？」と尋ねられたものです。

日本赤軍の誕生

赤軍派の「よど号」乗っ取り事件後、日本に残った赤軍派は、警察の厳しい追及を受けました。重信らは、「このまま日本に留まっても闘いを続けられない」と判断し、北朝鮮とは別の「国際根拠地」を作ろうと考えました。そこで選んだのが中東でした。

中東では、パレスチナにイスラエルが建国されて以来、そこに住んでいたアラブ人たちが土地を追われ、難民となって周囲のアラブ諸国に逃れてきていました。これがパレスチナ難民です。（詳しくは小著『そうだったのか！ 現代史』参照）

パレスチナ難民の中から、PLO（パレスチナ解放機構）など、いくつものゲリラ組織が生まれ、イスラエルと戦っていました。重信らは、ここで軍事訓練を受けながら「世界革命」の「国際根拠地」を作ろうと考えたのです。

一九七一年三月、赤軍派の重信房子や奥平らは、レバノンの首都ベイルートに飛びました。レバノンには当時四〇万人近いパレスチナ難民がいて、難民キャンプで生活していました。日本から行った赤軍派は、ここでパレスチナゲリラの中でも最も過激な一派＝ＰＦＬＰと共闘する道を選んだのです。

テルアビブの空港攻撃は、ＰＦＬＰの闘いに〝義勇兵〟として参加するという形をとりましたが、その後、重信らは、「日本から来た赤軍派」＝「日本赤軍」を名乗りました。

「日本赤軍」は、やがてパレスチナゲリラと共に、世界各地で〝作戦〟を実行します。

◆パリ発東京行き日本航空機をハイジャック。
◆シンガポールのシェル石油の製油所を爆破。
◆クウェートの日本大使館占拠。
◆オランダのフランス大使館占拠。
◆マレーシアのアメリカ大使館占拠。
◆再びパリ発東京行き日本航空機をハイジャック。

世界各地でハイジャックや大使館占拠を繰り返すことで、世界の目をパレスチナ問題に向けようとしたのです。こうした作戦で仲間がつかまると、仲間の解放を求めて次の作戦を実行する、という方法を続けました。

イスラエルに逮捕された岡本は、終身刑の判決を受けてイスラエル国内の刑務所に服役

コラム

日本を知らなかった日本赤軍

パレスチナゲリラと共闘した日本赤軍は、活動の中で、日本やアジアのことについてパレスチナ人から質問攻めにあう。

しかし、ロシア革命や毛沢東思想については知っていても、肝心の日本のことについては、何も答えられなかった。

「ああ私はアジア人、日本人なのだということを逆に知らされると同時に、日本アジアについて、まったく知らないことに気づかされました」

（『文藝別冊　赤軍』に掲載された重信房子の手記）

日本赤軍が世界で起こした事件

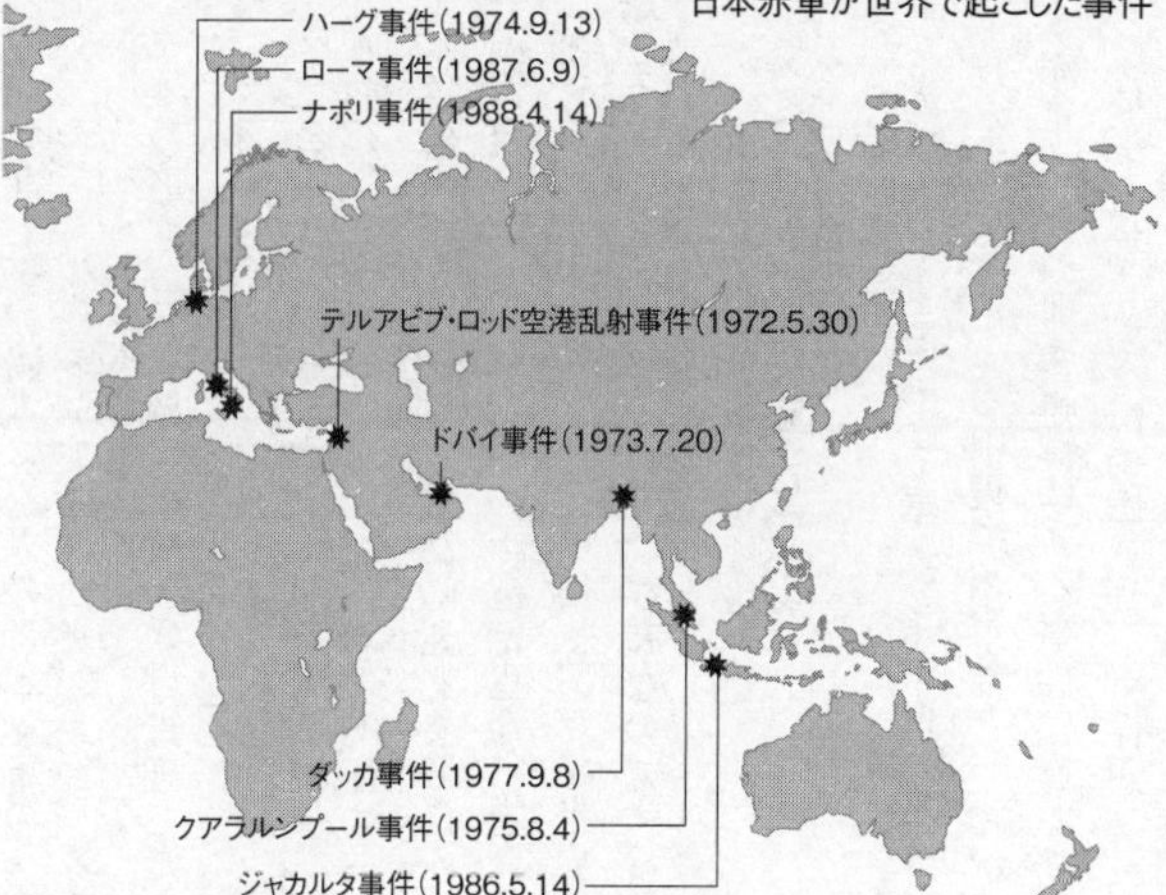

していましたが、一九八五年、パレスチナ側に捕虜になったイスラエル兵との交換で釈放されます。岡本は、服役中に精神に障害をきたしたといわれています。

中東情勢は、その後大きく変わりました。和平協定が結ばれ、イスラエル軍はパレスチナ占領地から撤退し、パレスチナ自治区が誕生しました。

パレスチナ自治政府は、経済発展のために日本政府の援助に期待をかけます。パレスチナ難民受け入れで経済的な負担の大きい周辺のアラブ諸国にとっても、日本の資金が魅力です。日本政府は、資金援助の見返りに、「日本赤軍」支援をやめるように求めます。アラブ諸国の政府にとって、当初は歓迎した「日本赤軍」が、次第に重荷になってきたのです。

一九九七年、岡本ら五人の日本赤軍のメンバーがレバノン当局に逮捕されました。レバノン政府が、日本政府の働きかけに応じたと言われています。

しかしパレスチナ難民の間からは逮捕に抗議する声が起きました。レバノン政府は、岡本以外の四人は日本に強制送還しましたが、岡本だけはレバノンへの「政治亡命」を認めました。「オカモト」だけは、アラブ世界にとって、依然として特別な存在なのです。

●資金と武器が結びついた
――連合赤軍

赤軍派による「よど」号乗っ取り事件、「日本赤軍」による中東での事件と、相次ぐ「赤軍」の名前の組織による事件に驚いていた日本人を、さらに震撼《しんかん》させる事件が、一九七二年（昭和四七年）二月に起きました。「あさま山荘事件」です。

大菩薩峠での大量逮捕、「よど」号乗っ取り、「日本赤軍」の中東行きで、日本国内に残った赤軍派のメンバーは、さらに弱体化しました。この赤軍派が選んだ道が、同じ〝武闘派〟である別の組織との連合でした。「京浜安保共闘」と一緒になったのです。

「京浜安保共闘」は、毛沢東《もうたくとう》路線をとり、中国の毛沢東が起こした中国革命の方式を日本で実践しようと考えていました。「権力は銃口から生まれる」という毛沢東の武闘理論を単純に日本に当てはめ、銃砲店を襲って猟銃や弾薬を手に入れていました。

一方、赤軍派は、「革命には資金がいる」といって、各地の銀行や郵便局を襲撃し、資金を集めました。

「連合赤軍」は、〝武器と金〟の結合でもあったのです。

「連合赤軍」は、群馬県の山の中にベースキャンプを作り、射撃訓練をしていました。組織を、合法的な宣伝活動だけをする「公然部隊」と、非合法活動をする「軍隊」に分け、「軍隊」は、人里離れた場所で警察からの追及を逃れつつ、次の作戦を立てていたのです。

あさま山荘に立てこもった！

しかし、このベースキャンプが警察に発見されたことから、「連合赤軍」の「兵士」たちは、群馬県から長野県へ逃走します。真冬の山越えを決行したのです。

長野県の軽井沢の新興別荘地にたどりついたメンバーは二手に分かれ、五人は山荘に隠れますが、そこで警察官に見つかり、銃撃戦となりました。銃撃で警察官を負傷させた五人は、隠れていた山荘を出て、たまたま近くにあった別の保養所に逃げ込みます。これが、河合楽器の社員のための保養所「あさま山荘」でした。

五人はここで管理人の夫人を人質に立てこもりました。管理人は、宿泊客のための買い物に出ていて留守でした。

こうして、「連合赤軍」と、長野県警、応援にかけつけた警視庁機動隊との、一〇日間にも及ぶ長い攻防戦が始まったのです。一九七二年（昭和四七年）二月一九日のことでした。

立てこもった五人は、山荘の内部にバリケードを築き、壁に銃眼を開けて、中からたびたび発砲しました。山荘は鉄筋三階建てで、山の斜面に建てられ、周囲には何もないことから、警察官が近づくと山荘の中からはよく見えます。まるで難攻不落の砦のような形になっていたのです。

警察は、立てこもっているメンバーの親を現場に呼んでスピーカーを使って説得を試みましたが、返ってくるのは銃弾でした。

二月の軽井沢は真冬です。夜間は氷点下一〇度を超える猛烈な寒さ。この中でにらみ合いは続きました。

途中、新潟県のスナック経営者が、機動隊の包囲網をくぐり抜けて山荘にひとりで近づき、自分が人質の身代わりになろうとして中から射殺されるという事件も起きました。

そして二月二八日。警察は遂に動きます。「モンケン」と呼ばれる巨大な鉄球をクレー

コラム

悪臭でバレた連合赤軍

軽井沢にたどりついた「連合赤軍」のメンバー9人は、二手に分かれて逃げることを決め、4人は軽井沢駅から列車に乗り込んだ。

しかし、メンバーは、1ヵ月以上も山にこもっている間に髪が伸び放題で、体も汚れ、悪臭を漂わせていたことに自分たちでは気づかなかった。

4人のメンバーが軽井沢駅の売店で買い物をした際、売店の人が異様な風体で悪臭がする集団を不審に思い、駅の職員を通じて警察に通報したことから、4人は逮捕された。

さらに、悪臭を放つ彼らが、軽井沢の新興別荘地からバスに乗り込んだことが、バスの運転手の話から分かり、残り5人が別荘地に潜んでいることが判明した。まさに、「これはクサイ」とバレたのである。

ン車で吊《つる》し、この鉄球を山荘にぶつけて山荘の壁を破壊し、破壊した穴から催涙弾を山荘内に撃ち込みました。さらに高圧の水を放水し、機動隊員が内部に突入したのです。

警察は、人質の無事救出を第一の目的にしていましたが、同時に、連合赤軍のメンバーを殺さずに逮捕しようと考えました。赤軍のメンバーに死者を出すと、彼らにとっての英雄を作ることになると心配したのです。決して英雄を出さないように、全員逮捕を目的にしていました。

立てこもった連合赤軍のメンバーは「兵士」を気取り、「軍隊による銃撃戦」のつもりでしたが、警察は、「犯罪者の逮捕」をめざしたのです。

機動隊の突入の際、警視庁の機動隊員二人が銃撃で死亡しました。そのほかに二四人が重軽傷を負いました。人質になっていた夫人は無事救出され、立てこもっていた五人は逮捕されました。

この日、NHKは、国会中継をやめて現場中継を続け、中継時間は一〇時間四〇分にも及びました。民放各局も、コマーシャルをすべて中止して、中継を続けました。

人質が救出されたときのテレビの瞬間視聴率は、NHK、民放合わせて八九・七％に達しました。全国の人々が、テレビの前に釘付けになったのです。

人質無事解放、五人逮捕の後、その様子を自宅のテレビで見ていたメンバーのひとりの父親は、首を吊って自殺しました。

「人質にされた方には心からおわび致します。死んで許されることではありませんが、死んでおわびします」という遺書がありました。

連合赤軍のメンバーが立てこもったあさま山荘　1972年2月

仲間を大量に殺していた！

人質の無事救出にほっとしたのも束の間、驚愕《きょうがく》の事実が日本を揺るがします。逮捕された連合赤軍のメンバーが、「仲間を殺して山中に埋めた」と自供を始めたからです。

群馬県の山中のベースキャンプにいる間に、仲間をリンチにかけ、一二人を殺していました。

さらに、連合赤軍に合流する前の「京浜安保共闘」は、これとは別にメンバー二人を殺していました。合計一四人もの仲間が殺されていたのです。

報告を受けた当時の後藤田正晴《ごとうだまさはる》警察庁長官は、「君、そんな馬鹿な」と絶句しました。警察ですら、なかなか信じないくらいの出来事でした。

群馬県の山中でベースキャンプにこもっていた七一年（昭和四六年）一二月から七二年二月までの一ヵ月半の間の出来事でした。

人里離れた山中に小人数で集団生活をしているうち、「総括」の名のもとに、ひとり、またひとりとリンチを受けて殺されていったのです。リンチに参加したメンバーが、翌日にはリンチされる側に回る、という状態でした。

総括の名のもとに次々リンチ

連合赤軍のリーダーは、赤軍派の森恒夫《もりつねお》と、「京浜安保共闘」の永田洋子《ながたひろこ》の二人。この二人の言葉は絶対でした。

森や永田が、メンバーのささいな行動や態度をとがめては批判し、本人の自己批判を求めました。批判された本人は、自己批判をして、自分の行動の誤りや弱点を「総括」します。それを周囲の者が批判することで、本人の総括を「援助」し、本人が「革命戦士」に成長するのを手伝うという理屈でした。これを「共産主義化」と称しました。

孤立した狭い場所で二〇代の男女が長期間集団生活をしていれば、気まずいことやささいな行き違いは、いくらでもあることです。しかし「暴力革命を達成するのだ」と思いつめ、気が立っていた集団は、これを水に流したり、笑い飛ばしたりすることができませんでした。

ある女性のメンバーは、指輪をし、化粧をしたことで永田から批判され、それが「総括」につながりました。メンバーの男女が仲良く言葉を交わしただけで「総括」の対象になったこともありました。

当初は言葉だけだった「総括」は、次第にエスカレートしていきます。森は、「これまでの総括要求の限界を乗り越え、真の総括をさせるために殴る。殴ることは指導である。殴って気絶させる。気絶から覚めた時には別の人間に生まれ変わって共産主義化を受け入れるはずである」と演説したといいます。

（坂口弘『あさま山荘１９７２』）

人は、殴られたからといって、小説や映画のように気絶するとは限りません。いくら殴られても気絶しないことに動揺した森は、部下のメンバーに、さらに殴ったり蹴ったりするように指示します。その上、縛ったまま氷点下の山中に放置したこともあります。

その結果、「総括」を受けたメンバーが死亡すると、森は「総括できなかった敗北死」

と呼びました。自分たちが殺しておきながら、死んでしまうと、「敗北したのだ」と被害者本人に責任を転嫁したのです。森は、「精神が敗北し、肉体的な敗北へと繋《つな》がっていったのだ。本気で革命戦士になろうとすれば死ぬはずがない」とまで言い切りました。（坂口弘『あさま山荘１９７２』）

実際は、予期しない死に動揺し、死者に責任を押しつける「理論」を作り上げたのです。

死亡したのが本人の責任だと決めつければ、加害者意識は薄くなります。こうして「総括」は続きました。

全員でひとりを批判して「総括」し、その人物が死亡すると、今度は、批判の仕方が悪かったという理由で、別のメンバーが批判の対象になります。こうして、次々に殺されていきました。

三人兄弟で参加しているメンバーのうち、長兄が「総括」を受けたときには、弟たちに兄を殴らせています。殴られる本人も納得して、黙って殴られていました。これについて、永田は、こう書いています。

「共産主義化のためには兄弟という感情を克服しなければならず、そのうえで改めて新しい兄弟関係ができるのだと信じていた。だから、私は、彼らに兄を殴るように懸命に説得したのである。そして、彼らが涙を流して殴った時、私は、それをのりこえて共産主義化のために頑張ったのだと感動しさえしたのである。しかし、実際には、それによって私は彼ら兄弟の愛情をズタズタに引き裂いてしまったのである」（永田洋子『十六の墓標』）

あまりに勝手な思い込みでした。

中には過去の行動が批判され、「死刑」を

言い渡された者もいました。言い渡された本人は、「革命戦士として死ねなかったのが残念です」と言って、抵抗せずに殺されました。そうやって殺されたメンバーが二人もいたのです。

加害者も被害者も、まさに集団の狂気にとらわれていました。「同志」として、仲間として活動してきたはずのメンバーが、どうしてこんなにも簡単に仲間を殺すことができるのか。私は愕然とするばかりでした。

リーダーだった森恒夫は翌七三年（昭和四八年）、拘置所で自殺しました。永田洋子と、やはり幹部だった坂口弘《さかぐちひろし》は九三年、死刑が確定しました。

連合赤軍事件の後の七五年、「日本赤軍」がマレーシアのアメリカ大使館を占拠し、坂口ら七人の釈放を要求しました。本人の意向が確かめられ、五人は釈放されましたが、坂口は釈放を拒否しました。このまま日本で裁判が続けば自分は死刑判決を受けることがわかっていながら、日本にとどまる道を選んだのです。

坂口は、拘置所で死刑の執行を待ちながら、短歌を詠み続け、歌人として知られるようになりました。大雪の翌日、雪の重みで折れた木の枝を拘置所の窓から見た坂口は、折れた枝にリンチした仲間の姿を見て、こう詠んでいます。

「わが胸にリンチに死にし友らいて雪折れの枝叫び居るなり」（坂口弘『続　あさま山荘1972』）

連合赤軍によるリンチ殺人事件の発覚は、下火になりかかっていた日本の学生運動に、最後の一撃を与えました。日本列島を揺るがした学生たちの反乱は、遂にはおぞましい結果をもたらし、驚愕した学生たちは、学生運動から手を引きました。後には、けだるいキャンパスが残りました。

重信は日本に戻っていた

二〇〇〇年一一月、「まだ中東にいる」と思われていた重信房子が大阪で逮捕されました。重信は、「日本赤軍を解散した」と語っています。「もはや武装闘争の時代ではない」という趣旨のことも発言しています。

北朝鮮に行った赤軍派のメンバーの中には、消息を絶った者、死亡した者もいれば、こっそり日本に帰国していたところを逮捕された者もいます。事件の後、日本から北朝鮮に渡って、メンバーと結婚した女性たちもいて、子どもたちも生まれています。

この子どもたちのうちの三人が、「日本に行きたい」という希望を持ち、日本に来たのです。子どもたちの父親も日本に帰りたがっているといわれています。しかし、帰ってくると日本の警察に逮捕されます。そこで、まず子どもを日本に送り、自分たちはどうするか、これから考えようとしているのではないか、と見られています。

かつてさまざまな事件を引き起こした赤軍派の子どもたちのひとりは、父親たちが起こしたハイジャック事件について聞かれ、「事件は本を読んで知りました。なんて突拍子もないことをしたのかと思った」と答えています。

時代はすっかり変わってしまいました。世の中を変えようとしたのに、世の中のほうが大きく変わってしまったのです。それでも、日本に帰国した重信は、日本赤軍の解散は宣言しつつも、「世の中を変える」運動はこれからも続けると語っています。

かつて「革命」を夢想した者たちは、いま何を思っているのでしょうか。

第一二章のその後

学生たちの反乱は、大学生が一部のエリートだった時代が終わり、大衆化が進んだことが背景にあったと指摘されています。大学の大衆化は、その後一段と進みました。

文部科学省が、大学の設置基準を緩和したことから、全国で新設大学が続々と誕生しています。戦後、日本各地に大学が誕生したとき、これを揶揄《やゆ》する「駅弁大学」という言葉が生まれました。主な駅ごとに存在するという意味でした。それがいまや、まるでコンビニのような数になりました。「コンビニ大学」とでも呼ぶべきものでしょうか。

大学の数が急増する一方で、少子化が進んだことにより、「大学全入時代」を迎えました。誰でもどこかの大学には入れるというわけです。

その結果、大学生の学力低下が進行。大学の教授たちは、「学生の反乱」ではなく、低学力の学生の対応に苦労する時代になりました。

第一三章 日本列島改造と田中角栄

田中眞紀子がニュースになる

二〇〇一年（平成一三年）四月に誕生した小泉《こいずみ》純一郎《じゅんいちろう》内閣で外務大臣に就任した田中《たなか》眞紀子《まきこ》。彼女の行動や発言は、逐一ニュースになります。どうしてなのでしょうか。

彼女の独特のキャラクターが毀誉褒貶《きよほうへん》を招き、それがニュースになるのはもちろんですが、多くの日本人は、その背後に、父親である田中角栄《かくえい》の存在を思い浮かべるのです。田中眞紀子の魅力は、田中角栄の存在抜きにはありえません。父親の田中角栄も、毀誉褒貶の著しい人物でした。

田中角栄は、国民の高い支持率とともに総理になり、政治家としての実績も残しますが、やがて政権の座を追われることになり、東京地検に逮捕されてしまうのです。

「田中が死んだあとも、私は一人の政治記者として、田中角栄という政治家あるいは田中政治の功罪をきちんと整理できないまま時を刻んでいる。

いまに至っても、世間では田中礼讃論と田中悪玉論の両極に割れた評価が多く聞かれるが、トータルな品定めが極めてむずかしい」

（岩見隆夫『田中角栄』）

新聞社の政治記者として永年政界を取材してきたベテラン記者ですら、全体像がつかめない人物、それが田中角栄でした。

日本列島改造論を掲げて登場した

一九七二年（昭和四七年）七月、田中角栄が、五四歳の若さで、佐藤栄作の次の総理大臣に就任しました。新潟県の農村に生まれ、

総理時代の田中角栄と娘の眞紀子　1973年9月

コラム

『日本列島改造論』

発売と同時にベストセラーになり、91万部が売れた。政治家の著作がベストセラーになるのは初めてのことだった。この本がベストセラーになったことを知った田中が、「オレも読んでみようかな」と言ったというエピソードは有名である。

田中が、通産大臣のとき、大臣室に通産省の幹部や日刊工業新聞の記者を集めて、本人が持論をぶち、それを聞いたメンバーが分担して執筆し、一冊の本にしたものだったからである。ゴーストライターが何人もいたのだが、原作者は田中角栄本人だった。

高等小学校卒という学歴ながら、日本政治のトップにのぼりつめたドラマに、国民の多くが感激し、「庶民宰相」と呼ばれました。「今太閤《いまたいこう》」というニックネームもつけられました。「太閤秀吉の現代版」という意味です。

大学卒、それも東京大学法学部卒が多かった歴代の総理大臣の中で、「学歴がなくても実力があれば総理大臣にだってなれる」という夢を、日本人に与えたのです。それはまるで、「丸太小屋で生まれたリンカーンだって大統領になれた」というアメリカン・ドリームの日本版でした。

内閣発足直後の世論調査では支持率が六〇%を超えました。これは歴代内閣の最高で、細川内閣まで破られることはありませんでした。

田中は、総理就任直前の通産大臣時代、総理の座を意識して、『日本列島改造論』という本を出版しています。これが、総理就任後の大方針となりました。

『日本列島改造論』は、次の二つの柱から成り立っていました。

◆太平洋岸に集中している工業地帯を日本全国の拠点都市に分散し、人口三〇万人から四〇万人の中核都市を育成する。
◆これらの都市を、新幹線網と高速道路網で結ぶ。

こうすることで、太平洋沿岸の大都市に集中している人口と産業を全国に分散し、都市への一極集中を防ぐことができる。成長から取り残されてきた日本海沿岸に富を配分することが可能になる、というものでした。

新潟県の寒村に生まれた田中ならではの発想でした。このときに提案された新幹線網と高速道路網は、いまも整備が続いています。田中の先見の明に感心すべきか、その当時の呪縛《じゅばく》が解けていない日本の公共事業の発想の貧しさを嘆くべきか。意見は分かれるでしょう。

田中の計画を実現するためには、長期にわたる莫大な公共投資が必要でした。それは全国の建設会社を潤すものでもあります。田中の発想の大きさに驚嘆する意見がある一方で、「日本列島をコンクリートで埋め尽くすのか」という批判も出たのです。

しかし田中は、「決断と実行」をスローガンに、計画を実施に移しました。

狂乱物価を引き起こした

田中の「決断と実行」の結果は、日本経済を大混乱させたインフレでした。

田中内閣発足の一年前、当時のアメリカのニクソン大統領は、アメリカの通貨ドルと金《きん》の交換を停止しました。「ニクソンショック」です。これをきっかけに、二二年間続いてきた一ドル＝三六〇円の為替レートが崩れ、円はドルに対して切り上げに追い込まれました。円高です。

　円高になると、日本の商品を海外に輸出する際、日本国内での価格は変わらなくても、海外では値上がりし、輸出商品が売れなくなる心配があります。もし輸出価格を据え置くなら、国内での価格を引き下げる必要があります。それだけ日本の企業に打撃を与えると政府は考えました。

　このため、田中内閣誕生の前から、銀行金利の引き下げなど、景気刺激策がとられていました。

　そこに田中内閣の「列島改造」のための政府支出の拡大が重なり、景気は回復するどころか、行きすぎて、過熱してしまったのです。都市の再開発や鉄道、道路の新路線への思惑

コラム

ニクソンショック

　第二次世界大戦後、国際貿易の支払いにはアメリカのドルが使われた。ドルが「世界のお金」になり、各国通貨は、いつでも決まった為替レートでドルと交換できた。

　また、各国政府が要求すれば、アメリカはいつでもドルを手持ちの金[きん]と交換した。

　しかし、東西冷戦でソ連に対抗するために海外で資金を使いすぎたアメリカは金が不足し、金の交換を拒否した。同時に日本などに対して、通貨の切り上げを求めた。これをアメリカのニクソン大統領が突然発表したため、世界にショックを与え、この名前がついた。

（詳しくは小著『そうだったのか！　現代史』参照）

オイルショック

　1973年10月、中東のエジプトとシリアがイスラエルを奇襲攻撃して、第四次中東戦争が始まった。

　イスラエルと対立するアラブ諸国には石油産出国が多いため、石油を武器にすることを考えた。石油価格を引き上げて資金を集めると共に、イスラエルを支持する国に対しては、石油の販売中止や削減を打ち出した。

　日本政府は石油欲しさに中東外交をアラブ寄りに変更し、日本国内で「アラブ寄りというよりはアブラ寄り」と皮肉られた。

から土地の買い占めが始まり、激しい物価上昇となりました。

さらに、七三年（昭和四八年）、中東の石油産出国が、原油価格の引き上げと生産削減を発表しました。「オイルショック」です。

日本は、エネルギー源として、大量の石油を輸入しています。石油の値上がりは、すべての商品の値上がりにつながりました。猛烈なインフレが日本列島を直撃したのです。

「商品がなくなる」と思い込んだ消費者の買いだめの動きが、各地でパニックを起こし、トイレットペーパーを求めてスーパーの店頭に長い行列ができたのもこのときです。

田中内閣の福田赳夫《ふくだたけお》大蔵大臣が七四年（昭和四九年）一月、「物価は狂乱状態だ」と発言し、「狂乱物価」という言葉が流行しました。

田中の「決断と実行」は、早くも挫折したのです。「安定成長」論者の福田大蔵大臣のもとで、田中路線は修正を余儀なくされました。

雪国からやってきたブルドーザー

田中角栄は、一九一八年（大正七年）、新潟県二田《ふただ》村（いまの柏崎《かしわざき》市）の貧しい牛馬商の家に生まれました。当時の高等小学校（現在の中学校に相当）を卒業すると上京。建設会社で働きながら夜学に通い、一九歳で建築事務所を設立し、社長になりました。

軍隊に徴兵されましたが、結核にかかり除隊。太平洋戦争中に建築事務所の仕事を再開しました。一九四二年（昭和一七年）、八歳年上のはな子と結婚し、この年に長男が生まれ、四四年（昭和一九年）に長女・眞紀子が生まれました。長男は五歳で死亡したため、以後、妻のはな子との間の子どもは眞紀子ひとりです。

四六年（昭和二一年）四月、戦後初めての衆議院総選挙に立候補しました。ポスターに刷り込んだ文句は「若き血の叫び」でした。この選挙では落選しましたが、翌年四月の選挙で初当選を果たします。

こうして田中角栄の政治家としての道が始まったのです。

田中は法務省の政務次官だった四八年（昭和二三年）、汚職の容疑で逮捕されています。本人が東京拘置所に入れられているときに衆議院が解散され、田中は拘置所内から立候補して、再選を果たします。汚職の容疑は、東京地裁では有罪判決を受けますが、東京高裁で無罪となりました。

これ以降、田中の政治家としての仕事に拍車がかかります。自らが発案して次々に法律を作ったのです。その仕事ぶりは、ブルドーザーにたとえられましたが、理解の速さや豊富なアイデアから、「コンピューター付きブルドーザー」と称されました。雪国からやってきたブルドーザーだったのです。

二〇〇一年に誕生した小泉内閣は、「道路特定財源」の見直しを打ち出して大きなニュースになりましたが、この「道路特定財源」も、田中のアイデアで生まれたものでした。全国の道路を整備するため、自動車のガソリンに税金をかけ、この税収は道路整備のためだけに使うという仕組みでした。

この財源が誕生してからは、全体の予算に関係なく道路の整備が続けられました。日本の道路整備の原動力となったのです。しかし、主な道路整備が終わっても税金は入ってきます。この税金は道路整備にしか使えないことになっていますから、人が通らないような奥地にまで立派な道路の建設が続いているという批判を受けるようになりました。

田中の政治的遺産が、ここにも残ったのです。

田中は一九五七年(昭和三二年)、三九歳で郵政大臣に就任しました。大臣になったとたんに、郵政省内の幹部の派閥争いを止めるため、局長二人を辞めさせました。

この剛腕ぶりで、省内を一気に掌握したのです。娘の田中眞紀子は、外務大臣に就任した直後から外務省幹部と対決姿勢をとり、外務省幹部を辞めさせようとしましたが、多分に父親の行動を手本にしている様子がうかがえます。

●山一證券を救済した

一九六五年(昭和四〇年)、日本経済は不況に苦しみます。経済の停滞と共に山一證券が経営難に陥ります。これが報道されると、山一證券に客が押しかけました。「ほかの証券会社も危ないかも知れない」と考えた人たちも、別の証券会社につめかけ、長蛇の列を作りました。

当時、田中角栄は大蔵大臣。知らせを受けると、直ちに山一證券に対し、日本銀行の特別融資を実施します。「特融」と呼ばれました。日本銀行が、無担保で無制限に山一證券に資金を貸し出したのです。

日本銀行が証券会社に直接資金を貸し出す

仕組みはないため、いったん日本銀行と取引のある銀行を経由する形をとりました。

「一民間企業に日本銀行からいくらでも資金を貸し出すのは筋が違うのではないか」という批判も出ましたが、この緊急措置で、燃え始めた金融不安は、一気に解消します。田中の腕力が評価されたのです。

ちなみに、山一證券は、この「日銀特融」で救われ、その後の好景気に助けられて経営再建を果たしますが、やがてバブル崩壊と共に再び経営が悪化。今度は政府の救いの手が伸びず、九七年に破綻して姿を消します。

田中は政治の中枢舞台で実績を積み重ね、遂に一九七二年七月、内閣総理大臣に就任したのです。

日中国交回復を実現した

田中角栄が成し遂げた最大の功績は、日中国交回復でした。それも総理になってわずか二ヵ月で実現したのです。

第二次世界大戦後、中国大陸を支配していた中華民国政府は、中国共産党との内戦に敗れ、台湾に逃げました。

大陸では中国共産党が中華人民共和国を樹立しました。日本は、一九五二年（昭和二七年）、台湾の中華民国と「日華平和条約」により国交を結びましたが、中国大陸の中華人民共和国とは国交を結んでいませんでした。いかにも不自然な状態が続いていたのです。

歴代の自民党政権は台湾との関係が深く、中華人民共和国と国交を結ぶことができませんでした。

周恩来と乾杯する田中角栄　1972年9月

日本の外務省もまた、台湾重視の政策をとっていて、田中の中国訪問に反対していました。田中は、自分の方針に反対する外務省幹部を辞めさせてまで、中国訪問を決行します。

一九七二年九月二五日、田中は中国を訪問しました。北京では当時の周恩来《しゅうおんらい》首相との会談に臨み、激論の末、日中共同声明を発表しました。中国との戦争状態が正式に終わりを告げたのです。正式な日中平和友好条約が結ばれたのは、それから六年後のことです。

日中共同声明では、「日本は中華人民共和国を中国の唯一の合法政府と認める」「中国は戦争中の損害について日本に賠償請求しない」ことなどが盛り込まれていました。日本は台湾との縁を切り、中国を選んだのです。

これ以後、中国政府は、「井戸を掘った人のことは忘れない」と表現して、田中を大切に扱います。田中がロッキード事件で逮捕され、裁判の被告となってからも、日本を訪問した中国の鄧小平《とうしょうへい》が目白の田中邸を訪ねるなどの特別扱いをしています。

「田中眞紀子は親中派」と呼ばれるのは、こういう経緯があるからなのです。

日中国交回復を記念して、この年の一一月、中国からカンカン、ランランのパンダが贈られました。それまで日本人のほとんどは、この動物のことを知りませんでした。上野動物園での初公開の日には五万六〇〇〇人が殺到し、パンダブームとなりました。

「田中政権が誕生してからわずか三ヵ月。しかし、考えてみると、このときが田中政権のピークだったのかもしれない。田中が本当にやりたかったのは日中国交回復よりも『日本列島改造』だったに違いない。政策としては列島改造の方がはるかに歴史が古いし、田中の経済主義の象徴でもある。

政権は発足したときに最大のエネルギーがある。皮肉なことに田中政権の最大のエネルギーは日中国交回復にそそがれ、田中の名はそのことによって歴史に刻み込まれることになったのだ」（水木楊『田中角栄』）

田中角栄の人気の秘密

田中の広大な目白の屋敷の庭には広い池があって、多数の鯉が泳いでいました。田中は背広姿で下駄をはき、池の鯉にエサをやる様子を気軽に写真に撮らせました。

客観的に見ると、典型的な〝成金趣味〟にも見え、この様子に眉をひそめる人もいたのですが、あけっぴろげな性格が多くの人に好かれました。

田中は人情の機微に触れることについて天才でした。中央省庁の官僚の入省年次、学歴、誕生日、家族構成まで調べ上げ、節目ごとに贈り物をして、官僚を味方につけました。

政治的には敵になる人物であっても、その身内に不幸があれば駆けつけました。田中と同じ選挙区で落選した社会党議員に対しては、身の上を案じ、本人に気づかれないように毎月資金援助をしていたこともあります。この社会党議員は死ぬまで、田中に援助されていることを知りませんでした。

「田中は、新潟三区のことしか考えない、地元利益第一の政治家のようにいわれたけれど、とんでもない。新潟と同じように、経済的にめぐまれない貧しい地方に、どうやって陽を当てるか、全国津々浦々に目配りをしていた」（佐藤昭子『決定版　私の田中角栄日記』）

自分自身が恵まれない環境で育ってきただけに、弱い立場の者に対する気配り、いたわりが徹底していて、それが田中の人気の一因でした。

金の渡し方の天才だった

一方で田中は、現金にまつわるエピソードに事欠きませんでした。

自民党内で自分に敵対する派閥の議員が入院すると、退院するまでたびたび見舞いに訪れ、そのたびに百万円単位の見舞金を置いていきました。当時の百万円は、現在では四〇〇万円にも相当します。

金を使うのは政治家相手ばかりではありま

せんでした。料亭に行けば、芸者へのご祝儀をはずむのはもちろんのこと、仲居さんや下足番の人にも一万円札を渡しました。

「金は現金で、しかも、できる限り自分の手で渡すこと。これが田中の方法だった。ゴルフ場では秘書がカバンの中に現金を入れており、プレーが終わると、田中の手でキャディーに一万円を渡す」（水木楊『田中角栄』）

田中は、いつも周囲の者に、次のように語っていたといいます。

「これくらいが相場だと相手が踏んでいるときは、それより少なく渡すと金は死ぬどころか、マイナスになる。多く渡せ。十人の人間がいたら、少なくとも過半数に渡せ。できるだけたくさんの人間に渡せ。やった金の半分はどこかへ消えてしまう。誰かがポケットに入れてしまう。無駄になる。それでもいい。残った金は生きた金になる」（同前）

田中は現金の渡し方の天才だったのです。

いきなり現金を渡されると、多くの人は困惑したり、不快な気分になったりするものですが、田中は、相手をそんな気持ちにすることがありませんでした。「仕方がないなあ」と苦笑しながら受け取り、いつしか「角さんファン」になっているのでした。

「類まれな金権・拝金主義者であったこと。田中は金で片づかないことは、この世の中にはほとんどないと考えていた。それは信奉に近く、あらゆる面で徹底して実践した」（岩見隆夫『田中角栄』）

しかし、みんなにばらまく資金は、どこから出ているのか。その疑問を解き明かす人物が現れました。

立花隆が暴いた「田中金脈」

一九七四年（昭和四九年）一〇月、「田中角栄研究―その金脈と人脈」を掲載した『文藝春秋』一一月号が発売になりました。

立花隆《たちばなたかし》と取材班が取材し、立花が執筆したものでした。田中が、名前だけのペーパーカンパニーを設立しては土地を買い占め、タイミングよく売り抜いて多額の資金を得るカラクリをていねいに調べ上げたのです。田中が政府の開発計画を事前に察知していたか、本人が官庁を動かしたかしないと実現しないタイミングのよさばかりでした。

私は、これを読んだときの衝撃が忘れられません。私はNHKの駆け出し記者でしたが、「取材とはこうするものなのか」ということを知らされた思いがしたものです。当時、田中派からは、「反対勢力が田中を陥れるために資料を提供した」という情報が流されましたが、中身を読めば、取材班が「頭と足」で集めた資料をもとに、立花が見事に料理したものであることは、一目瞭然でした。

当時、田中の秘書だった佐藤昭《さとうあき》（のちに昭《あき》子《こ》と改名）は国税庁の幹部に呼ばれました。その際、この幹部は『文藝春秋』を開きながら、「佐藤さん、こう書いてありますけど、どうなんですか」と聞いたといいます。「国税庁は何の資料も持っていなかったのだ」と佐藤は自著に書いています。（『決定版　私の田中角栄日記』）

この金脈問題は、『文藝春秋』発売直後に開かれた日本外国特派員協会での総理大臣の講演会で、外国人記者から質問が集中し、一気に大ニュースになりました。

田中の資金作りは、そのひとつひとつを取り上げると、法律違反や脱税にはなりにくいけれど、意図的に税金を納めずにすむように操作をしていることは明白でした。そのやり口が、これでもか、これでもかとばかりに出てくるのです。「これが天下国家を論じている政治家の姿か」というのが、一般国民の感想でした。

批判の高まりに抗し切れず、田中はこの年の一一月、辞意表明に追い込まれ、三木武夫《みきたけお》が後任の総理に選ばれます。

退陣時に、「金脈疑惑については、きちんと調査、整理し、疑惑でもなんでもないことを説明する」と田中は弁解しましたが、結局果たされることはありませんでした。

それはアメリカからの一報だった

一九七六年（昭和五一年）二月四日（アメリカ現地時間）、アメリカ上院外交委員会の多国籍企業小委員会が開かれました。「多国籍企業」つまり世界各国に展開している国際的な企業の仕事ぶりを監視する委員会です。ここで、アメリカの航空機製造会社ロッキード・エアクラフト社の企業倫理が問われたのです。

この委員会で、ロッキード社が、新たに開発した航空機「トライスター」の販売のため、日本、西ドイツ、フランス、イタリアなどの代理人に一六〇〇万ドル（当時の日本円で四八億円）を贈ったことが明らかにされました。そして二日後、ロッキード社のコーチャン副会長が、「丸紅を通じて日本政府高官へ二〇

○万ドル支払った」と証言したのです。

さあ、日本は上を下への大騒ぎです。「政府高官」とは誰か。多くの国民が田中角栄の顔を思い浮かべましたが、もちろんこの段階では、何の証拠もありません。東京地検特捜部と警視庁、それに東京国税局が、合同で捜査を開始したのです。

これが、「ロッキード事件」の始まりでした。

KAKUEI TANAKAの文字が

捜査を始めた東京地検特捜部にアメリカから資料が届いたときのことです。ロッキード社からのワイロの資金の流れが一覧表になっている文書が含まれていました。そのときの様子を、現場にいた藤永幸治《ふじながゆきはる》は、こう書いています。

コラム
張り番記者

東京地検の捜査が進むと共に、丸紅の幹部など関係者が次々に逮捕された。東京地検の口は堅く、次に誰が呼び出されるか、マスコミがつかむことはできなかった。

そこで報道各社が採用したのが人海戦術だった。全国の支局から若手記者を動員して、東京地検前や関係者宅の前で張り番をさせたのである。

松江放送局に勤務していた駆け出し記者の私も、張り番要員として東京に呼び出されたひとりだった。

田中角栄逮捕のときは、前日の夜まで東京地検前に張り番をしていたが、当日は早朝から別の関係者の家の前で張り番をしていて、歴史的瞬間に立ち会うことはできなかった。

「その時の私は、わき起こる興奮を鎮めるのに精一杯だった。みんなの目は一様に、図に示された賄賂の流れをたどる。そうしてその先に、アルファベットで書かれた『カクエイ・タナカ』の名前を見つけた時には、会議室の中に低いどよめきが起こった」（藤永幸治『特捜検察の事件簿』）

東京地検特捜部は一九七六年七月二七日、田中角栄を逮捕し、東京地検に連行しました。逮捕の直接の容疑は、「外国為替及び外国貿易管理法」違反でした。許可なく外国から五億円の資金を受け取ったというものです。

しかし起訴される段階になって、「受託収賄罪」が追加されました。ロッキード社から商社の丸紅を通じて五億円を受け取り、総理大臣の権限を使って全日空に働きかけ、全日空に「トライスター」二一機を購入させたというものでした。

田中に有罪判決

一九八三年（昭和五八年）一〇月、東京地方裁判所は田中に懲役四年、追徴金五億円の有罪判決を言い渡しました。田中はこれを承服せず、控訴。

その二ヵ月後、衆議院総選挙があり、田中は地元の新潟三区（当時は現在のような小選挙区制ではなく、ひとつの選挙区から複数が当選する中選挙区制）で、二二万票を超える圧倒的なトップ得票で当選しました。

当選した二位から五位までの票を全部合計しても、田中の票数に遠く届きませんでした。この選挙には、同じ選挙区から作家の野坂昭如《のさかあきゆき》が田中批判を訴えて立候補しましたが、次

逮捕され、連行される田中角栄　1976年7月

点で落選しました。票数は二万八〇〇〇票でした。

新潟以外の全国から「汚職事件で有罪になった人を当選させるなんて」という厳しい地元有権者批判が相次ぎましたが、地元は田中を見捨てなかったのです。

秘書の佐藤昭子は、こう書いています。

「政治家田中角栄が現れるまで、越後の住民がいかに塗炭の苦しみを味わったか。新潟県は一年の三分の一は豪雪に埋もれる。急病人が出て近隣の病院へ行くにも、目の前の山を一日がかりで越さなければならない地域もあった。そこに田中がトンネルを貫通して道路を整備し、わずか数分で山を越せるようにしたのだ。

選挙中、大雪のために田中が演説会場に着

コラム

「ロッキード事件陰謀説」も

ロッキード事件については、田中を支持する側から、「アメリカのエネルギー資本による陰謀説」が流され、いまも信じている人たちがいる。

田中内閣当時、オイルショックに驚いた日本は、独自のエネルギー外交を進め、それがアメリカの怒りを買い、田中に不利なように事件が仕組まれた、というものだ。

しかし、この陰謀説では、日本と共に西ドイツ、フランス、イタリアもロッキードの贈賄工作の対象になったことまで暴露されたことをどう説明するのか、説得力を持たない。

日本と同時にロッキードの贈賄工作が発覚した国々でも、ロッキード事件は大きな事件になったのである。

くのが遅れたことがある。雪の降りつづく中、支持者たちは雪の積もった道路の上にむしろを敷き、何時間も神仏を待つように田中の到着を待っていた。大都市に住む人間には、その気持ちは決して理解できないだろう」（佐藤昭子『決定版　私の田中角栄日記』）

東京高等裁判所でも田中に有罪判決が下り、田中は上告、舞台は最高裁判所に移りました。

田中は、ロッキード事件以後も、自らの派閥、田中派を率いて政界に圧倒的な影響力を維持し続け、「目白の闇将軍」と呼ばれました。

しかし一九八五年（昭和六〇年）二月、田中派の幹部だった竹下登《たけしたのぼる》が派閥の中の派閥「創政会」を旗揚げしたことに田中は激怒。酒を飲んでは荒れることが多くなり、「創政会」旗揚げの二〇日後、自宅で倒れ、入院しました。最初は「軽い脳卒中」と発表されましたが、実際は脳梗塞で半身不随となり、会話も不自由になっていたのです。

やがて田中は、田中派の議員たちが知らないうちに娘眞紀子の手で自宅に戻り、自宅でリハビリを続けました。「創政会」に入った田中派のメンバーは、面会することが許されませんでした。

翌年の衆議院選挙には、本人が地元に顔を出さないままトップ当選しましたが、一九八九年（平成元年）、政界を引退しました。一九九三年（平成五年）、選挙区からは眞紀子が立候補して当選しました。同じ年の一二月、田中角栄は死去。七五歳でした。このとき、日本の政権は、自民党から反自民の細川連立内閣に代わっていました。

ロッキード事件の裁判は、最高裁でまだ判

決が出ていませんでした。田中が死去したことで、田中本人の裁判は棄却になりました。その後、田中と共に起訴された秘書が最高裁で有罪が確定し、実質的には田中の有罪も認定されたことになりましたが、本人の有罪判決は確定しなかったのです。

第一三章のその後

二〇〇八年三月、当時の福田康夫首相は、「道路特定財源」の一般財源化を決めました。ガソリンにかかる税金などは、道路ばかりでなく、社会福祉など一般の予算として使用するということです。二〇〇九年度からの実施です。

田中が生み出した道路特定財源という〝打ち出の小槌〟は、自動車の台数が増えると共に国庫に入る収入を増やし続けました。それに伴って道路の建設も続きました。

北海道の夕張市のように、市の財政が破綻し、社会福祉や医療のための費用は削減される一方で、市内を通る道路の建設だけは続くという、いびつな構造を生み出しました。

道路特定財源の一般財源化は、「田中角栄の時代の終わり」を最終的に告げるものでした。

それでも、「公共事業で地方の発展を」という声は根強く、たとえ国家財政の赤字を増やしても、地方の公共工事を増やす働きかけは続きます。「田中角栄的なるもの」は、いまも存在しているのです。

第一四章
バブルが生まれ、はじけた

社員は悪くありませんから

一九九七年(平成九年)一一月二四日。山一證券社長の野沢正平《のざわしょうへい》は記者会見して、自主廃業を発表しました。「四大証券」のひとつだった大手の証券会社が、突然姿を消すことになったのです。

この月には、直前に三洋証券、北海道拓殖銀行という金融機関の大型破綻が相次ぎました。このため、経営状態が悪化していた山一證券に対して、「次は山一だ」という不信感が強まり、山一證券に資金を融資してくれる金融機関がなくなってしまったのです。資金繰りに行きづまって廃業という、まるで中小企業の倒産のような事態が、大手金融機関に発生しました。

しかも山一證券は、経営状態の悪化を隠すために、二六〇〇億円を超える「簿外債務」つまり、帳簿には載せていない秘密の借金があることが判明しました。

廃業発表の直前に社長に就任したばかりの野沢正平は、記者会見の最中に感極まり、「悪いのは私たちです。社員は悪くありませんから……」と絶叫して泣き伏しました。

この様子はテレビのニュースで繰り返し放送されました。海外のマスコミからは、「公式の場で泣き出すような経営者の会社がつぶれるのは当たり前だ」という冷ややかな反応しかありませんでした。が、日本国内ではこれ以降、職を失った山一證券の社員を採用しようという企業の動きが広がりました。社長の涙の訴えは、社員の再就職先探しに有効だったのです。何とも日本的な反応といえましょう。

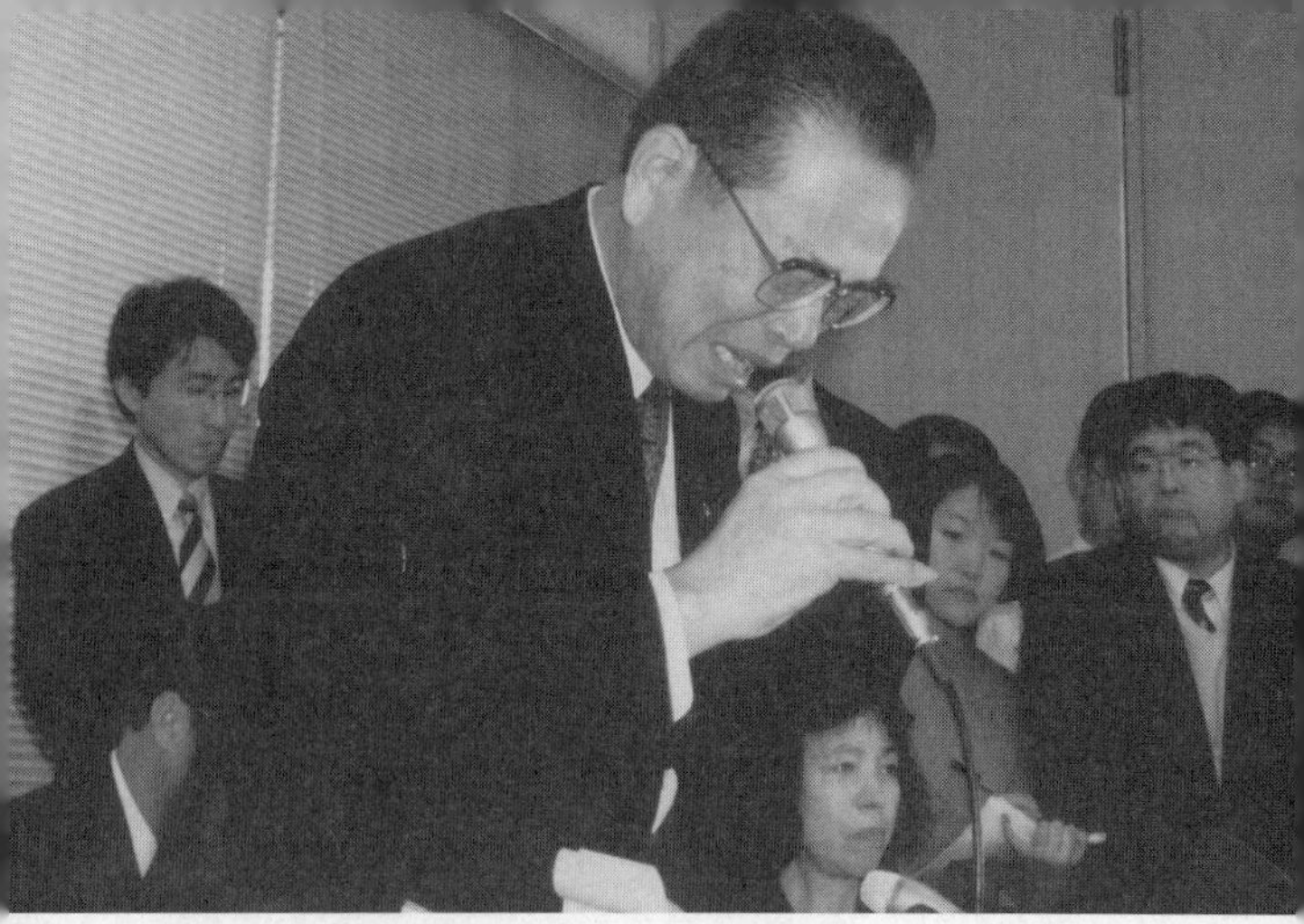

涙ながらに会見する山一証券社長　1997年11月

一九八九年末に三万八九一五円の最高値をつけた東証平均株価は、その後下がり続けました。バブル崩壊です。山一證券社長の涙の記者会見のときには、最高値の半分にも下がっていました。

バブル崩壊後、日本経済は長く深刻な不況のトンネルに突入しました。この様子を「失われた一〇年」と呼ぶ人もいれば、「日本は再び負けた」という意味で「二度目の敗戦」と呼ぶ人もいます。

なぜバブルが発生したのでしょうか。バブルの発生から振り返ってみましょう。

バブルとは何だったのか

バブルは英語で「泡」のことです。バブルは、すぐになくなってしまう、むなしいもの

ジュリアナ東京で踊る女性たち　1993年4月

を象徴しているのです。日本経済のバブルも、あっという間にはじけてしまいました。

日本のバブルは、一九八〇年代に発生しました。銀行が企業に資金を貸し出す際の金利が大幅に引き下げられたため、資金を借りやすくなり、大金を借りた企業が、その資金を使って、金もうけに走ったのです。

金もうけの材料になったのは、土地と株でした。みんなが土地を買い占めることで地価が上昇します。値段が上がった土地を担保にすれば、銀行は資金を貸してくれます。その資金でまた土地を買います。土地の値段がまた上昇。土地の売買で得た資金が、大量の株買いにも向かいました。株の値段も急上昇したのです。

買った土地や株の値段が上がると、みんなが金持ちになった気分になり、高級自動車やリゾートマンション、ゴルフ場会員権や美術品が飛ぶように売れました。日本企業がアメリカの土地やビルを買いあさったのも、このころです。ぜいたくな生活やお金の無駄づかいを〝バブリー〟と呼ぶ言葉も生まれました。

東京のお台場にあったディスコ「ジュリアナ東京」(バブル崩壊後、閉店)で踊り明かす〝イケイケ〟の女性たちが話題になったものです。これもバブルのあだ花でした。

バブルは「プラザ合意」で始まった

一九八五年(昭和六〇年)九月二二日、アメリカ・ニューヨークの高級ホテル「プラザ」に、アメリカ、イギリス、西ドイツ、フランス、日本の先進五ヵ国の大蔵大臣・中央銀行総裁が集まって会合を開きました。


この場で、アメリカのドルを引き下げ、日本の円を引き上げるために各国が協力することを決めたのです。これを「プラザ合意」といいます。

当時のアメリカは、輸出が伸びず、貿易赤字が増え続けていました。アメリカの貿易赤字は、一九八三年の六七〇億ドルから、翌年の八四年には一一二〇億ドルに倍増しています。その三分の一が対日赤字でした。

日本製品が雪崩《なだれ》のようにアメリカ市場に流れ込んだことが原因でした。対日貿易赤字のあまりの拡大に、日本製品の輸入制限の動きまで出るほどでした。

日本は、この状態を打開して、アメリカとの貿易の不均衡を解消する必要に迫られていました。そこで、ドル安つまり円高を容認したのです。

コラム
ゴルフを装った竹下蔵相

プラザ合意をめざした会談は極秘のうちに開かれた。当時の竹下登［たけした のぼる］大蔵大臣は、日本の報道陣に知られずにアメリカに行く方法を苦心して考え、ゴルフを装った。

成田空港近くのゴルフ場を予約し、実際にゴルフを始めたのである。竹下のゴルフ開始を確認して報道陣が引き揚げた後、竹下はゴルフウエアのまま成田空港に向かった。

当時の一ドルは、日本円に直すと二四〇円程度でした。アメリカのドルが円に比べて安くなるということは、たとえば一ドルの値段のものが、二四〇円から一二〇円になることです。こうなると、アメリカで一万ドルの自動車は、日本で二四〇万円から一二〇万円に値下がりします。海外でアメリカ製品の値段が下がることで、アメリカの製品がよく売れるようになり、貿易赤字が減少するだろうというわけです。

また、アメリカに輸出する日本製品についてみると、日本で二四〇万円の自動車は、一万ドルから二万ドルに値上がりすることになります。日本製品のアメリカでの売れ行きが落ちて、対日赤字も減るだろうと考えられました。

アメリカ経済が不調になると世界経済への影響が大きくなると考えたほかの四ヵ国は、アメリカのドル安政策に協力することにしました。特に日本は、ほかの国以上に円高ドル安を進めることを約束したのです。

急激に進んだ円高

「プラザ合意」の直後の九月二四日、大蔵省と日銀による大規模な円買い、ドル売りが行われました。大蔵省が日本銀行を通じて、「ドルを売って円を買う」行動に出ました。つまり、大量のドルを円に両替したのです。

通貨の値段も、商品の値段と同じく「需要と供給」の関係で決まります。需要の多い通貨は値段が上がり、需要が減れば下がるのです。

ドルを大量に売れば、ドルの需要が減り、ドルは値下がりします。円を買えば円の需要が増えて円の値段が上がります。

こうして、一日で一ドルは二四二円から一気に二三〇円になりました。急激な円高ドル安です。

一方アメリカは、金利を低くしました。金利が低くなると、アメリカの銀行に資金を預けておいても利子がこれまでほど増えなくなるので、アメリカ国内の資金が海外に逃げ出します。アメリカのドルを、ドイツのマルクや日本の円に替える動きが広がり、ドル安が進みました。その後も円高の動きは止まらず、翌八六年一月には、一ドル＝二〇〇円を突破するまでになりました。

円高不況対策で低金利に

円高になると、日本製商品の日本国内での値段が変わらなくても、海外では値段が上がります。値段が二倍近くになってしまえば、いくら品質のいい日本製品でも売れなくなります。アメリカを助けることで日本の輸出産業は大打撃を受け、日本経済は深刻な不況になりました。「円高不況」です。

不況対策のため、日本銀行は公定歩合を引

き下げました。公定歩合は、現在では使われなくなりましたが、当時は日本の金利全体の水準を決めるおおもとの金利でした。公定歩合が下がれば、一般の金融機関が貸し出す資金の金利も下がります。

金利が低くなれば、銀行からお金を借りても、払う利子が少なくてすみます。いろんな会社が、銀行からお金を借りて工場などを新しく建設すれば、建設資材などが売れて、景気が良くなるだろうというわけです。

八五年から八七年にかけて合計五回も公定歩合を引き下げ、とうとう二・五%と、当時では過去最低の水準にまで下がりました。

低金利で資金が土地へ

金利が低くなったことで、企業は銀行から安く借りた資金をつぎ込んで経営を拡大しました。円高になったことで、海外からの輸入品の値段が下がり、国内の消費ブームが起きました。日本経済は空前の好況を迎えます。

大量の資金が安く借りられることから、企業の中には、本業以外でももうけることを考えます。「財産を増やすテクニック」という意味の「財テク」という言葉が流行しました。

企業は土地に目を向けました。日本には長らく「土地神話」というものがありました。「日本は土地が狭く、人口は多い。土地への需要は根強く、地価が値下がりすることはない。戦後一貫して日本の地価は上昇を続けている」という考え方です。この「神話」を裏づける資料の発表が、土地ブームに火をつけました。

一九八五年五月に当時の国土庁（現在は国

土交通省の一部）が公表した「首都改造計画」に、「東京のオフィスは二〇〇〇年までに合計五千ヘクタール、超高層ビルにして二百五十棟分必要になる」という文章があったのです。

　この文章は、こんな事態にならないようにするために、首都の機能を周辺に移転させる必要がある、という文脈で登場していたのですが、読む側は、別の反応をしました。

「政府が東京の土地が足りなくなると言っている。足りなくなる前に土地を確保しておけば、将来の値上がりで多額の収入が期待できる」と考えたのです。

　この数字がひとり歩きを始め、大手の不動産会社や建設会社が、都心の土地確保に動き出します。

　また、このころ、発展を続ける日本経済を見て、欧米の金融機関が一斉に日本に進出しました。事務所や社員の住宅が必要になり、都心の一等地が高く買われ、その値段が周辺に波及したのです。

　地価がみるみる上がり始めました。こうなると、不動産業者ばかりでなく、一般企業までが競って土地購入に走りました。資金は、銀行から低金利で融資を受けました。「財テ

コラム

円高でブランドブーム

　円高で海外旅行がブームになった。円高は日本円の価値が上がることだから、相対的に海外の商品の値段が下がる。海外旅行の費用が安くなり、多くの日本人が海外旅行に出かけた。大学生の卒業旅行も海外に行くのが一般的になった。

　海外のブランド品が、これまでより安く買えるようになり、団体でブランド品を買いあさる日本人観光客が海外で顰蹙《ひんしゅく》を買うようになったのもこのころから。日本人観光客は、ブランド品も顰蹙も買ったのである。

クをしない経営者は無能だ」と決めつける経営評論家も現れました。

地価上昇から株価上昇へ

一九八七年（昭和六二年）二月、NTTの株が上場されました。電電公社がNTTという株式会社になった後も、株は政府が一手に保有していました。それを一般に売り出して、政府の収入にしようと計画されたのです。

政府の売り出し価格は一一九万円でした。この株が人気を呼んで買い手が殺到し、株価は、二ヵ月後には三倍近い三一八万円にまでなりました。

「株はもうかる」という意識が国民の間に広がりました。多くの国民が株取引を始めたのです。大勢の客が株を買い始めれば、それだけ需要が増えるわけですから、実際に値段が上がります。ふだん株に縁のない人たちまでが株を買うようになったことで、株価は上昇し、それを見てさらに大勢が株を買い始める、という循環が始まりました。

自社の株価が高くなった企業は、「時価発行」つまりそのとき高い時価で株を発行し、大量の資金を簡単に入手しました。

その資金で工場設備を拡大しました。また、余った資金で土地を購入。土地を買うと、その土地を担保にさらに銀行から資金を借りることができました。

資産がどんどん増えます。この資産をもとにさらに資金を借りることができたのです。土地株も土地も値上がりを続けているので、土地を買い、土地を担保に資金を借り、その資金で株を買い……という回転が始まりました。

土地も株価もロケットのように上昇したのです。

一九九〇年（平成二年）には、東京二三区の土地代でアメリカ全土が買えるという計算になってしまいました。

日本企業の海外資産購入が激しくなりました。グアムやハワイのリゾート地やゴルフ場は、次々に日本企業のものになりました。

一九八九年、ソニーはアメリカのコロンビア映画を買収し、三菱地所はニューヨーク中心部のロックフェラーセンターを買収しました。どちらも、アメリカのシンボルともいうべきものです。「日本企業がアメリカを買収しようとしている」という批判がアメリカで巻き起こりました。

日本は統計上、史上空前の豊かさになりました。一九八九年段階で、ＧＮＰ（国民総生産）は約三兆ドル（四二〇兆円）。ひとり当たりの国民資産の額はアメリカの四倍、イギリスの五倍になったのです。円高と土地と株の値上がりによって、数字の上ではこんなに〝豊か〟になってしまいました。

地価が上昇することで、土地の所有者の資産は急増しましたが、土地を持っていない人の財産は増えません。土地を持っているかいないかで、日本人の間に大きな格差が生まれたのです。

「マスコミは、この現象を財産格差の拡大と呼んで非難したが、日本人の多くはそれを存分に楽しんでいたに違いない。何しろこの国では持ち家比率が六割以上、親からの不動産相続を期待できる者を加えれば、八割近くが土地に権利を持つ人々なのだ。それが猛烈な勢いで値上がりしたのだから気分が悪かろうはずがない。大半の人々は表では土地値上がりを嫌悪するポーズを作りながら、内心では『俺だって金持ち』とほくそ笑んでいた。このことが、やがて消費に反映され、高級品と海外旅行のブームを呼んだ。日本の土地や株の値段に比べれば、外国のそれはみな、べら棒に安く見えたからである」(堺屋太一『時代末』)

「シーマ」現象が起きた

こうしてバブルが膨らみました。一九八八年一月に発売された日産自動車の高級車「シーマ」は、五百万円という高価格でありながら、飛ぶように売れました。買った人へのアンケートでは、「値段が高いから買った」という理由が上位に入りました。日本経済新聞社が八九年にビジネスマンを対象にした調査で、「シーマ」が「買いたい車」の一位になりました。

当時、なぜこれほどまでに高級車が売れるのか、さまざまな議論がありました。地価が上がりすぎてマイホームをあきらめたサラリーマンが、マイホーム購入資金のために貯めてきた資金を高級車購入に当てたのではないか、という推測もありました。土地や株価の急上昇で「金持ちになった」気分の人が増え、高級車の購入に向かったのではないか、という分析もありました。後者のようなメカニズムを「資産効果」と呼びます。

東京郊外の老舗のゴルフ場、小金井カントリー倶楽部のゴルフ会員権は、八七年二月に三億三〇〇〇万円に達しました。ゴルフ場の会員権が高値で売買されるのを見て、「財テク」のために借金して会員権を買うサラリーマンも増えます。

絵画取引にも資金が流れ込みました。当時の様子について、銀座の美術商は、次のように証言しています。

「まず銀座の画廊あたりで数千万円の絵を買うだろ。あの界隈を歩けば、すぐに別の画廊に行き当たる。そこでさっきの絵を売るんだ。そうすると、ほんのわずか数分で300万円くらい儲かっちゃうんだ」（日経ビジネス編『真説　バブル』）

日本での絵画の取引価格にはあいまいさがつきまといます。バブルで絵画取引に資金が流れ込むと、売買のたびに価格が上がります。それをねらって再び資金が流れ込みました。

一九九〇年五月には、大昭和製紙の名誉会長だった斉藤了英《さいとうりょうえい》が海外のオークションでゴッホとルノワールの絵をそれぞれ一〇〇億円を超える金額で競り落としました。異常極まれり、です。斉藤は、「俺が死んだら、一緒に棺桶に入れて焼いてほしい」と語り、人類共通の宝を私物化した発言として、欧米の美術関係者の批判を浴びました。

古代ローマ帝国も、かつての大英帝国も、経済力がピークに達したとき、世界の富を集めました。それを彷彿《ほうふつ》とさせる日本のバブルの有様でしたが、日本の場合、芸術を守るために資金が投じられたわけではなかったのです。

夜の町もにぎやかになり、東京の都心では、夜になると空車のタクシーがつかまらなくなりました。深夜営業の店が次々に生まれ、深夜バスが走ったり、郊外へ行く電車の終電が遅くなったりしました。日本中がバブルに浮かれていたのです。

バブル退治の金利引き上げができなかった

この過熱ぶりに、日本銀行は公定歩合の引き上げの検討に入りました。公定歩合を引き上げれば、銀行の貸し出し金利も上がり、土地や株の購入に充てるために銀行から資金を借りる動きが沈静化するのではないかと考えたのです。

そこに起きたのが、アメリカでの株価急落でした。

一九八七年一〇月一九日、ニューヨーク株式市場で平均株価が過去最大の値下がりを記録したのです。「ブラック・マンデー」（暗黒の月曜日）と呼ばれました。

なぜアメリカの株価が急落したのか。アメリカの投資家が、次のような心配をしたからではないか、と言われました。

「日本やドイツは好景気にわいているが、そろそろ限界だろう。景気の過熱を恐れた中央銀行が金利を引き上げるのではないか。その分アメリカの金利が相対的に低くなるから、アメリカ国内の投資家が資金を海外に投資するのではないか。そうなるとアメリカの株式市場から資金を引き揚げるから、アメリカの株価が下がるだろう」

「株価が下がるだろう」とみんなが考えて、下がる前に株を売ろうとして、本当に株価の下落を招いてしまったのです。

公定歩合の引き上げのタイミングを見計らっていた日本銀行は、「ブラック・マンデー」で、そのタイミングを失ってしまいました。ここで公定歩合を引き上げて日本の金利を上昇さ

「ブラック・マンデー」のニューヨーク株式市場　1987年10月

せると、アメリカ国内からの資金の流出が進み、アメリカの株価がさらに下がって、アメリカの景気に悪影響が及ぶと判断したのです。アメリカへの国際的な配慮と表現することもできますし、アメリカに遠慮したということもできます。

ドイツはこのときアメリカに遠慮せずに金利を引き上げ、ドイツ国内ではバブルは発生しませんでした。

結局、日本銀行が金利を引き上げたのは八九年五月になってからでした。二・五％の超低金利が二年三ヵ月も続いたのです。それまでバブルが膨らむのを抑えることができませんでした。アメリカへの配慮（遠慮）が、日本のバブルを一段と大きなものにしてしまったのです。

銀行は貸し出し先探しに躍起になった

地価が上昇してバブルを生み出した構造的な要因も指摘されています。日本経済の高度成長期、大企業は銀行から資金を借りて設備を拡大し、収益を上げて銀行に返済していました。

ところが一九八〇年代になると、優良企業は、銀行から資金を借りなくても、株式市場で株を発行すれば、多額の資金をたやすく入手できるようになりました。株発行で資金が入れば、毎年配当を支払う必要はあるものの、資金返済の必要はありません。企業にとって有利な資金獲得方法でした。

また、優良企業は、社債を発行して資金を集めることもできます。「社債」とは、「会社の借金」のこと。つまり、会社が債券を発行して資金を集め、債券の購入者には、満期がきたら利子分をつけて資金を返済するという仕組みです。これだと、銀行から資金を借りるより少ない利子で済みます。資金集めの際、いちいち銀行に相談する必要もありません。優良企業の「銀行離れ」が進んだのです。

銀行は優良な貸し出し先を失いつつありました。これまでの大企業に資金を貸し出せなくなれば、付き合いのなかった中小企業を開拓しなければなりません。

しかし、大銀行の融資担当者は、中小企業の成長性や発展性について判断しにくいことから、土地さえあれば、その土地を担保に融資する、という姿勢をとりました。

大銀行の郊外の支店の融資担当者は、空いている土地探しに駆り立てられました。空いている土地を見つけると、地主にマンション建設などを働きかけます。「この土地を担保に資金を貸しますから、その資金でマンションを建てましょう」というわけです。銀行は貸し出し先を探すために、不動産開発のような仕事まで始めたのです。

このやり方に疑問を持ったり異論を唱えたりする行員は左遷《させん》させられました。もはやブレーキが利かなかったのです。

地上げ屋が暗躍した

都心の住宅密集地では、「地上げ屋」が暗躍しました。「地上げ屋」とは、狭い土地を買い上げて広い土地に整理し、大規模開発が可能な土地にしてから、高く転売するという仕事です。

もちろん土地の再開発には必要な仕事ですが、バブルのころには、これが度を越しました。暴力団が介入することもありました。

土地の所有者に対し、ときには脅迫することで土地の買い上げを迫ったのです。原因不明の出火事件が相次ぐ、という事態が起きた場所もありました。

「地上げ屋」によって次々に土地が買収され、買収された場所は直ちに更地になりました。住宅街を点々と虫食い状態にすることで、残っている土地所有者への心理的なプレッシャーをかける意図もありました。古くからの住宅街のコミュニティが崩壊していきました。

土地を売った人が得た売却資金で別の土地を購入すると、税金が免除される「買い替え特例」の制度があります。これを利用して、都心部の土地を売った資金で郊外に住宅を買い替える人も増えました。都心の地価上昇が、こうして郊外にまで広がったのです。

●地価対策始まる

地価の上昇で、一般サラリーマンはマイホームの夢が消えました。東京圏の分譲マンションの売り出し平均価格はサラリーマンの平均年収の八・九倍に達したのです。政府の土地対策に批判が高まりました。

一九九〇年三月、大蔵省は、不動産融資の「総量規制」に踏み切りました。銀行に対して、不動産業向けに貸し出す金額の伸び率を、銀行が貸し出す資金全体の伸び率以下にするように求めたのです。

銀行が不動産業者に貸し出す資金は猛烈に増えていましたから、全体の伸び率以下にするということは、「これ以上不動産業者に資金を貸し出すな」ということを意味していました。

さらに九二年一月から税率〇・三%の新税「地価税」を導入しました。従来からある「固定資産税」の評価額も引き上げられ、広い土地を持っていると、それだけで多額の税金を納めることが必要になりました。

日本銀行もバブルつぶしを決意しました。公定歩合の引き上げを始めたのです。八九年五月からわずか一年三ヵ月の間に五回の金利引き上げに踏み切りました。公定歩合は、二・五%から三・二五%、三・七五%、四・二五%、五・二五%、六%と急上昇したのです。

公定歩合を高くすることで日本全体の金利を上げ、銀行から気軽にお金が借りられないようにしました。不動産業に限らず、企業が銀行から資金を借りにくくなり、景気全体の過熱を冷ますことをねらったのです。

バブルがはじけて空地が残った

土地を買うための資金が借りられなくなったわけですから、新たに土地を買う人や会社がなくなりました。買う人がいなければ、土地の値段は下がります。

土地の値段が下がれば、損をした人たちが、損失を穴埋めするために株を売って現金を作ろうとします。株の値段も暴落します。バブル崩壊です。

街のあちこちに、「地上げ」途中の空き地が取り残されました。誰も土地を買おうとはしなくなったのです。

土地が売れなくても、土地に税金はかかります。困った持ち主が、とりあえずコイン式の駐車場にするケースが増えました。

売れない土地に恒久的な建物を建てるのは見合わせ、将来売れる日がきたら、直ちに更地に戻せるように、駐車場にして現金収入を得ているのです。これも、バブルの跡なのです。

コラム

「平成の鬼平」

日銀の三重野康[みえの やすし]総裁のことを、評論家の佐高信[さたか まこと]は、「平成の鬼平」と呼んだ。「鬼平」とは、池波正太郎[いけなみ しょうたろう]の時代小説『鬼平犯科帳』の主人公の長谷川平蔵[はせがわ へいぞう]のこと。

作品中で長谷川平蔵は、江戸の火付盗賊改方として悪を取り締まり、「鬼平」と呼ばれている。

バブルつぶしを推進した日銀の三重野康のことを、この鬼平になぞらえたのである。もっとも、三重野本人がこの命名を喜んでバブルつぶしに熱心になり、やりすぎて不景気にしてしまった、という指摘もある。

不良債権の山ができた

土地を担保にお金を借りていた不動産業者は、いずれも経営に行きづまり、次々に倒産しました。

銀行は、貸していたお金を返してもらえなくなったのです。これが「不良債権」です。「債権」とは、「貸したお金を返してもらう権利」という意味です。貸したお金が順調に返してもらえる状態を「優良債権」といい、返してもらえなくなったり、その可能性が高かったりするものを「不良債権」といいます。

「不良債権」が増えると、銀行の経営を直撃します。銀行は、預金者からの資金を貸し出して利子を得て収益を上げます。貸した資金が返ってこなくなり、利子の収入もなくなったら、預金者に払い戻す資金が不足してしまいます。

こうして、「不良債権」の増大は銀行経営を揺るがすことになったのです。

住専が大きなニュースに

一九九五年一二月、膨大な不良債権で身動きできなくなった「住専」(住宅金融専門会社)をどう処理するかが、大きな政治問題になりました。

住専は、一九七〇年代、サラリーマンでも気軽にマイホームを持てるように住宅ローンを貸す専門の会社として次々に設立されました。

もともと住宅ローンは、一件当たりの金額が一〇〇〇万円から二〇〇〇万円程度と金額が小さく(大銀行にしてみれば、という意味です）、銀行自らが乗り出す仕事ではないと考えられ、大手の金融機関が、子会社として設立したのです。

ところが、日本経済の発展とともにサラリーマンのマイホームブームが起き、住専の仕事は順調に伸びました。

また銀行のコンピューターシステムが整備されたことで、貸し出し一件当たりの金額が小さくても経費があまりかからなくなったことから、大手銀行自らが、マイホーム向け住宅ローンの仕事を始めました。

こうなると、住専のお客が銀行にとられてしまいます。困った住専は、バブルの時代、サラリーマンばかりでなく、不動産業者にも資金を貸し出すようになったのです。

そこに、「不動産向け融資の総量規制」で銀行から融資を断られた不動産会社が殺到しました。

さらに、バブルによる土地ブームで農家が土地を売って得た巨額の売却代金が、農協に集まっていました。しかし農協には、集まった資金を運用するプロがいません。住専に資金を預けたのです。

農協の資金が住専を経由して不動産業者の土地購入資金に化けていました。

バブルがはじけて土地の値段は暴落。不動産会社の経営は次々に行きづまり、住専が貸し出していた資金は不良債権になってしまいました。

その結果、八社あった住専のうち七社も経営が破綻し、解体することになったのです。

住専の負担をめぐって対立

コラム
公的資金の導入問題

当初この問題を一般のマスコミは、「住専の損失への公的資金の導入問題」という表現で伝えていた。

私が担当していた「NHK週刊こどもニュース」では、これを「住専が損したお金を国民の税金で穴埋めする問題」と表現した。それ以降、一般のマスコミでも、「国民の税金を使う問題」という表現が定着した。

「公的資金の導入」といわれてもピンとこなかった人たちも、「国民の税金を使う」と表現されると、「そんなことが許されるのか」と怒るようになったのである。

住専を解体することになると、住専が抱えていた損失をどこが負担するかが問題になりました。住専七社の損失は、六兆四一〇〇億円にも達していました。この損失を、どう処理するのか。

住専を設立した銀行は、「住専に資金を貸した農協系金融機関が負担すべきだ」という「貸し手責任」を主張しました。

農協系金融機関は、「大手の銀行が母体となっている会社だから安心して資金を貸した。住専の親会社が負担すべきだ」という「母体行責任」を主張して、対立しました。

金融機関が資金を貸している相手の経営が行きづまったら、相手を信用して資金を貸した金融機関が責任をとるのが金融の世界の常識ですが、住専に関しては、その常識が通用しませんでした。農協系金融機関の「貸し手責任」を認めると、農協系金融機関の中には、経営が破綻する恐れのあるところがいくつもあったのです。もしこれがつぶれたら、今度は農家への影響が大きくなります。

結局、農民票をあてにする自民党の農林族の圧力で、農協系金融機関の負担は最小限にとどめ、残りを母体行である設立銀行に負担させる仕組みを作りました。

しかし、銀行にも負担の限度があります。「理屈のつかない負担はできない」と主張し、農協系金融機関と母体行の両者で負担しても足りない部分が出てしまいました。この金額六八五〇億円を、公的資金で穴埋めすることになりました。つまり国民の税金を使ったのです。

バブルの後始末に国民の税金を使う第一号でした。

預金引き出しの長い列ができた！

一九九七年一一月三日、三洋証券の経営が破綻しました。借金の総額（負債総額）は三七三六億円でした。

一一月一七日、今度は北海道拓殖銀行が破綻しました。バブルの時期以降に行った無理な不動産融資が巨額の不良債権になり、それが次第に明らかになって信用を失い、資金繰りがつかなくなったのです。

大手銀行が資金繰りに行きづまって倒産するという、信じられない事態が発生したのです。

そして一週間後の一一月二四日。遂に「四大証券」のひとつ、山一證券の経営が行きづまり、自主廃業を決めました。こうして、冒頭のような野沢社長の記者会見になったのです。

さらにその後、宮城県仙台市に本店のある徳陽シティ銀行も破綻しました。

たったひと月に金融機関の破綻が四件も相次いだため、「自分の資金を預けている銀行は大丈夫だろうか」という不安が全国に広がりました。

　不安に駆られた預金者が、全国で金融機関の窓口に行列を作って預金引き出しを始めました。「取り付け騒ぎ」が始まったのです。

　長い行列が店の外にまで出ると、この事態が広く知られてしまってさらに不安をあおることになると考えた各金融機関は、事前のマニュアル通り、お客を行内の会議室などに案内し、行列を何とか建物の中だけにとどめようとしました。整理券を配布し、時間を指定してあらためて出直してもらうケースもありました。

　全国でこの動きが自然発生的に始まったとき、報道機関は、興味本位に報道すると、さらに大変なパニックになると考え、抑えたトーンで報道したり、報道を見合わせたりしました。

コラム

中坊公平の闘い

　住専が解体された後、住専が抱えていた不良債権を少しでも回収するための組織が設立された。

　それが「住宅金融債権管理機構」で、社長には、元日本弁護士連合会会長の中坊公平［なかぼう こうへい］が就任した。

　この会社には、旧住専の社員はもちろん、大蔵省、日銀、検察、国税、警察、労働省などから人材が送り込まれ、債権回収に当たった。

　中坊は、「債権を少しでも回収できれば、それだけ国民の負担が少なくなる」と言って陣頭指揮に立ち、「借りた金を返さない」会社と対決し、その奮闘ぶりに国民が拍手した。

「住宅金融債権管理機構」は、99年4月から「整理回収機構」と組織が変わった。

このとき私は、全国に広がる金融不安に不気味なものを感じたものです。「漠然たる不安」とでもいいましょうか、「これから日本はどうなってしまうのか」という焦燥《しょうそう》に駆られたものです。

この有様は、かつての「昭和金融恐慌」を思い出させるものでした。

過去にバブル崩壊で昭和金融恐慌が

バブルが崩壊して金融機関がバタバタと倒産するという「金融恐慌」が、かつて昭和の初めに起きていたからです。

第一次世界大戦中、日本経済は戦争景気に沸きました。

戦争が終わると共に、景気が悪化することを恐れた政府は、金利を引き下げ、景気刺激策をとりました。

この結果、景気は過熱し、株価も地価も急上昇するという「大正バブル」が発生しました。一九一九年（大正八年）のことでした。

しかし、そのバブルも翌年には、はじけました。株価があまりに上昇したことを警戒した人たちが株を売ったのをきっかけに、株価の暴落が起きたのです。

バブルの崩壊は、「自分が資金を預けている金融機関は大丈夫なのだろうか」という預金者の不安を招き、預金者が「取り付け騒ぎ」に走り、中小金融機関の破綻を招きました。

そして一九二七年（昭和二年）三月、遂に「失言恐慌」が発生しました。

帝国議会（いまの国会）の衆議院予算総会で、「銀行がつぶれそうになるたびに国が救済するのでは、自由競争の原理がこわれるの

昭和金融恐慌。預金の引き出しに長蛇の列ができた　1927年

ではないか」という野党の質問に対し、当時の片岡《かたおか》直温《なおはる》大蔵大臣は、「銀行の救済を進める必要がある」と答弁する中で、「現にきょう正午ごろ、東京渡辺銀行がとうとう破綻いたしました」と発言したのです。

東京渡辺銀行は、これまでの中小金融機関とは異なり、中堅の銀行でした。確かに経営状態が悪化していましたが、このときはまだ破綻するには至っていませんでした。

片岡発言が引き金になって、東京渡辺銀行は休業に追い込まれました。片岡発言がなくても経営破綻は時間の問題でしたが、発言が直接の引き金を引き、これがきっかけになって大規模な金融恐慌が発生したため、「失言恐慌」と呼ばれています。

片岡発言が報道されると、金融機関への取り付け騒ぎは全国に波及し、あっという間に三二の銀行が休業に追い込まれ、最終的には日本国内で五〇〇もの銀行がつぶれました。

金融機関への信頼が失われ、取り付け騒ぎが発生すると、経営状態が悪化していない銀行も倒産してしまうことを、この歴史は示しています。

七〇年後の日本で、再び悪夢の再現が起きそうになったのです。

コラム
取り付け騒ぎ

多数の預金者が一斉に金融機関に預金引き出しに殺到すること。

ふだん銀行には多額の資金が用意されていないので、預金引き出しが殺到すれば、資金不足に陥ってしまい、銀行倒産に直結する恐れがある。


「あの銀行が危ないらしい」という噂が広がり、噂を否定する銀行幹部の記者会見が各地で開かれました。当時の三塚《みつづか》博《ひろし》大蔵大臣は、日銀総裁と連名で「国民の皆様は、冷静な行動をとってください」と呼びかけました。「平成の金融恐慌」は、かろうじて食い止められたのです。

金融不安から不況が深刻に

この年の四月、当時の橋本《はしもと》龍《りゅう》太郎《たろう》総理は、それまでの所得税減税を廃止し、消費税を三%から五%にアップするなど、国民の負担を増やすことで国家財政の建て直しを始めていました。

その結果、一時上向いていた景気は一気に失速。再び不況が日本経済を襲い、遂には金融不安につながりました。バブルがはじけた後も適切な経済政策を打ち出すことができなかった日本経済は、「魔の一一月」を迎えたのです。

この事態に日本銀行は「金融機関には担保なしでいくらでも資金を貸し出す」と宣言して、騒ぎはようやく収まりました。

しかし、金融不安は消費者心理を冷え込ませました。消費者は、日本で「絶対安全」の代名詞になるほどの信頼を集めていた銀行など金融機関の破綻に驚き、将来に不安を抱きました。生活必需品以外の買い物をする気がなくなり、消費が低迷しました。ものが売れなくなり、不況に拍車がかかったのです。

橋本総理は、この状況を引き起こしたことで、翌年七月の参議院選挙で敗北し、退陣に追い込まれました。

政府、公的資金の大々的導入

一九九八年七月に発足した小渕恵三《おぶちけいぞう》内閣は、金融不安の解消に取り組みました。

六〇兆円もの公的資金を用意して、経営が行きづまっていた日本長期信用銀行と日本債券信用銀行を相次いで国有化し、金融不安の再発を抑えました。国有化した二つの銀行は、その後、公的資金を使って不良債権を処理し、「新生銀行」と「あおぞら銀行」に生まれ変わりました。

小渕総理は、「景気をよくするためなら何でもあり」の政策を推し進めました。そのための資金は、赤字国債つまり国の借金で用意しました。

このことを小渕総理は、「世界一の借金王になってしまいました」と自嘲してみせました。この借金は、次の日本の世代に残されたのです。

日本経済はデフレへ突入

日本政府は二〇〇一年三月に発表した「月例経済報告」で、「現在の日本経済は緩やかなデフレにある」という見解を示しました。

事実、日本の消費者物価指数は、一九九九年が前年比〇・三％マイナス、二〇〇〇年が〇・七％マイナスで、二年連続の下落となっています。これはもう完全なデフレです。

「デフレ」とは、英語で「縮む」という意味の「デフレーション」の略です。経済全体が縮んでいく様子を表しています。この反対が、「広がっていく」という意味の「インフレーション」で、略して「インフレ」といいます。

物価の下落自体は、悪いことではありません。しかし、デフレは、それにとどまらないので、嫌われるのです。

商品の値段が下がる↓もっと下がるまで待とう↓商品が売れない↓商品の値段を下げる↓もうけが減る↓社員の給料が下がる↓お金を使わなくなる↓ますます商品が売れなくなる↓商品の値段をさらに安くする……という悪循環が続きます。

こうした悪循環を「デフレスパイラル」といいます。「スパイラル」というは「らせん」のこと。グルグルと回りながら、ますます悪くなっていく、ということなのです。

いったんこの悪循環にはまると、この「らせん」から脱出することは困難です。

バブルに踊ったツケは、あまりにも大きかったといえるでしょう。

コラム

護送船団方式

日本の金融機関は長い間、「護送船団方式」で守られてきたといわれる。「護送船団」とは戦争中の用語。輸送船を守る軍艦は、スピードの一番遅い輸送船の速度に合わせて進む。

戦後、大蔵省は、経営効率の一番低い銀行でも経営が成り立つように、各銀行の行動を規制した。この様子を「護送船団方式」と呼んだ。

金融機関は、「困ったら大蔵省が助けてくれる」という精神構造になり、自助努力を失い、経営能力を失ったと指摘されている。

バブルの処理はなぜ進まないのか

人間は弱いものです。みんなが熱狂的に金もうけに走っているとき、その流れから身を引くことは至難の業です。いつしか多くの国民がバブルの渦にのまれ、あるいはバブルの発生に手を貸しました。

バブルがはじけて初めて、人々は、これがバブルだったことに気づきました。バブルに踊った人々の責任を無視することはできませんが、それ以上に、日本経済の舵取りを誤った政治家、経済官僚の責任は重大です。

バブル後に日本経済は低迷し、「失われた一〇年」と呼ばれることがあります。「問題を解決することができたチャンスをみすみす失った一〇年」だったのです。

では、どうしてバブルの処理ができなかったのでしょうか。

金融機関の内部の事情は、次のようなものでした。

バブルの時代に無茶な融資拡大の先頭に立った金融機関の人たちは、みんな出世して経営陣を占めていました。バブルの負の遺産を認めて不良債権の処理を進めることは、自分たちの誤りを認めることになります。

このため抜本的な処理に踏み切れず、ズルズルと問題処理を先送りしました。バブルのときに、自らが所属する金融機関のやり方にブレーキをかけようとした人たちは、とっくに関連会社などに左遷させられていました。

一方、官僚たちも責任をとろうとはしませんでした。大蔵省（いまの財務省）の官僚は、一～二年で次のポストに移っていきます。自分の在任期間中に何事もなければ順調に出世していけます。そうなると、人間は弱いもの。つい事なかれ主義に陥り、抜本的な問題処理をしようとせず、やはり問題の先送りを続けました。

さらには、官僚にも経済界にも、「景気が再び回復すれば、土地の値段も上がり始め、すべては解決する」という甘い期待がありました。「土地の値段は上がるもの」という「土地神話」の呪縛から逃れることができなかったのです。

そこには、無責任な事なかれ主義、過去の経験だけを重視した経験主義、失敗から学ばない傲慢さばかりがあるのです。

「おかしいと思ってもモノを言えない営業現場の銀行員。当局の意向に従うだけで、責任を取らない経営陣。視野の広い戦略を欠き、肝心の決断は先送りした当局。それは太平洋戦争における前線の兵士と将校、将校と参謀本部の関係と全く変わっていない」（日本経済新聞社編『検証バブル 犯意なき過ち』）

バブルを二度と起こさないためにも、バブルの発生、拡大、破裂の教訓を学び取ることは、私たちがとるべき歴史への責任なのです。

第一四章のその後

バブルがはじけ、金融不安が広がった日本経済は、金融機関に公的資金を注入することで、ようやく落ち着きを取り戻し、二〇〇〇年以降、緩やかな景気回復が続きました。

ところが二〇〇七年、アメリカで住宅バブルがはじけると、金融不安が広がりましたが、アメリカのブッシュ政権は、「民間経済に政府は口を出さない」という「小さな政府」の方針を取り続けました。

その結果、アメリカ経済は一段と悪化し、翌二〇〇八年には国際的な金融不安を引き起こしました。とりわけ投資銀行であるリーマンブラザーズの破綻を座視したことで、金融機関に対する不信感が広がりました。

まるで日本の過去を見るような既視感にとらわれます。日本経済の〝教訓〟を、アメリカは学ばなかったのです。

第一五章
連立政権の時代へ

日本に社会主義政権が誕生した

「日本に社会主義政権が誕生した」

村山《むらやま》内閣の成立を、こう報じたヨーロッパのマスコミがありました。新しい総理大臣になった村山富市《とみいち》が社会党の委員長だったからです。

もちろん、実態はそんなものではありませんでした。総理大臣こそ社会党委員長ですが、支えているのは自民党というのが、村山内閣でした。自民党と社会党の接着剤の役割を、新党さきがけがつとめていました。

総理就任直後にイタリアのナポリで開かれたサミットに出席した村山は、アメリカのクリントン大統領と初めて会い、自分の生い立ちを説明しました。

「外国の新聞に間違ったことが書かれていますので、私自身のことを説明したいと思います」と切り出した村山は、漁師の子として生まれ苦学したこと、二度と戦争を起こしてはいけないと決意して社会党に入ったことなどを説明し、「アメリカの労働運動をお手本に運動を続けてきた」と話しました。さらに、冷戦が終わって時代は変わったこと、イデオロギーにとらわれない政治を進めていくことなどを時間をかけて語りました。

村山に初めて会ったクリントンは、村山の話に心を動かされた様子で、予定をオーバーしての会談の後、「これが私が一番聞きたかったことです」と話しました。

一九九四年（平成六年）六月三〇日、社会党の委員長だった村山富市が第八一代の総理大臣に就任しました。

社会党の委員長が総理となったのは、一九

1994年に発足した村山富市内閣

四七年（昭和二二年）の片山哲《かたやまてつ》内閣以来のことです。しかし片山内閣は衆議院総選挙で社会党が第一党になってできた内閣だったのに対し、村山内閣は、一九九三年の総選挙で「ひとり負け」の惨敗だった社会党が出した総理でした。

「社会党委員長が、というよりは、本来ならば引退して孫と遊んでいるはずだった男が、そして煮干し用の鰯を獲る大分の漁師の子に生まれ、苦学して政治の道に入り、市会議員から県会議員、衆議院議員と他人に背中を押されるようにして中央政界にはい上がってきた男が総理大臣になった瞬間であった」（田勢康弘『総理の座』）

村山本人も、こう語っています。

「総理でもなろうかという人は、やっぱり心がけが違うんじゃな。心の準備もしているし、

コラム
村山富市

　大分県の漁村で生まれる。働きながら明治大学夜間部を卒業。地元に帰り、漁村の民主化運動に従事。その後、大分市議会議員、大分県議会議員を経て社会党の衆議院議員に。

　左右に分かれて対立する社会党の中では左派に所属していた。

　長い眉毛が特徴で、総理大臣当時、「総理の眉毛を切らせてもらおう」というテレビ番組の企画に気軽に応じたエピソードもある。


スタッフも集めて、いつ総理になってもいいだけの準備を整えている。僕はなろうと思ったことがない、なれると思ったこともない。全然考えたこともない。その男がいきなりなったんじゃよ。どうしますか。指名された以上は、できませんというわけにはいかんわな。官邸に入るといったって、言うなら、かばん一つ持っての、単身赴任ですよ」（村山富市『そうじゃのう…』）

　村山は、前年の衆議院総選挙には出ないで引退するつもりでした。病弱の妻の看護に専念する決心だったのです。しかし、突然の衆議院選挙で、後任が決まらないまま再び選挙に出馬しました。この選挙で社会党は大敗し、選挙敗北の責任をとって辞任した山花貞夫《やまはなさだお》委員長の後釜に村山が担ぎ出されたのです。

　村山本人は、左右に分かれて内部対立を繰り返してきた社会党の中では左派に所属していましたが、誰もが認める誠実な人柄は、イデオロギーを超えて自民党からも信頼されていました。大分の実家は傾いた木造平屋。その写真を見ただけで、この人物が金権とはほど遠い清貧な生活を送ってきた人であることがわかります。

村山富市の実家

敵同士が一緒になった

それにしても、村山内閣の誕生は驚きでした。「五五年体制」の中で長年対立を続けていた自民党と社会党が手を結び、しかも数ではるかに下回る社会党の委員長を自民党が支えることになったのですから。

村山内閣誕生の日、社会党と自民党の幹部が談笑する光景を見て、「なんだ、社会党と自民党は仲がよかったんだ。ずっと裏でつながっていたのだろうか」と考えてしまった国民も多かったはずです。

日本の連立政権は、「何でもあり」なのか、というイメージも広がりました。

村山政権誕生の最大の「功労者」は、小沢《おざわ》一郎《いちろう》だったといってもいいでしょう。社会党と自民党のそれぞれの「小沢憎し」の感情が結晶し、いわば「反小沢政権」が誕生したのです。

どうしてこんなことになったのでしょうか。細川政権の崩壊の時点に戻って考えてみましょう。

羽田政権から社会党離脱

一九九四年四月、細川護熙《もりひろ》が政権を突然投げ出したことで、反自民の連立政権は混乱に陥ります。結局、連立政権の中心となっていた新生党の党首の羽田《はた》孜《つとむ》が新総理に選出されます。

ところが、ここで思わぬ事態が持ち上がります。連立政権を社会党と一緒に作っていた新生党、民社党、日本新党、新党さきがけの四党で、国会内の統一会派「改新」を結成したのです。

統一会派というのは、国会の外では別々の政党でありながら、国会内ではひとつの政党のように行動しようというものです。

これは、民社党の大内啓伍《おおうちけいご》委員長が提唱しました。連立政権の中で、社会党と公明党抜きで新しいグループを作ったのです。

「改新」は議員数が一三〇人になり、社会党の七〇人を大きく上回ります。これまで連立政権の中では社会党の議員数が最も多く、一番の発言権を持っていました。このため常に社会党の意向を尊重しなければなりませんでした。しかし、社会党はほかの政党との政策の食い違いが大きく、調整に手間取ることがしばしばでした。

ここで社会党を上回るグループを作れば、連立政権内部での力関係が逆転します。いわば連立政権内部での〝社会党包囲網〟を敷く動きでした。

羽田政権発足直後のこの動きに、社会党は怒ります。社会党を上回るグループを作ることで連立政権を牛耳り、社会党を無力なものにしようとする企てだと考えたのです。それも、自分たちにまったく相談のないままでした。「これは陰謀だ」と考えたのです。

「改新」結成は民社党の大内委員長の発案でしたが、社会党は、この構想が小沢一郎によって作られたと考えました。

細川内閣時代、政権の中心にいた小沢は、自衛隊や国連に対する考え方の違いから、しばしば社会党と対立しました。

小沢は、「日本は普通の国になるべきだ」と主張していました。この場合の「普通」と

コラム

小沢一郎

岩手県出身で中学生のとき上京。父親の小沢佐重喜［おざわ さえき］は岩手県選出の国会議員で、運輸大臣や郵政大臣を歴任した実力者。郵政大臣のとき、「お年玉つき年賀はがき」を実現したことで知られる。

本人は慶応大学を卒業し、日本大学大学院で弁護士をめざして司法試験の勉強中に父親が死去し、代わって選挙に出馬して、27歳の若さで衆議院議員に。

自民党内では田中派に所属した。どんなに反対されても信念を貫く政治家と評価する人も多い。その一方で、自分の行動を他人に説明することが苦手で、一時は行動を共にした人たちが、次々に離反してしまうのも事実である。

は、日本が国連の常任理事国になり、自衛隊が国連軍に参加する道を進むべきだ、というものでした。社会党の方針とは大きな隔たりがありました。

小沢は、「こちらの方針を認めないんだったら、連立政権から出て行ってもらってもいいんだよ」とでもいうような強い態度で社会党に方針転換を迫ることもしばしばでした。「羽田政権成立をきっかけに、小沢が連立政権の中で社会党はずしを画策した」と社会党は受け止めたのです。

怒った社会党は、連立政権から離脱しました。羽田政権は、社会党抜きの、二〇〇人にも満たない少数与党に支えられる形で発足せざるをえなかったのです。

羽田内閣総辞職

羽田政権の政治基盤は弱く、すぐに行きづまります。一九九四年六月、予算成立とともに、野党の自民党は「内閣不信任案」を提出します。

採決すれば可決されてしまう事態に、羽田政権は採決前に総辞職に追い込まれました。羽田総理在任期間わずか六四日でした。これは、終戦直後に誕生した東久邇宮《ひがしくにのみや》内閣、健康上の理由から短命に終わった石橋内閣に次ぐ戦後三番目に短い内閣でした。

羽田は、自分が内閣総辞職することで社会党に機嫌を直してもらい、あらためて社会党も加わった連立政権を作るつもりでした。社会党の久保亘《くぼわたる》書記長が、社会党の政権復帰の条件として、「自主的な総辞職」を主張していたからです。

その一方で、衆議院を解散して、連立政権を支える政党の議員を増やす選択肢も検討しました。しかし、この時点で衆議院を解散すると、新しい選挙制度の実施が間に合わないため、旧来の中選挙区制度で選挙が行われることになります。それでは政治改革に逆行する、という判断もありました。

驚天動地の「自社さ」政権誕生

しかし、事態は思わぬ方向に進みました。自民党と社会党が連立を組んだのです。

野党に転落した自民党は、「野党の悲哀」を味わっていました。長年の与党時代、自民党の国会議員が知りたいことがあって中央省庁に電話をかければ、官僚が直ちに説明にかけつけました。予算編成の時期になれば、大蔵官僚との折衝も行われました。

ところが野党になったとたん、官僚の態度は豹変。なかなか説明には来てくれません。予算編成の作業に口を出すこともできません。地元の市町村からの陳情団も激減しました。議員会館で暇をかこつ議員が増えたのです。

こうなると、次の選挙が心配です。与党に所属しているから支持してくれていた有権者が、自分を見捨てるのではないか、という恐怖につきまとわれます。

かくして、自民党の与党復帰作戦が始まりました。標的は社会党でした。

自民党には、「小沢が自民党を離脱したために自民党は野党に転落した」という小沢への恨みがあります。

一方、社会党も連立政権時代、「小沢にい

じめられてきた」という思いがあります。自民党は、この社会党の「反小沢感情」につけ入る形で、社会党に秘密裏に接触を繰り返していたのです。

社会党の内部では、羽田との連立政権継続か、自民党との連携かをめぐって考え方の食い違いがありました。

右派の立場だった議員は、左派議員ほど小沢の政策に対するアレルギーがありません。久保書記長などは、羽田内閣の総辞職を条件に社会党の連立復帰を考えていたほどです。

しかし左派議員には反小沢感情が強く、「小沢が抜けた自民党は、小沢の新生党より は護憲の立場に立っている」と考えました。社会党の左派が、よりによって自民党と一緒になる道を選択したのです。これも歴史の皮肉ですが、「五五年体制」の崩壊後は、かつてのような反自民党感情が影をひそめていたということもありました。

自民党は、「社会党の党首を総理にする」という条件で社会党に働きかけ、自社連立政権を作り上げました。新党さきがけが間に入り、「水と油」の関係だった自民党と社会党の接着剤の役割を果たしました。

これが「自社さ連立」政権です。「反小沢包囲網」の完成でもありました。

与党復帰のためなら何でもする

村山内閣の成立にあたり、自民党は、社会党と新党さきがけが結んだ政策合意をそのまま受け入れました。自民党は、三党による政権の内部では圧倒的な多数を占めていましたが、政策合意の主導権を握ろうとはしませんでした。

このときの様子を、当時さきがけの中心人物で政策合意作りをリードした田中秀征《たなかしゅうせい》は、こう表現しています。

「村山内閣発足当時は、自民党は気味が悪いほど謙虚で控え目で従順にみえた。政権入りさえできればどんなことでもがまんできる姿をみて敬服さえしたものだ」（田中秀征『日本の連立政治』）

このように皮肉った後、自民党をこう批判しています。

「社会党と新党さきがけの合意文書を、精査もせずに〝丸のみ〟した自民党の不見識には驚くほかはなかった。自民党という政党の掛け値なしの実態がそこに示されていると感じたものだ」（同前）

実は自民党はその後、「自自連立」（自民党と自由党の連立）のときにも、自由党の主張をほぼ丸のみしています。

田中秀征は、自民党という政党が、「自由と民主主義」を守り貫く理念政党ではなく、与党であること、政権政党であることに価値を見出す党であることを喝破《かっぱ》しているのです。

自民党は、与党に復帰するためなら、ほとんどのことに目をつむったのです。

村山内閣の総理は社会党でしたが、閣僚は自民党が一三、社会党が五、新党さきがけが二で、実質的に自民党内閣でした。

反自民の新進党結成、そして解党

一転して野党に回ることになった小沢は、一九九四年一二月、羽田政権を支えた非自民勢力を結集して「新進党」を発足させました。

党首には、自民党を離党した元総理の海部《かいふ》俊樹《としき》、幹事長には小沢一郎が就任しました。

横浜の国際会議場で開かれた結党大会は、ベートーベンの「歓喜の歌」が流れる中、「新進党」と染め抜いた巨大な旗を会場の参加者が広げるという派手なイベントになりました。この様子を撮影できるように、報道陣のカメラマンは、あらかじめ会場全体を見渡せる場所に案内されていました。テレビの時代を意識した演出でした。

選挙制度改革によって、次の衆議院選挙は「小選挙区比例代表並立制」で行われます。第一章で見たように、「小選挙区」は大政党に有利です。そこで、中小の政党が互いに候補者を出して同士討ちになるよりは、各党が一緒になって統一候補を出し、自民党候補と一騎打ちをして勝ち抜こうと考えたのです。

また、選挙に強い公明党と一緒になることで、それぞれの選挙区の創価学会員が選挙運動をしてくれることも魅力でした。

翌九五年七月の参議院選挙で、早速結果が出ました。新進党は躍進し、四〇議席を確保したのです。

この年の一二月の新進党の党首選挙には、小沢と羽田の両者が立候補して戦いました。結果は、小沢の勝利でした。

このころから小沢と羽田の関係に亀裂が入ります。小沢の党運営が強引すぎると考える議員も増えました。自民党時代にも、細川連立政権にも繰り返された「小沢対反小沢」の対立が、新進党の中でも生まれたのです。

遂に一九九六年（平成八年）一二月、羽田グループは新進党を離脱して、「太陽党」を結成しました。

お互いを「イッちゃん」「ツトムちゃん」と呼び合ってきた仲の二人が、とうとう袂《たもと》を分かったのです。

小沢は九七年一二月の新進党党首選挙で再選されましたが、すぐに新進党を解党してしまいました。「自民党に代わって政権を担える党」を目指したはずの政党は、あっけなく消滅したのです。

小沢がなぜ解党に踏み切ったのか、真相は明らかになっていませんが、新進党の内部に、新進党から離れて活動したいと考える議員が増えたことや、新進党を支持してきた創価学会の会員の中に、「選挙では新進党ではなくて公明党で戦いたい」という声も高まっていたことが影響したと見られています。

小沢は翌年一月、「自由党」を結成して党首に就任しました。小沢の思想に完全に一致する考え方の議員を結集するという〝純粋政党〟を作ったのです。

元日の青空を見て辞任を決意

驚天動地の村山内閣は一年半続きましたが、一九九六年の年明け早々の一月五日、村山総理は突然辞意を表明しました。「元日の青空を見て決意した」と説明しました。

実際には、村山は疲れ果て、前の年の暮れから辞任を決意していました。前年に発生した阪神《はんしん》・淡路《あわじ》大震災の対応をめぐっては、初動の遅れが厳しく批判されていました。大きな社会問題になっていたオウム真理教の事件も重圧でした。

さらに、総理に就任後、社会党の基本路線を次々に変更したことで、社会党は大混乱に陥っていました。社会党に代わる新党を結成する動きもありました。村山は、自分の党のことが気がかりでした。総理をつとめながら社会党の委員長の仕事もすることは不可能です。

村山は、総理という仕事の重圧に耐えられなかったのです。

村山内閣の功罪

村山内閣は、誕生それ自体が大きな驚きをもって受け止められましたが、村山総理の国会での演説を聞いた国民は、さらに驚くことになったのです。

村山総理は、それまでの社会党の主張——自衛隊は憲法違反の存在であり、日米安保条約は破棄する、日の丸・君が代は国旗・国歌とは認めない——を一気にひっくり返したのです。

日米安保条約については、「維持する」と言うつもりが、「日米安保条約を堅持」と言ってしまうというおまけつきでした。

総理大臣は、自衛隊の最高指揮官でもあります。その立場の人が、「自衛隊は憲法違反の存在だ」と言ったら、大混乱になることは明らかでした。そんな判断が、「自衛隊は憲法違反の存在ではない」と村山に言わせたのです。

この社会党の変身を、自民党は歓迎しましたが、社会党には支持者から批判が殺到しました。党の存在意義にかかわる政策を簡単に変更してしまったこと、しかも党の正式な手続きを踏んで決めるのではなく、村山個人が国会での演説や答弁という形で一気に変えてしまったことに対してです。

従来の方針を簡単に変えたのは総理だけではありませんでした。社会党の閣僚として建設大臣に就任した野坂浩賢《のさかこうけん》は、長良川河口堰《ながらがわかこうせき》の運用開始を大臣として決めました。

それまでの社会党は、長良川の河口堰に反対の立場でしたし、野坂は建設反対の署名運動に協力もしていたのです。

あまりにも見事なというべきか、無残なというべきか、政策転換が次々に行われたのです。

これまでの方針を簡単に転換させたことに、国民はあっけにとられ、「政権をとると、方針が変わるのか」という厳しい批判が寄せられました。

その一方で、従来の自民党政権でできなかったことを実現したことも確かです。

長年の懸案だった「被爆者援護法」を制定し、国の責任で広島と長崎の被爆者への特別給付金制度を作りました。水俣《みなまた》病患者への国の救済案もまとめました。アイヌの文化を尊重することをうたった「アイヌ文化振興法」成立にも尽力しました。

さらに「戦後五〇年に際しての談話」を発表し、日本の戦争責任をはっきりと認めました。村山は、次のように述べています。

「わが国は、遠くない過去の一時期、国策を誤り、戦争への道を歩んで国民を存亡の危機に陥れ、植民地支配と侵略によって、多くの国々、とりわけアジア諸国の人々に対して多大の損害と苦痛を与えました。私は、未来に過ち無からしめんとするが故に、疑うべくもないこの歴史の事実を謙虚に受け止め、ここにあらためて痛切な反省の意を表し、心からのお詫びの気持ちを表明いたします」

この談話は「村山談話」として、その後の自民党内閣でも受け継がれています。日本の戦争責任について日本政府の見解が求められると、「村山談話の趣旨に沿って」という表現が使われています。

このように村山内閣の「功罪」、評価は分かれます。村山内閣を支えた社会党の伊藤茂《いとうしげる》は、こう書いています。

「村山内閣は短期的には保守政治では出来ない成果をあげたが、中期的には自民党の復活を許し、自らは分解して小さな党に転落した」（伊藤茂『動乱連立』）

社会党の総理だからこそ実現した政策がある一方で、その方針転換には長年各地で地道な取り組みをしてきた社会党員に幻滅が広がり、社会党を離党する人や、支持をやめる人が相次ぎました。

特に、自民党の橋本龍太郎総裁に総理の座を譲ることで、自民党政権の復活に手を貸した、という批判が寄せられました。

社会党は一九五五年以来、何のために戦ってきたのか、なぜ反自民の細川連立政権に参加したのか、というわけです。

党から総理大臣を出したという意味で、まさに「一将功成りて万骨枯る」とでも言うべき事態になりました。社会党は念願の政権をとり、総理大臣まで出したのに、まさにそれが党の崩壊に結びついたのです。

その後社会党は、村山内閣退陣直後の九六年一月に開かれた党大会で、党名を社会民主党に変更しました。政策の変更に、やっと党名変更が追いついたのです。党名変更で政策の転換を追認した、ともいえます。

民主党の結成と大連合

自民党と手を組んだ方針に対しては、社会党や新党さきがけ内部にも批判的な議員が出てきました。

「自民党と新進党の対決の中で、その他の政党の影が薄くなり、このままでは埋没してしまう。支持者も次第に離れていく。これでは次の選挙が戦えない」と危機感を募らせたのです。

この思いが、「第三極」の政治勢力作りを模索する動きとなりました。「第三極」とは、自民党と新進党という「二極」の対立ではない別の政治勢力という意味です。「第三の道」という言い方もありました。

その中心になったのが、新党さきがけの幹部だった鳩山由紀夫《はとやまゆきお》です。鳩山は、厚生大臣の菅直人《かんなおと》に新党作りの中心になるように呼びかけました。当時の菅は、「薬害エイズ」問題で厚生省の責任を追及するとともに、厚生大臣として患者に謝罪し、国民から高い支持を受けていました。

鳩山と菅は、社会党、新党さきがけの組織丸ごとの参加は認めず、個々の議員の個人参加方式をとりました。こうすることで、新党さきがけの武村正義《たけむらまさよし》など「自社さ」連立政権を推進したメンバーを排除したのです。

こうして一九九六年九月、民主党が結成されました。かつて「自由党」と合流して自由民主党になった「民主党」と名称は同じですが、まったく別の政党が誕生したのです。この政党を「第一次民主党」と呼ぶこともあります。

翌年末、新進党が突然解散しました。小沢

コラム
薬害エイズ
血友病の患者が治療に使った「血液製剤」の中にエイズウイルスが含まれていたため、多くの患者が感染し、死亡した。加熱した安全な血液製剤の導入が遅れたのは厚生省の責任ではないかという患者の声に応え、厚生大臣だった菅直人は、厚生省の責任を認めて患者に謝罪した。

は自由党を結成し、旧公明党のメンバーは別のグループを作りました。

残りの多くの議員は、さまざまな政党を作りましたが、ひとつひとつは小さく、力を持てません。そこで、民主党と一緒になって、自民党に対抗できる大政党を作ろうということになりました。

一九九八年四月、衆議院議員九三人、参議院議員三八人の計一三一人で、新しい民主党が結成されました。党の代表には菅直人が就任しました（後に鳩山由紀夫と交代）。これを「第二次民主党」と呼ぶこともあります。

民主党がこれだけ大きな政党になると、もはや「第三極」ではなくなります。自民党対民主党という「二極」構造の一翼を担う政治勢力へと成長したのです。

しかし、その内部には、旧社会党、旧さきがけ、旧民社党、旧自民党という出身が異なるさまざまな議員が同居し、政策をめぐって内部で対立することもしばしばです。分裂の可能性を孕《はら》んだ政治組織なのです。

また、菅直人代表時代の民主党は、自民党との直接対決よりは、現実的な対案を提示するという手法をとりました。これが、「与党だか野党だかはっきりしない。まるで、〝や〟

と〝よ〟の間の〝ゆ党〟のようだ」と皮肉られることもありました。

自民党の総理に戻った

村山富市の突然の辞意表明で、総理大臣には、自民党の橋本龍太郎が就任しました。細川連立内閣成立のためにいったん政権を失った自民党が、再び政権の座に復帰したのです。

橋本の総理就任に伴って、社会党は「閣外協力」に転じました。連立政権にとどまるが、社会党からは大臣を出さない、ということです。

その後、社会党は社会民主党になり、党首は村山富市から土井たか子に代わりました。土井体制となった社会民主党は、再び反自民の立場をとり、連立政権を解消しました。

村山と異なり、橋本は、「自分が総理大臣になる日」への心の準備をしていました。村山が総理を辞任しても、社会党や新党さきがけとの連立に変わりはありませんでした。橋本は、この連立の枠組みの中で、改革に取り組みます。

橋本の改革は、中央省庁の再編、金融システムの改革（日本版金融ビッグバン）、財政構造改革の三本柱でした。

橋本が取り組んだ中央省庁の再編は、二〇〇一年一月から実施されました。省庁の数を減らすためだけの「数合わせ」などという批判もありましたが、戦後作られた中央省庁の仕組みを大きく変えたことは確かです。

また、金融システムの改革は、「日本版金融ビッグバン」と呼ばれました。外国為替管理法を改正し、証券取引の手数料の自由化を進め、証券と銀行の垣根を低くするなど、欧米並みの金融の規制緩和を進めたのです。
さらに財政構造改革は、赤字国債の増大で危機的な状況の国家財政を改革するため、消費税を三％から五％に引き上げるなど、国民の負担を重くするものでした。この改革は、回復しつつあった日本経済を再び失速させたという批判を浴びました。

一九九七年秋には三洋証券、北海道拓殖銀行、山一證券の経営破綻が相次ぎ、財政構造改革は凍結されたのです。

景気の失速は、さらに不況の深刻化を招き、不況の真っ只中に行われた九八年七月の参議院選挙で自民党は敗北しました。橋本は選挙敗北の責任をとって退陣しました。

●凡人が総理になった

橋本の後任選びの自民党総裁選挙には、小《お》渕《ぶち》恵三《けいぞう》、梶山静六《かじやませいろく》、小泉純一郎《こいずみじゅんいちろう》の三人が立候補して争いました。この争いを田中眞紀子は「凡人、軍人、変人の戦い」と評し、その描写の卓抜さから、流行語になりました。

この戦いは、橋本派の数の力で小渕が勝ち、「凡人」が総理に

コラム

日本版金融ビッグバン

「ビッグバン」とは、宇宙の始まりの大爆発のこと。イギリス経済が証券業界の自由化を手始めに金融業界の規制緩和を一気に進めた様子が、こう表現された。イギリスの金融業界は、この改革をきっかけに発展した。

この改革の日本版をめざしたので、「日本版金融ビッグバン」と呼ばれた。

小渕恵三元総理

なったのです。

小渕は、あらゆる分野の人から気軽に意見を聞きました。この様子を、中曽根康弘《なかそねやすひろ》元総理は「真空総理」と評しました。「真空」は、「中身がない」が、「まわりのあらゆるものを吸い込む」というわけです。

また、気軽に電話をかけることから、「プッシュホン」ならぬ「ブッチホン」という言葉も生まれました。

当初はアメリカの雑誌からは「冷めたピザ」と形容されるなど、国民の内閣支持率も低いままスタートしましたが、小渕の気さくな人柄から、次第に支持率を上げました。この様子をビートたけしは、「海の家のラーメン屋」と表現したものです。「まずいと思って食べてみたら意外にうまかった」という意味です。小渕はこの表現を大変気に入っていました。

その一方で小渕は、日本経済の不況からの脱出をめざして赤字国債を大量に発行し、日本の財政状態を極端に悪化させました。この様子を、本人は「世界一の借金王」と自称しました。

自民党、今度は公明党と連立

自民党は、橋本政権で臨んだ参議院選挙で議席を大きく減らし、参議院で過半数を大きく割り込んで、党単独では法案を通すことができなくなりました。

このため、今度は小沢一郎率いる自由党や、公明党に急接近しました。連立を組めば過半数を獲得できるからです。

反・小沢の立場だった自民党は、その方針

をあっさり変更したのです。

さらに自民党は、細川内閣時代や村山内閣時代には反公明党・創価学会キャンペーンを繰り広げていたのに、公明党とも手を組みました。これが「自自公連立」です。

その後、自由党が連立を離脱した後は、自由党から分裂してできた保守党とも手を結んで、今度は「自公保」連立政権を作りました。そのしたたかさは、見事と言うべきかも知れません。政治理念より、政権与党であることが大切だと考えていることを、私たちに実にわかりやすく示してくれたのです。

総理の資質が問われた〝失言総理〟

小渕総理は、二〇〇〇年四月、脳梗塞に倒れ、まもなく死去しました。

小渕が入院後の後継総理には森喜朗《もりよしろう》が就任しました。森は、就任直後から、「日本は天皇を中心とする神の国」など「失言」を繰り返しました。

「失言」するたびに、「それは真意ではない」「誤解されたとすれば大変遺憾」という弁明を繰り返し、「総理の資質」が問われました。

特に二〇〇一年二月、ハワイ沖で宇和島水産高校の実習船「えひめ丸」がアメリカ海軍の潜水艦に衝突されて沈没したときには、報告を聞きながらゴルフを続け、厳しい批判を受けました。

これが決定打となって森は、自民党内部からひきずり下ろされる形で総理を辞任し、二〇〇一年四月、小泉純一郎が総理大臣に就任しました。田中眞紀子が「変人」と評した人物が総理大臣になったのです。

改革を掲げる〝変人〟総理誕生

小泉は、「変人とは、〝変える人〟という意味だ」と「改革」をスローガンにしました。「脱派閥」を訴え、大臣任命に当たっては、「派閥推薦の候補を任命する」という従来の内閣作りを拒否しました。国民的人気が高い田中眞紀子を外務大臣に任命しました。

発足直後の小泉内閣の支持率は、各マスコミの世論調査で八〇％を超えました。これはもちろん過去最高で、細川内閣誕生のときの数字をも上回りました。

小泉総理は、国会の答弁で、官僚が用意した原稿を棒読みすることを極力避け、身振り手振りを交えながら自分の言葉で語りかけました。

国会の様変わりで、「低視聴率」の代名詞だったテレビの国会中継は、かつてない高視聴率番組に変わりました。

連立政権の時代へ

細川内閣後は、政党の組合せは変わっても、連立政権が続いています。

細川内閣以前にも、太平洋戦争後、片山哲内閣、芦田均《あしだひとし》内閣、そして第二次中曽根内閣時代に連立政権が一時、成立しています。

片山哲、芦田均のときは社会党、民主党、国民協同党による連立、中曽根のときは自民党と新自由クラブが連立しました。

しかし、これらはごく短期的なものです。自民党が多数を占めてからは、自民党単独内閣が続いてきました。

これに対して、細川内閣以降は、自民党の

単独政権の可能性は薄れ、本格的な連立政権時代を迎えています。

価値観が多様化した現在では、ひとつの政党が絶対多数を維持することは、まず考えられなくなったのです。

これからは政党の組合せは変化しても、何らかの形で、連立政権は続いていくでしょう。

細川政権以来の連立政権に特徴的なことは、共産党を除くすべての政党が与党を経験したということです。いったん政権を経験すると、村山政権に見られるように、政策は現実的なものになり、政権与党との違いがはっきりしなくなるという傾向もあります。

連立時代に問われること

連立政権のこれまでを振り返ってみると、実にさまざまな政党の組合せによる政権が登場していることがわかります。しかし、日本の政治に基本的な変化は見られませんでした。「自民党単独政権」から「非自民政権」へ、あるいは「自社さ政権」、さらに「自自公政権」、「自公保政権」と、連立を組む相手は次々に変わったのに、基本的な政策の転換はなかったのです。

どの政権も、「政策の継承」を主張していました。しかし、政策が継承されるのでしたら、そもそも政権交代の意味があるのでしょうか。

政権交代は、本来それまでの政権政党の政策に「ノー」を宣告するもののはずです。その宣告はありませんでした。

「政権交代はあったが政策転換はなかった」(田中秀征『日本の連立政治』)ということとな

のです。

本格的な連立政権、連立政治の経験がなかった日本では、連立政治はあくまでも変則的なもので、臨時のものとみなされてきました。連立を組む政党にとっては、連立政権は「仮住まい」にすぎなかったのです。

しかし、これからは、いよいよ本格的な連立時代を迎えます。その覚悟と決意を固め、多様な民意を代表するそれぞれの政党が、「一致できるところは一致する」という形で、きちんとした政策協議を積み重ねることで、協力体制をとっていかなければならないでしょう。

選挙のときには口を極めて罵《ののし》っていた相手と、選挙が終わるや否や連立を組むということほど、有権者をバカにした行動はありません。

選挙という国民からの審判を受けて、それまでの連立政権を構成していた政党の議席が減れば、政策転換を伴う政権交代が行われなければなりません。それが、「連立時代」の民主主義のルールなのだろうと私は思います。

第一五章のその後

日本の政治は、その後も連立政権が続きました。自民党は、細川連立内閣に公明党が加わったことに強く反発し、「公明党は支持母体の創価学会と政教一致の関係にある」と批判しました。

しかし、自民党単独では国会運営がむずかしくなると、あっさり公明党との連立政権に踏み切りました。衆議院の小選挙区では、いまや公明党・創価学会の協力がないと当選がおぼつかないという自民党議員ばかりになったています。かつての公明党批判は、何だったのでしょうか。

公明党は公明党で、自民党と組むことで、与党の立場を最大限に利用しています。「地域振興券」や「定額給付金」など、その時々で庶民受けする政策を自民党に呑ませて、選挙戦を有利にさせようとしています。

その一方、公明党は、野党時代には慎重な立場だった自衛隊の海外派遣について、あっさりと容認するようになりました。連立政権が長くなると、連立を続けること自体が目的と化し、連立を通じて自党の政策を実現するという本来の目的が見失われがちになっています。

そして歴史は刻まれる

第二次世界大戦が終わって半世紀が過ぎました。現代の日本を形成したさまざまな出来事。この歴史が、まさに現代史です。

第二次世界大戦後の世界では、東西冷戦という枠組みの中で、さまざまな紛争や対立が生まれました。この対立構造が、日本国内にも反映したのが、日本の現代史でした。

日米安全保障条約や自衛隊の成立、「五五年体制」と呼ばれる自民党と社会党の対立。そして文部省と日教組の対立。こうした日本の政治や社会の対立の背景に、東西冷戦がありました。

東西冷戦が終わった現在から見ると、どうしてこんなことで対立したのだろうと思うこともありますが、それこそが、「時代の空気」とでも言うべきものかも知れません。

戦後の日本は、豊かさを求めた半世紀でもありました。廃墟の中から立ち上がった日本人は、食べていくため、生きていくために必死でした。そうした努力が、やがて高度経済成長を実現しました。

その一方で、人間による経済活動が公害をもたらすことを知った半世紀でもあります。公害問題への取り組みを見ると、加害者側の企業や行政の無責任さ、被害者の無念さ、そして被害者と共に闘った人々の人間性が、浮き彫りになります。

公害問題の歴史は、その取り組み方をめぐって、人間としてのあり方が問われるものでした。「人間は誰のために、何のために生きているのか」、そんなことを私たちに考えさせる機会を与えてくれます。

戦後の廃墟の中から立ち上がり、国際政治に翻弄されながらも、日本国内の安定を維持し、高度経済成長を実現してきた、私たちの先輩たち。

経済成長の歪みとしての公害問題にも取り組み、拡散する国民世論を取りまとめる知恵として生まれた連立政権。

そうした先人の努力と知恵にもかかわらず、日本が抱える問題は多く残されています。その問題にどう決着をつけるのか。それが、今度は私たちの責任です。日本のこれからの歴史を刻むのは、私たちなのですから。

いまの日本は、不況に苦しんでいます。しかし、それも、「八〇〇〇万人の国民が飢え死にしそうであった昭和二〇年代初期の危機にくらべれば」（金森久雄『わたしの戦後経済史』）、大したことはないのです。

過去を知ることで、未来への勇気も生まれるのです。

「未来はそれが実際に起るずっと前に、（中略）私たちの中へはいってくるということは、多くの徴候がこれを物語っています」（リルケ　高安国世訳『若き詩人への手紙』より）

『そうだったのか！　現代史』に続き、この本も、私より少し前の時代を生きた長澤潔氏と、若い世代の代表でもある木葉篤氏との三人による共同作業でした。

と同時に、『そうだったのか！　現代史』を読んで、「次は日本版を」とおっしゃってくださった読者の方々に励まされることで、この本が生まれました。読者の皆さんに深く感謝しています。

二〇〇八年一一月

池上　彰

主要参考文献

【総論】

朝尾直弘ほか編『岩波講座　日本通史　第20巻』岩波書店
朝日新聞経済部『昭和経済50年』朝日新聞社
飯田経夫ほか『現代日本経済史』筑摩書房
五百旗頭真『20世紀の日本3　占領期』読売新聞社
五百旗頭真『日本の近代6　戦争・占領・講和』中央公論新社
石川真澄『人物戦後政治』岩波書店
井村喜代子『現代日本経済論』有斐閣
内野達郎『戦後日本経済史』講談社
NHK取材班『戦後50年その時日本は』シリーズ全六巻　日本放送出版協会
大森実『日本はなぜ戦争に二度負けたか』中央公論新社
金森久雄『わたしの戦後経済史』東洋経済新報社
神田文人『昭和の歴史8　占領と民主主義』小学館
岸宣仁『経済白書物語』文藝春秋
堺憲一『日本経済のドラマ』東洋経済新報社
堺屋太一『時代末』講談社
産経新聞「戦後史開封」取材班編『戦後史開封』シリーズ　扶桑社
柴垣和夫『昭和の歴史9　講和から高度成長へ』小学館
竹内宏『昭和経済史』筑摩書房
鶴見俊輔『戦後日本の大衆文化史』岩波書店
冨森叡児『素顔の宰相』朝日ソノラマ
永原慶二ほか『大系日本の歴史15　世界の中の日本』小学館
中村隆英『昭和経済史』岩波書店
中村隆英『昭和史』東洋経済新報社
中村隆英『昭和を生きる』東洋経済新報社
日本史教育研究会『日本の歴史　近現代史編』山川出版社
橋本寿朗『戦後の日本経済』岩波書店
橋本寿朗ほか『現代日本経済』有斐閣
藤原彰編『民衆の時代へ』三省堂
藤原彰ほか『新版　日本現代史』大月書店
保阪正康『昭和史がわかる55のポイント』PHP研究所
秦郁彦『昭和史の謎を追う』文藝春秋

毎日新聞社編『20世紀事件史　歴史の現場』毎日新聞社
増田弘、土山實男編『日米関係キーワード』有斐閣
八柏龍紀『戦後史を歩く』情況出版
読売新聞社編『20世紀どんな時代だったのか　戦争編　大戦後の日本と世界』読売新聞社
読売新聞社編『20世紀にっぽん人の記憶』読売新聞社
読売新聞政治部編『権力の中枢が語る自民党の三十年』読売新聞社
立命館大学人文科学研究所編『戦後五〇年をどうみるか』人文書院
蠟山政道『日本の歴史26　よみがえる日本』中央公論新社

【第1章】【第4章】【第15章】
伊藤茂『動乱連立』中央公論新社
大下英治『経世会竹下学校』講談社
大嶽秀夫『日本政治の対立軸』中央公論新社
大嶽秀夫編『政界再編の研究』有斐閣
北岡伸一『20世紀の日本1　自民党』読売新聞社
草野厚『連立政権』文藝春秋
楠田實編著『産經新聞政治部秘史』講談社
後藤基夫ほか『戦後保守政治の軌跡』岩波書店
佐々木毅『政治改革　1800日の真実』講談社
ジェラルド・L・カーティス　木村千旗訳『日本の政治をどう見るか』日本放送出版協会
鈴木美勝『小沢一郎はなぜTVで殴られたか』文藝春秋
田勢康弘『総理の座』文藝春秋
田中秀征『日本の連立政治』岩波書店
田原総一朗『頭のない鯨』朝日新聞社
早野透『連立攻防物語』朝日新聞社
原彬久『戦後史のなかの日本社会党』中央公論新社
水野均『検証　日本社会党はなぜ敗北したか』並木書房
村山富市『そうじゃのう…』第三書館
読売新聞政治部『小泉革命―自民党は生き残るか』中央公論新社

【第2章】
朝日新聞東京裁判記者団『東京裁判』朝日新聞社
五十嵐武士ほか編『東京裁判とは何だったのか』築地書館
小堀桂一郎編『東京裁判　日本の弁明』講談社

ジョン・ダワー　三浦陽一ほか訳『敗北を抱きしめて』岩波書店
竹前栄治『占領と戦後改革』岩波書店
東京裁判研究会『共同研究　パル判決書』講談社
東京裁判ハンドブック編集委員会編『東京裁判ハンドブック』青木書店
冨士信夫『私の見た東京裁判』講談社
細谷千博ほか編『東京裁判を問う』講談社
丸山眞男『現代政治の思想と行動』未來社
【第3章】【第5章】【第6章】
岩見隆夫『岸信介』学陽書房
江畑謙介『日本の軍事システム』講談社
江畑謙介『安全保障とは何か』平凡社
草野厚『日米安保とは何か』PHP研究所
児島襄『国会突入せよ』読売新聞社
古関彰一『「日本国憲法」検証　1945―2000　資料と論点5　九条と安全保障』小学館
佐柄木俊郎『改憲幻想論』朝日新聞社
佐瀬昌盛『集団的自衛権』PHP研究所
島成郎『ブント私史』批評社
島川雅史『アメリカの戦争と日米安保体制』社会評論社
杉山隆男『兵士に聞け』新潮社
竹前栄治、岡部史信『「日本国憲法」検証　1945―2000　資料と論点1　憲法制定史』小学館
竹前栄治ほか『「日本国憲法」検証　1945―2000　資料と論点7　護憲・改憲史論』小学館
寺林峻『吉田茂』学陽書房
童話屋編集部『復刊　あたらしい憲法のはなし』童話屋
都留重人『なぜ今、日米安保か』岩波書店
豊下楢彦『安保条約の成立』岩波書店
中曽根康弘・宮澤喜一『憲法大論争改憲vs護憲』朝日新聞社
西修『日本国憲法はこうして生まれた』中央公論新社
西修『ここがヘンだよ！日本国憲法』アスキー
フランク・コワルスキー　勝山金次郎訳『日本再軍備』中央公論新社
防衛庁編『平成12年版　防衛白書』大蔵省印刷局
前田哲男『在日米軍基地の収支決算』筑摩書房
毎日新聞西部本社編『三池閉山』葦書房

三上治『1960年代論』批評社
『60年安保・三池闘争』毎日新聞社
『教科書・日本国憲法』一橋出版

【第7章】

秋月望、丹羽泉編著『韓国百科』大修館書店
朝日新聞戦後補償問題取材班『戦後補償とは何か』朝日新聞社
石渡延男監訳『わかりやすい韓国の歴史　国定韓国小学校社会科教科書』明石書店
石渡延男監訳『入門韓国の歴史　国定韓国中学校国史教科書』明石書店
海野福寿『韓国併合』岩波書店
大槻健ほか訳『韓国の歴史　国定韓国高等学校歴史教科書』明石書店
神谷丹路『韓国　近い昔の旅』凱風社
姜在彦『日本による朝鮮支配の40年』朝日新聞社
黒田勝弘『韓国人の歴史観』文藝春秋
高崎宗司『検証　日韓会談』岩波書店
高崎宗司『「反日感情」韓国・朝鮮人と日本人』講談社
池明観『韓国　民主化への道』岩波書店
花房孝典『コリアビギナーズブック』情報センター出版局
西尾幹二ほか『市販本　新しい歴史教科書』扶桑社
福岡安則『在日韓国・朝鮮人』中央公論新社
道上尚史『日本外交官、韓国奮闘記』文藝春秋
村上義雄『20世紀を一緒に歩いてみないか』岩波書店
梁泰昊、川瀬俊治『知っていますか？在日韓国・朝鮮人問題一問一答』解放出版社
尹健次『もっと知ろう朝鮮』岩波書店

【第8章】

伊ヶ崎暁生『わたしたちの教育戦後史』新日本出版社
宇田川宏編『教育委員を住民の手で』岩波書店
尾木直樹『学校は再生できるか』日本放送出版協会
河上亮一『学校崩壊』草思社
佐藤文明『「日の丸」「君が代」「元号」考』緑風出版
田中伸尚『日の丸・君が代の戦後史』岩波書店
徳武敏夫『家永裁判運動小史』新日本出版社
寺脇研『何処へ向かう教育改革』主婦の友社
寺脇研『動き始めた教育改革』主婦の友社

日本経済新聞社編『教育を問う』日本経済新聞社
野原明『戦後教育五十年』丸善
秦郁彦『現代史の争点』文藝春秋
益子徳三『君が代の研究』新星書房
森川輝紀『小学校教師になるには』ぺりかん社
森川輝紀『中学校・高校教師になるには』ぺりかん社
文部省『新しい学力観に立つ教育課程の創造と展開』東洋館出版社
山住正己『日本教育小史』岩波書店
歴史教育者協議会編『子どもとまなぶ日の丸・君が代　授業と資料』地歴社
『文部省告示　小学校学習指導要領』大蔵省印刷局
『文部省告示　中学校学習指導要領』大蔵省印刷局
【第9章】【第10章】
石牟礼道子『苦海浄土』講談社
インスタントラーメン発明記念館編『インスタントラーメン発明物語』旭屋出版
猪木武徳『日本の近代7　経済成長の果実』中央公論新社
栗原彬編『証言　水俣病』岩波書店
香西泰『高度成長の時代』日本経済新聞社
是枝裕和『官僚はなぜ死を選んだのか』日本経済新聞社
佐野眞一『カリスマ』新潮社
西村肇、岡本達明『水俣病の科学』日本評論社
橋本道夫『水俣病の悲劇を繰り返さないために』中央法規出版
原田正純『水俣病』岩波書店
原田正純『水俣病は終っていない』岩波書店
坂東克彦『新潟水俣病の三十年』日本放送出版協会
宮本憲一『昭和の歴史10　経済大国』小学館
吉川洋『20世紀の日本6　高度成長』読売新聞社
【第11章】
朝日新聞社編『沖縄報告　サミット前後』朝日新聞社
阿波根昌鴻『命こそ宝』岩波書店
新崎盛暉『沖縄現代史』岩波書店
新崎盛暉『沖縄・反戦地主』高文研
池田清編『図説　太平洋戦争』河出書房新社

池宮城秀意『戦争と沖縄』岩波書店
上野千鶴子ほか『沖縄的人生』光文社
梅林宏道『情報公開法でとらえた沖縄の米軍』高文研
大田昌秀『沖縄　戦争と平和』朝日新聞社
大田昌秀『沖縄　平和の礎』岩波書店
大田昌秀『沖縄、基地なき島への道標』集英社
沖縄県編『沖縄　苦難の現代史』岩波書店
沖縄タイムス社編『沖縄から　米軍基地問題ドキュメント』朝日新聞社
香川京子『ひめゆりたちの祈り』朝日新聞社
我部政明『沖縄返還とは何だったのか』日本放送出版協会
共同通信・写真『20世紀の戦争　沖縄地上戦』草の根出版会
司馬遼太郎『街道をゆく6　沖縄・先島への道』朝日新聞社
高良倉吉『琉球王国』岩波書店
知花昌一『燃える沖縄揺らぐ安保』社会批評社
鳥飼玖美子『歴史をかえた誤訳』新潮社
若泉敬『他策ナカリシヲ信ゼムと欲ス』文藝春秋

【第12章】
植垣康博『兵士たちの連合赤軍』彩流社
大塚英志『「彼女たち」の連合赤軍』角川書店
久能靖『浅間山荘事件の真実』河出書房新社
坂口弘『あさま山荘1972』彩流社
坂口弘『続　あさま山荘1972』彩流社
佐々淳行『連合赤軍「あさま山荘」事件』文藝春秋
重信房子『りんごの木の下であなたを産もうと決めた』幻冬舎
高木正幸『新左翼三十年史』土曜美術社
高沢皓司『新左翼二十年史』新泉社
高沢皓司『宿命』新潮社
永田洋子『十六の墓標』彩流社
『文藝別冊　赤軍』河出書房新社

【第13章】
岩見隆夫『田中角栄』学陽書房
上杉隆『田中眞紀子の恩讐』小学館
児玉隆也『淋しき越山会の女王』岩波書店
佐藤昭子『決定版　私の田中角栄日記』新潮社

佐藤道夫『政官腐敗と東京地検特捜部』小学館
立花隆『ロッキード裁判とその時代1〜4』朝日新聞社
立花隆『田中角栄研究全記録』講談社
田中眞紀子『時の過ぎゆくままに』PHP研究所
藤永幸治『特捜検察の事件簿』講談社
文藝春秋編『立花隆のすべて』文藝春秋
堀田力『壁を破って進め』講談社
水木楊『田中角栄』文藝春秋

【第14章】

朝日新聞経済部『金融動乱』朝日新聞社
今井彰ほか『野戦の指揮官・中坊公平』日本放送出版協会
岡田康司『長銀の誤算』扶桑社
岡田康司『されど護送船団は行く』講談社
佐高信『失言恐慌』社会思想社
塩田潮『バブル興亡史』日本経済新聞社
J・K・ガルブレイス　鈴木哲太郎訳『バブルの物語』ダイヤモンド社
竹内宏『金融敗戦』PHP研究所
立脇和夫『改正日銀法』東洋経済新報社
土志田征二『日本経済の宿題』ダイヤモンド社
中坊公平『罪なくして罰せず』朝日新聞社
中村政則『昭和の歴史2　昭和の恐慌』小学館
日経ビジネス編『真説バブル』日経BP社
日本経済新聞社編『検証バブル　犯意なき過ち』日本経済新聞社
日本経済新聞社編『金融　破局か再生か』日本経済新聞社
藤井良広『中坊公平の闘い』日本経済新聞社
水野正義『日銀・秘められた「反乱」』時事通信社
森永卓郎『バブルとデフレ』講談社
吉田和男『金融津波』PHP研究所
渡辺孝『不良債権はなぜ消えない』日経BP社

（この作品は二〇〇一年十一月、ホーム社より発行されたものに加筆しました）

レイアウト デザイントリム

イラスト 平田利之

図版 THÉAS

写真 毎日新聞社
Getty Images／AFLO

集英社文庫　目録（日本文学）

集英社文庫　目録（日本文学）

石川恭三　医者の目に涙 ふたたび
石川恭三　定年の身じたく 生涯青春！をめざす医師からの提案
石川恭三　女の体を守る本 35歳から考える
石川恭三　生へのアンコール
石川恭三　医者が見つめた老いを生きるということ
石川恭三　医者いらずの本
石川恭三　定年ちょっといい話 閑中忙あり
石川恭三　健康とてもいい話 見たり聞いたり試したり
石川恭三　医者と患者の「対話力」
石川恭三　いのちの分水嶺 その時、運命が決まった
石川　淳　狂風記(上)(下)
石田衣良　エンジェル
石田衣良　娼《しょう》年《ねん》
石田衣良　スローグッドバイ
石田衣良　1ポンドの悲しみ
石田衣良　愛がいない部屋
石田雄太　桑田真澄 ピッチャーズ バイブル
石田雄太　イチローイズム
伊集院静　むかい風
伊集院静　機関車先生
伊集院静　空の画廊
泉　鏡花　高《こう》野《や》聖《ひじり》
磯淵　猛　紅茶 おいしくなる話
磯淵　猛　紅茶のある食卓
一条ゆかり　実戦！恋愛倶楽部
五木寛之　風に吹かれて
五木寛之　地図のない旅
五木寛之　男が女をみつめる時
五木寛之　哀愁のパルティータ
五木寛之　燃える秋
五木寛之　凍河(上)(下)
五木寛之　奇妙な味の物語
五木寛之　星のバザール
五木寛之　こころ・と・からだ
五木寛之　雨の日には車をみがいて
五木寛之　ちいさな物みつけた
五木寛之　改訂新版 第一章 四季・奈津子
五木寛之　改訂新版 第二章 四季・波留子
五木寛之　改訂新版 第三章 四季・布由子
五木寛之　不安の力
伊藤左千夫　野菊の墓
井上篤夫　追憶マリリン・モンロー
井上荒野　森のなかのママ
井上㋖みどり　ニッポンの子育て
井上ひさし　化粧
井上ひさし　ある八重子物語
井上ひさし　わが人生の時刻表 自選ユーモアエッセイ1
井上ひさし　日本語は七通りの虹の色 自選ユーモアエッセイ2

集英社文庫　目録（日本文学）

集英社文庫

そうだったのか！ 日本現代史《にほんげんだいし》

2008年12月20日　第1刷　　定価はカバーに表示してあります。

著　者　池上《いけがみ》　彰《あきら》
発行者　加藤　潤
発行所　株式会社　集英社
東京都千代田区一ツ橋2-5-10　〒101-8050
電話　03-3230-6095（編集）
03-3230-6393（販売）
03-3230-6080（読者係）

印　刷　凸版印刷株式会社
製　本　凸版印刷株式会社

フォーマットデザイン　アリヤマデザインストア　　マークデザイン　居山浩二

ISBN978-4-08-746385-9 C0195